河北省社会科学基金项目
历史自信视域下河北革命文物价值阐释研究，项目批准号：HB23MK012
中共河北省委党校（河北行政学院）资助出版

让文物"活"在当下：
文物保护理论与方法系统研究

申灿 李瑶 著

河北出版传媒集团
河北人民出版社
石家庄

图书在版编目（CIP）数据

让文物"活"在当下：文物保护理论与方法系统研究 / 申灿，李瑶著. -- 石家庄：河北人民出版社，2024.11. -- ISBN 978-7-202-17262-9

Ⅰ. G26

中国国家版本馆 CIP 数据核字第 2024UM6757 号

书　　名	让文物"活"在当下：文物保护理论与方法系统研究
	Rang Wenwu Huo Zai Dangxia Wenwu Baohu Lilun Yu Fangfa Xitong Yanjiu
著　　者	申　灿　李　瑶
责任编辑	赵　蕊　牛海婷
美术编辑	王　婧
封面设计	寒　露
责任校对	余尚敏
出版发行	河北出版传媒集团　河北人民出版社
	（石家庄市友谊北大街 330 号）
印　　刷	河北万卷印刷有限公司
开　　本	710 毫米 × 1000 毫米　1/16
印　　张	17.75
字　　数	243 000
版　　次	2024 年 11 月第 1 版　2024 年 11 月第 1 次印刷
书　　号	ISBN 978-7-202-17262-9
定　　价	98.00 元

版权所有　翻印必究

前言

　　文物是一个国家、一个民族的历史记忆，是文化传承的重要载体，承载着丰富的历史、文化和艺术内涵。随着社会的不断进步和文明的不断发展，文物保护的意义日益凸显，其重要性愈发突出。在文物保护的发展历程中，人类经历了不断探索、实践与总结的过程。从最初简单地保存到后来的修复、保护、利用，再到如今的数字化保护，文物保护已经取得了显著的成就。然而，面对时代的变迁和挑战，人们必须认识到文物保护工作依然面临许多困难和挑战。文物保护工作的专业性、系统性和科学性需要不断提高，新技术、新材料的应用也需要不断拓展和完善，这都是当前文物保护工作需要思考和解决的问题。在这样的背景下，本书的编写旨在系统地探讨文物保护的理论与方法，从定义与内涵、定名与分类、特点与价值、常见病害类型等方面展开讨论，以期为读者提供一个全面、系统的文物保护知识体系。

　　本书共分为七章，涵盖了文物保护的各个方面。第一章从文物的定义与内涵、定名与分类、特点与价值以及常见病害类型入手，系统地介绍了文物的基本知识和特点。第二章则深入探讨了文物保护的基本内涵与单位分类、理论基础与发展历程、宣传教育与主要原则、常见材料与技术手段，为读者提供了一个全面、系统的文物保护理论体系。第三章则重点分析了文物保护的关键环境因素，包括空气污染物，温度、湿度和光线，地质环境因素，有害微生物和有害昆虫等，使读者更深入地了解文物保护知识。第四章通过列举近年来我国文物保护和利用的典型案例，如历史文化名城、名人故居、博物馆、古村落等，展示了我国文物保护工作取得的成就和经验。第五章和第六章分别着眼革命文物和纸质文物的保护与利用，探讨了如何让这些特殊类型的文物"活"起来。最后，第七章以文物旅游为切入点，分析了文物旅游发展的理论基础、对各方面的推动意义以及发展战略的整体化设计，展望了文物保护与旅游业的深度融合。

笔者希望读者通过对本书的阅读，能够深入了解文物保护的基本理论与方法，增强文物保护意识，为文物保护事业的发展贡献一份力量。同时，笔者希望本书能够成为广大文物保护工作者和爱好者的参考资料，激发更多人的热情，共同致力文物保护事业的发展和传承。

目录

第一章　文物知识探寻　1
- 第一节　文物的定义与内涵　3
- 第二节　文物的定名与分类　9
- 第三节　文物的特点与价值　26
- 第四节　文物的常见病害类型　36

第二章　文物保护知多少　47
- 第一节　文物保护的基本内涵与单位分类　49
- 第二节　文物保护的理论基础与发展历程　52
- 第三节　文物保护的宣传教育与主要原则　68
- 第四节　文物保护的常见材料与技术手段　80

第三章　文物保护的关键环境因素　91
- 第一节　空气污染物　93
- 第二节　温度、湿度和光线　102
- 第三节　土壤环境因素　113
- 第四节　有害微生物和有害昆虫　122

第四章　近年来我国文物保护和利用的典型案例　133
- 第一节　历史文化名城　135
- 第二节　名人故居　146
- 第三节　博物馆　150
- 第四节　古村落　158

第五章　红色基因代代相传：让革命文物"活"起来　165
第一节　革命文物的独特价值与发展概况　167
第二节　河北平山县革命旧址保护与乡村发展耦合　184
第三节　5G时代下革命文物的数字化活态发展　199

第六章　历史印记千年不朽：让纸质文物"活"起来　207
第一节　纸质原料的化学组成与结构　209
第二节　纸质文物保护技术的创新与运用——
　　　　以安庆博物馆馆藏书画为例　212
第三节　纸质文物保护的对策和建议　220

第七章　做好发展战略设计：让文物旅游"活"起来　231
第一节　文物旅游发展的理论基础　233
第二节　文物旅游发展对各方面的推动意义　235
第三节　文物旅游发展战略的整体化设计　239

附录1　249

附录2　257

参考文献　269

后　记　274

第一章 文物知识探寻

第一节　文物的定义与内涵

一、文物的定义

在全球范围内，文物的定义尚未达成统一共识，在文物的定义方面呈现出多样性，不同文化和国家对于各国历史遗产有着独特的诠释与价值观。但绝大多数研究学者认为，文物是人类历史长河中留下的独特印记，是人类智慧与创造力的体现，见证了人类活动与文明进程，以实物的形态，或以遗址、遗迹的形式存在。每一件文物都是历史的一个节点，承载着过去的故事与智慧。从这个角度出发，人们可以将文物视为历史与文化的融合体，是连接过去与现在的桥梁，对于人类社会的发展、文化的演变具有无可替代的价值。

在中国最早的一部字典《说文解字》中，"文"被解释为"文采"，指的是色彩斑斓的样子，从而引申到文化和艺术的领域。[1]"物"被解释为"自然之物"，即一切自然界和人类社会中可以观察到的实体。[2]将"文"与"物"结合起来，可以将"文物"理解为具有文化意义的物品，这些物品是历史的见证，是文化传承的重要载体。在中国，这个概念很早就有了，《左传》中记载："夫德，俭而有度，登降有数，文物以纪之，声明以发之；以临照百官，百官于是乎戒惧而不敢易纪律。"[3]这句话中的"文物"更多的是指礼乐典章制度，是对国家和社会秩序的一种强调和体现，而非现代社会所理解的关于历史文化遗产的概念。到了南北朝时期，《后汉书》中提到"制衣裳，备文物"[4]，从中可知文物并非限于典章制度，

---

[1] 许慎：《说文解字》，浙江古籍出版社2016年版，第421页。
[2] 同上书，第425页。
[3] 左丘明：《左传》，北方妇女儿童出版社2016年版，第20—23页。
[4] 范晔：《后汉书》，团结出版社1996年版，第869—873页。

也包括具体的物品和制度。直至唐代，文物的含义才真正开始向现代所理解的范畴靠拢。诗人骆宾王和杜牧通过他们的诗句，如"文物俄迁谢，英灵有盛衰"[①]"六朝文物草连空，天淡云闲今古同"[②]，说明了文物是前代遗留下来的具体物品和文化的总称。到了北宋中叶，金石学的兴起标志着我国对文物研究的深化和拓展。文物研究对象已经从青铜器、石刻等扩大到包括更多种类的古代器物，这些器物被统一称作"古器物"或"古物"，显示了我国先人对历史遗留下来的物品的系统研究和分类。此时，文物的含义明显扩展，包含了各种历史时期留下的实物。明清时期，文物的称谓进一步演化为"古董"或"骨董"，而到了清乾隆年间，"古玩"一词的出现，则是我国先人文物价值观的又一次转变，强调了文物作为收藏和欣赏对象的价值。尽管唐宋明清各代对文物的称谓有所不同，其背后的含义和价值认识却是相通的，都强调了对前人智慧和成就的传承和尊重。

在民国时期，对于历史遗留下来的文化精华，人们采用了"古物"这一术语，而这一概念在当时已经比唐、宋、明、清各代"文物""古董""骨董""古玩"的称呼更为广泛和深入了。随着时间的推进，20世纪30年代中期，"文物"这一术语再次成为时代的关键词。1935年，北平市政府出版《旧都文物略》，成立"北平文物整理委员会"，对古代文化遗产的重视程度逐步提升。这也从某种程度上反映出了文物概念的扩展，其概念不再局限于可移动的物品，古建筑等不可移动的文化遗产也被纳入其中。

自中华人民共和国成立，国家各层面开始着重建立相应的文物保护法案，在这一过程中，中央人民政府政务院及其继任者——中华人民共和国国务院（以下简称"国务院"），以及各级地方政府，包括省、市（直辖市）、自治区人民政府，乃至国家文物局及其下辖文物管理机构，纷纷采取行动，通过颁布一系列法令、法规、通知和条例等方式，对"文物"

[①] 骆宾王：《骆宾王集》，谌东飚校点，岳麓书社2001年版，第79页。
[②] 杜牧：《杜牧诗歌精选》，任文京选注，花山文艺出版社1996年版，第255页。

一词及其相关内容进行了规范和使用，旨在对我国丰富的文化遗产进行有效的保护和管理。然而，直至1982年，文物保护工作才得到了法律层面的确立与固化。全国人民代表大会常务委员会于这一年公布的《中华人民共和国文物保护法》（以下简称《文物保护法》），正式将"文物"一词及其涵盖的广泛内容法律化，而且明确了文物保护的范围和标准。该法律的内涵扩展到了可移动和不可移动的所有历史文化遗存，其覆盖了从古至今，包括近现代乃至当代的文化遗产。遗憾的是，进入20世纪90年代之后，一些出版物在命名时重用了"古董""古玩"等词语，虽然"古董"和"古玩"在日常语言中广为人用，以指代历史悠久的物品，但在专业和法律语境中，这两个词语显然与"文物"所承载的广泛意义和深远目的不符，将这些词语用于学术或法律文献，容易造成公众对于文物概念的混淆，进而影响文物保护工作的准确性和严肃性。

当人们将目光转向世界范围后，会发现每个国家根据其独特的历史背景和文化价值观，对不同类型的文物有着各自的称呼和解释，从欧洲的"Antique"到亚洲的"有形文化财"，再到非洲对文物的理解，尽管不同国家和地区关于文物的名称各异，但人们对于保护和传承无价之宝的共同愿望却是一致的。17世纪时，英语和法语都采用了"Antique"一词来描述古老的艺术品和文化遗物，一种观点认为，它来源于拉丁语"ante"，意为古代的、从前的；另一种观点则认为，"Antique"这个词是直接从法语中借用过来的。无论其起源如何，这个词最初主要被用来指代古希腊和古罗马的文化遗物，随着时间的推移，它的含义逐渐扩大，最终泛指各个时代的艺术品和文物。其发展与中国对古物或古董的理解颇为相似，说明了世界各国在对待历史遗产方面的相似性。在亚洲，日本对文化遗物的称呼则展示了该地区独有的文化观点和价值。日本人使用"有形文化财"这一术语来描述其国内的文化遗产，虽然其定义与中国对文物的定义近似，但在含义和范围上又有所不同，"有形文化财"更多地体现了日本对其文化遗产独特性的认识和尊重。位于非洲的埃及在文物保护方面展现了对历史的深刻尊重，埃及于1983年颁布的《文物保护法》是对埃及丰富文化遗产的一种保护和致敬,该法律规定了一百年以上的,无论是可移动的还是不可移动的,具有历史意义和价值的实物都属于文物。该法律还允许在一百年以内的有价值的实物,根据文化主管部门的建议被指定为文物,体现了埃及对文化遗产保护的灵活性和前瞻性。该法律在某种程度上能够确保文化遗产得到有效的保护和传承。在国际舞台上,特别是在联合国教育、科学及文化组织(以下简称"联合国教科文组织")的框架下,关于保护文化遗产的议题被高度重视。讨论通常通过各种国际公约的形式体现,其中,文化遗产被称为"文化财产"或"文化遗产",两个术语虽然在日常语境中可能被交替使用,但所承载的意义却有所差异。"文化财产"偏重文化遗产的物质形态,强调的是具有历史、艺术或科学价值的物质对象;而"文化遗产"则拥有更广泛的内涵,包括有形的艺术品、建筑和历史遗址,无形的传统、语言和习俗。"文化财产"和"文化遗产"细微的区别反映了保护努力的不同侧重点:一方面是对物质文化遗迹的保存,另一方面则是对广泛文化表达形式的维护。

综观国内外关于文物的定义,可以看出全球范围内对于文物的定义和理解存在着显著的差异,这种差异不仅体现在称谓上,还反映在文物的内涵及其包含范围上。虽然国与国之间尚未形成一个普遍的文物定义,但关于文物的本质,即作为人类智慧与活动结晶的物质遗存,存在着较为一致的共识。这种共识归结为两个核心特征:一方面,文物必须是人类创造的,或与人类活动紧密相关的产物,强调了人类行为在文物创造过程中的核心作用;另一方面,文物体现了一种无法复制的历史性,它们属于过去,承载着历史的痕迹与教训,是时间的见证,不可能被当代或未来重新创造。

二、文物的内涵

关于文物的内涵,世界各国或组织的认识也有所不同。

联合国教科文组织在1970年11月14日于法国巴黎召开的一场重

要会议中，通过了一项划时代的公约，名为《关于禁止和防止非法进出口文化财产和非法转让其所有权的方法的公约》（详见附录1）。这项公约的第一条规定中提出了一个全面而深刻的关于文化财产的定义：对于考古、史前史、历史、文学、艺术和科学都具有重要意义的属"文化财产"。文化财产的界定超越了物质的形态，触及人类文明的根基，反映了人类社会发展的轨迹和文化多样性的珍贵。

本研究通过总结发现文化财产主要包括以下几种：

（1）古生物学是一门富有挑战性和奇妙的科学领域，其研究的宝贵实物包括各种动植物、矿物，以及人体骨骼等。对实物的研究可以深入了解地球上生命的演化历程，探索生物多样性的起源和发展规律，揭示生物与环境之间的相互关系，从而更好地保护生物多样性，维护生态平衡。

（2）历史文化财产承载着丰富的历史信息和文化内涵，包括科学史、技术史、军事史和社会史等方面的文物。其中，与国家领袖、思想家、科学家、艺术家生活有关的文化财产，以及与国家重大事件相关的文化财产，更是具有特殊的历史意义和研究价值。人们可以通过深入了解历史人物的生平事迹、思想理念和影响力，探究历史事件的来龙去脉，从而更好地传承和弘扬优秀的历史文化传统，促进国家和社会的发展进步。

（3）考古发掘成果是人类文明史的见证，记录着人类社会发展的脉络和进程。无论是正式发掘还是秘密发掘，都蕴藏着丰富的历史信息和文化遗产。人们通过对考古发掘成果的研究，可以还原古代社会的面貌和生活方式，重构历史的画卷，为人类文明的发展提供宝贵的参考和借鉴。

（4）艺术和历史纪念建筑以及考古遗址的拆卸部分是文化财产的重要组成部分，具有独特的艺术和历史价值，人们通过对这些建筑和遗址的研究，可以了解古代建筑的设计理念和工艺技术，探索人类文明的演化过程。

（5）古物包括手稿、钱币、雕刻印章等，这些都是历史的见证，记录着人类社会发展的轨迹和变迁。

（6）人种学是一门研究人类起源、演化和分布的学科，研究的实物包括人类骨骼、遗传物质等，可以揭示人类种群的起源和迁徙历程，探讨人类进化的规律和机制。

（7）艺术作为人类精神文明的表达形式，具有独特的审美和情感价值。艺术文化财产包括绘画、雕塑、印刷品等，反映了人类对美的追求，体现了人类的创造力。

（8）手稿、善本书、古书等文献资料是历史的见证，承载着丰富的历史信息和文化内涵，反映了不同历史时期人类的思想观念和文化特征，记录着人类思想和文化的传承与发展。

（9）人们通过邮票、印花税票等票证可以了解不同历史时期的经济状况和社会变迁。

（10）档案是历史的见证者，记录着人类社会的发展和变迁，具体包括录音带、照片、电影摄制档案等。

（11）有着百年历史的家具和古老的乐器，见证了时光的流逝，仿佛每一道痕迹都诉说着一个动人的故事，让人感受到岁月的沧桑与文明的延续。

联合国教科文组织于1972年11月16日通过的《保护世界文化和自然遗产公约》（国际公约）（详见附录2）第一条中规定"文化遗产"包括"从历史、艺术或科学观点来看具有突出的普遍价值的建筑物、碑雕和碑画，具有考古性质成分或结构、铭文、窟洞以及联合体"；"从历史、艺术和科学角度看在建筑式样、分布均匀或环境风景结合方面具有突出的普遍价值的单立或连接的建筑群"；"从历史、审美、人种学或人类学角度看具有突出的普遍价值的人类工程或自然与人联合工程及考古地址等"。

1982年11月19日，中华人民共和国第五届全国人民代表大会常务委员会第二十五次会议通过的《中华人民共和国文物保护法》第一章第二条规定受国家保护的文物包括：

（一）具有历史、艺术、科学价值的古文化遗址、古墓葬、古建筑、石窟寺和石刻、壁画；

（二）与重大历史事件、革命运动或者著名人物有关的以及具有重要纪念意义、教育意义或者史料价值的近代现代重要史迹、实物、代表性建筑；

（三）历史上各时代珍贵的艺术品、工艺美术品；

（四）历史上各时代重要的文献资料以及具有历史、艺术、科学价值的手稿和图书资料等；

（五）反映历史上各时代、各民族社会制度、社会生产、社会生活的代表性实物。

此外，虽然古脊椎动物化石、古人类化石不属于文物，但"具有科学价值的古脊椎动物化石和古人类化石同文物一样受国家保护"。

上述联合国教科文组织的两个公约和我国《文物保护法》有关文物的条款表明我国的文物内涵与联合国教科文组织界定的文化财产、文化遗产的内涵基本一致。

第二节 文物的定名与分类

一、文物的定名

文物定名本质上是对历史遗留下来的各类器物和艺术品进行名称上的明确和规范，是文物分类和研究的前提。因此，为了确保文物定名的统一性和正确性，必须遵循广泛接受的原则，并采用行之有效的方法。

（一）文物定名的原则

1. 依据自名定名

在古代，许多器物的制作者会在器物上刻铭，铭文中往往包含了器物的名称、制作年代、用途、赠予者或所有者等信息，这就是所谓的"自名"。例如，"后母戊"青铜方鼎是中国迄今为止发现的最大的青铜器，属于商朝晚期的文物。它之所以被称为"'后母戊'青铜方鼎"，是因为在鼎内的底部有"后母戊"三个铭文字符，这是鼎的铸造者或所属者的名字，该文物便是直接依据这个铭文来定名的。又如，曾侯乙编钟是战国时期一套完整的编钟，出土于湖北省随州市曾侯乙墓。这套编钟之所以被命名为"曾侯乙编钟"，是因为墓葬的主人名为曾侯乙，而且在一些钟的铭文中出现了"曾侯乙"这个名字。再如，大盂鼎是西周早期的青铜器，因鼎内铭文中有"大盂"二字而得名。

2.遵循约定俗成的原则

随着时间的推移，许多文物已经在史籍中有了明确的记录和命名，史籍中的命名经过长时间的流传和学术界的认可，已成为约定俗成的名称。例如，《史记》是西汉史学家司马迁所著，是中国第一部纪传体通史，记录了从黄帝到汉武帝之间的历史。这个名称简洁明了，既表明了作品的编纂宗旨，也反映了其内容的广泛性和深度。《史记》作为一个名称，已经被历代学者和广大读者所熟知和尊重，完全符合约定俗成的原则。又如，故宫，又称紫禁城，是明、清两代的皇宫，位于今北京市中心。其名称"紫禁城"源于天子居住的地方为"禁地"，而紫色象征着星宿中北极星的颜色，代表中心和权威。"故宫"这一名称更多地被用来指代这座建筑群，成为约定俗成的通称。

3.结合史籍和实物考证

对于史籍中有记录但可能存在命名不准确或因时代变迁导致含义变化的情况，需要结合历代史籍著录和实物本身深入地进行考证。在必要时，应对错误的命名进行纠正，给予文物一个更准确、更符合其历史和文化内涵的新名。"毛公鼎"是西周时期一件重要的青铜器，"毛公鼎"之所以得名，是因为在其铭文中提到了毛公这一人物，结合《史记》等史籍的记载，学者对这件青铜器的来历、年代以及用途有了更加深入的了解。"和氏璧"的故事广为人知，它是一块极富传奇色彩的玉璧。根据《史记》等文献记载，和氏璧最初是由和氏所得，后经楚国、赵国等多次易主，最终被秦始皇收入皇家宝库。对"和氏璧"的定名，就是通过史籍的记载和对现存玉璧的考察确定的。尽管实物是否真为传说中的和氏璧存在争议，但这一命名过程展示了结合史籍记载和实物考证的方法。

4. 根据造型和用途定名

对于那些既没有自名铭文，也未被史籍记录的器物，其定名则需要依据器物的造型、用途、材质等特征进行，这要求文物学者具有丰富的历史知识、深厚的文化理解和敏锐的观察能力，能够通过对器物的综合分析和比较，赋予其一个合理且能准确反映其特征和用途的名称。例如，瓦当是贴在屋顶瓦片上的装饰物，通常用于古代建筑，以其独特的造型和装饰图案而闻名。瓦当的形状多样，有动物形、人物形，不仅起到装饰作用，还有辟邪的寓意。其定名反映了这一物品的具体用途和形态特征。双耳陶罐是指带有两个把手的陶瓷制容器，这种形式的容器广泛用于储存、运输和盛放液体或粮食，其定名直接来源于显著的物理特征——两个耳状的把手，以及它在日常生活中的基本用途。

5. 专家共同研究，力求准确无误

文物定名是一个复杂且专业的过程，需要多方面的知识和丰富的经验。因此，当对某一文物定名时，应当由多位专家组成的研究团队共同进行。这些专家有着不同的学科背景，如考古学、历史学、艺术史、文物保护学等，他们能够从不同的角度进行分析和讨论，力求使文物的定名准确无误，得到学术界的广泛认可。例如，殷墟的甲骨文是中国古代文化的宝贵资料，为学术界研究商朝历史、文字学、宗教和社会生活提供了重要资料。自甲骨文发现以来，经过多代学者的努力，通过对甲骨文的整理、研究和解读，形成了甲骨学这一学科。考古学家、民族学家和艺术史学家通过对长江三峡地区古代岩画的共同研究，对岩画的内容、风格进行了系统的分类和命名。

遵循上述原则，可以确保每一件文物都能被准确地命名，从而使人们对其更好地进行保护、研究和传承，让后世能够理解和欣赏这些文化遗产的独特价值。

（二）文物定名的方法

1. 时代＋材质＋特征

时代＋材质＋特征的命名方法，结合时代、材质和文物的特征三个维度进行定名，是常见的文物定名方式之一。例如，"唐代青瓷莲花碗"明确了文物的年代是唐代，材质为青瓷，还通过"莲花碗"这一描述，指出了其独特的形状和装饰特征，可以给研究者提供文物的基本信息，有助于文物的归类、鉴定和研究。

2. 地点＋时代＋材质

使用地点、时代和材质的组合来命名文物，强调了文物的出土地、制作年代和使用的材料。例如，"北京故宫博物院明代青花瓷盘"清楚地表明了该瓷盘是明代的青花瓷，且现藏于北京故宫博物院。地点＋时代＋材质的定名方法特别适用于具有明确出土地点或收藏背景的文物，有助于人们了解文物的地理和文化背景。

3. 来源＋时代＋材质

来源＋时代＋材质的命名方法主要通过指明文物的来源、时代和材质进行定名，如"南京博物院明代铜佛像"。这里的"来源"通常指文物的当前收藏地，有时也可以指其原始出土地或制作地，这种定名方式便于追踪文物的历史，确认其身份。

4. 地点＋时代＋特征

结合地点、时代和文物特征的定名方式，如"秦始皇陵兵马俑"，直接指出了文物的出土地点（秦始皇陵）、所属时代（秦朝）和主要特征（兵马俑），该方法特别适合那些与特定地点和历史事件紧密相关的文物，有助于强化文物的历史和文化意义。

文物定名的方法反映了文物学研究的多维度特性，涉及历史、地理、艺术和科学等领域，还包括了对文物流转历史和文化背景的考察。精确地定名是对文物本身的尊重，也是对文物背后所蕴含的历史、文化和艺术价值的认识和传承。

（三）文物定名的步骤

1. 鉴定

鉴定是文物定名过程中的首要步骤，核心目的是确定文物的真实性、年代、地域及可能的历史背景。文物鉴定过程中往往需要跨学科的知识和技能，包括考古学、艺术史、古物学等领域，专业的鉴定人员会利用各种科学技术手段和传统知识进行综合分析。鉴定过程中，首先，要对文物的物质组成进行分析，了解其制作材料和技术，进而推断文物的年代和来源地。其次，通过研究文物的样式、装饰和制作技艺等外观特征，与已知的历史资料和类似文物进行比对，以确定其历史时期和文化属性。此外，文物的来历、使用痕迹和修复历史也是鉴定中不可忽视的重要方面。

2. 分类

文物分类是对文物进行系统整理的过程，是指依据一定的标准和原则，将文物按材质、用途、年代、地域等属性进行归类。例如，按材质分类，文物可以分为陶瓷、金属、木质、纺织品等；按用途分类，文物可以划分为生活用品、宗教用品、装饰品等；按年代分类，则是基于文物的制作时间，如古代、中世纪、近现代等；按地域分类，则根据文物的产地或流传地进行划分。

3. 命名

为文物赋予名称，通常采用简洁明了的方式描述其特征、用途或历史背景。对文物的命名应当准确、恰当，能够反映文物的本质和重要特征。

命名是给文物赋予一个具体名称的过程，要求既准确又简洁地反映文物的特征、用途或历史背景。一个恰当的名称不仅能够揭示文物的本质属性，还能促进公众对文物的理解和认知。在命名时，应避免使用过于复杂或含糊的表述，而应选用直接且具有描述性的词语。例如，一件唐代的三彩马可以命名为"唐三彩骏马"，这样的命名方式既指出了文物的年代（唐代）、材质和颜色（三彩）以及对象（骏马），又清晰明了地传达了文物的主要特征。

4. 归档

归档是将已经鉴定、分类和命名的文物进行系统记录的过程。每件文物的档案中应包含详细的描述信息、图片、鉴定报告、历史背景等资料，这些都是未来文物管理、研究和展览的重要依据。在归档过程中，文物的每一次变动、展览和研究使用都应有记录，以确保文物信息的完整性和准确性。随着数字技术的发展，许多机构开始利用数字化手段对文物进行归档，提高了效率，方便了文物信息的共享和传播。

二、文物的分类

（一）按照时代进行分类

时代分类法是指依据文物所属的历史时期将其进行系统划分，任何文物的产生和存在均紧密关联于其所处的特定历史背景，为研究提供了一个通过时间维度理解和研究文物的途径，而且帮助人们深入探究每一个时代背后的文化特征和社会变迁。将同一时期的文物集结在一起，能够构建起一个更加立体和丰富的历史文化景观，为进一步研究各个时代文物的特性和历史意义奠定了坚实的基础。

学界在对中国文物进行时代分类时，通常将其分为史前文物（旧石器时代文物、新石器时代文物）和历史时期文物（古代文物、近现代文物），历史时期文物中的古代文物和近现代文物在年代划分上以两个重要的历史节点作为界标，一个是1840年鸦片战争的爆发，标志着中国近代史的开端，开启了中国与西方世界长期的交流和冲突；另一个是1911年辛亥革命的成功，推翻了延续数千年的封建王朝制度，为中国的现代化进程揭开了新的篇章。但近现代文物的年代上限通常被定在1840年鸦片战争的爆发，这一事件被认为是中国近现代历史的起点，也是中国文物分类中一个重要的分水岭。详情如表1-1所示：

表1-1　按时代对文物进行分类

时代	文物分类	
史前文物	旧石器时代文物、新石器时代文物	
历史时期文物	古代文物	夏代文物、商代文物、周代文物（或西周文物、春秋战国文物）、秦代文物、汉代文物、魏晋南北朝文物、隋代文物、唐代文物、五代十国文物、宋代文物、辽代文物、金代文物、元代文物、明代文物、清代文物
	近现代文物	革命文物、民族文物、民俗文物

1. 史前文物

（1）旧石器时代文物。旧石器时代是人类历史上最早的一个时期，大约从250万年前开始，一直持续到约1万年前。旧石器时代的特点是使用打制石器，生产力水平相对较低，人类主要以打猎和采集为生。旧石器时代可以进一步划分为早期、中期和晚期，每个阶段的文物具有不同的特征。

早期旧石器时代文物主要包括最初的打制石器，如简单的砍削石和打击石块，主要用于切割和砸碎，是人类早期对自然材料的利用和工具制作的初步尝试。中期旧石器时代文物则包括手斧等更为复杂的石器，工具的制作更为精细，揭示了人类在狩猎和日常生活中对工具需求的增长。晚期旧石器时代文物出现了更加多样化和专业化的工具，如刮削器、钻子、箭头和石刀等。此外，晚期旧石器时代还出现了岩画、雕塑和装饰品，反映了当时人类社会文化和精神生活的发展。

（2）新石器时代文物。新石器时代紧随旧石器时代之后，大约始于1万年前，这一时期，人类开始从事农业生产和畜牧业，形成了定居生活，同时石器技术也得到了显著的进步。

①农业和畜牧业工具。新石器时代的文物中包括大量与农业生产直

接相关的工具，如石犁、石镰和磨盘，这些工具标志着人类从采集狩猎到生产食物的根本转变。

②陶器和纺织品。新石器时代的陶器被广泛用于日常生活中的食物储存和烹饪、宗教仪式和社会交往，反映了社会结构和文化的复杂化。同时，纺织品的出现，表明了服装制作和个人装饰的需求和发展。

③定居点和建筑遗迹。新石器时代的人类开始建造永久性的住所和社区，因此，与此相关的建筑遗迹成为重要的文物，如房屋遗址、祭坛和墓葬等。

2. 历史时期文物

（1）古代文物

在人类历史和文化发展中，出土了从原始社会到各个历史时期的文物，涵盖了人类社会发展的各个方面。古代文物主要可以分为两大类：文物史迹和文化遗物，这两类古代文物共同构成了人类古代文化的全貌。文物史迹指的是历史上发生过重要事件的地点或建筑，包括古代城池、宫殿、寺庙、陵墓、长城，以及与之相关的街道和水利设施等，如中国的紫禁城、埃及的金字塔、希腊的帕特农神庙，罗马、长安、玛雅的古城，以及历史上的战场遗址，如赤壁、滑铁卢等。文化遗物则更侧重人类活动产生的物品，是过去社会形态、文化艺术、科技发展及日常生活的直接物证，包括各种古器物、古书画和古文献。古器物是指在历史上制造并使用的各种工具和器具，如陶瓷器皿、金银饰品、布料服饰等反映古人生活习惯、审美情趣和社会风尚的物品；古代的犁、锄、剑、弓箭等农具和兵器展现了古代社会的生产方式和军事技术；祭祀用具、皇家御用品等仪式用品体现了古代社会的宗教信仰和权力象征。古书画是指古代书法和绘画作品，其中，书法作品通过笔法、墨色、布局等展示了书法家的技艺和心境，一笔一画都是对美的追求和个性的表达；而绘画作品包括山水、人物、花鸟等多个题材，绘画作品通过色彩、线条、构图等反映了古代画家的艺术风格和时代特色。古文献包括历史记载、科学著作、文学作品、法律文件等，是研究古代历史、文化、科技、法律等多个领域的重要资料。

（2）近现代文物

①革命文物。广义上的革命文物指的是所有与中国革命活动相关联的物质和非物质文化遗产。这些文化遗产包括实物文物，如革命时期使用的武器、日用品、文献资料、手稿、书信、照片等，还包括与革命活动相关的场所和遗址，如会议地点、战斗现场、革命领袖的居住地等。此外，革命时期的艺术作品、文学作品、口述历史记录等非物质文化遗产也被纳入广义的革命文物范畴。狭义上的革命文物则更加聚焦于直接参与或见证了革命历史事件的实物文物。这类文物通常具有较高的历史价值和物证价值，如革命英雄使用过的物品、重大革命事件的现场遗迹、重要历史文件和革命宣传品等。革命文物的内容丰富多样，可以从以下几个方面进行概括：

第一，实物文物。包括革命时期的武器装备、生活用品、工作用品、奖章证书等。第二，文献资料。包括革命时期产生的文件、书信、日记、报刊、宣传材料等文献资料。这些资料是研究革命历史的第一手资料，具有极高的历史研究价值。第三，艺术作品和文学作品。包括革命主题的绘画、雕塑、音乐作品、诗歌、小说等艺术和文学作品。第四，遗址遗迹。包括革命活动发生的地点、战斗的战场、革命领袖的居住和工作地点等遗址遗迹。这些遗址遗迹是连接过去与现在的纽带，具有不可替代的教育和纪念意义。

②民族文物。中国是一个拥有56个民族的多元国家，其民族文物是物质文化遗产的重要组成部分。民族文物可以通过其独特的形式和内涵，展现中国各民族长期以来在不同地理环境、社会条件下形成的丰富多样的文化特色和生活智慧。民族文物覆盖了从古代到近现代的各种手工艺品、生活用品、宗教器物、艺术品，其中，生活用品包括日常生活中使用的器具、服饰、与饮食相关的物品等。例如，藏族的酥油茶器具、蒙古族的蒙古包和服饰、苗族的银饰等。手工艺品是民族文物中最为丰富和多样的部分，包括织物、刺绣、陶瓷、金属工艺品等，如壮族的织锦、

回族的银器等，都是极具特色的民族手工艺品。许多民族都有自己的宗教信仰，与之相关的宗教器物也是民族文物不可或缺的一部分，如藏传佛教的唐卡、回族的清真寺建筑和用品、彝族的巫术器具等。民族艺术品包括音乐器具、舞蹈服饰、民间绘画等，它们是各民族文化艺术成就的体现。

③民俗文物。简而言之，是指在民间传承下来，具有一定历史时期的特色的物质文化遗产。民俗文物的分类体系是多样化的，按材质分类，民俗文物可以根据制作材料的不同被分为木质、金属、陶瓷、纺织品、竹藤、皮革等类别。每种材质的文物都有其独特的制作工艺和使用功能。根据文物的使用功能，民俗文物可以被分为生活用品、农业工具、渔猎器具、手工艺品、节庆用品、宗教仪式用品等。依据制作工艺的不同，民俗文物可分为雕刻、织造、刺绣、陶瓷制作、漆器制作等。每一种工艺都蕴含着深厚的文化意义和技艺智慧。

（二）按照区域进行分类

在文物学的领域内，区域分类法以文物的所在地点作为其基本的分类标准，这种分类方法有利于人们深入挖掘文物与其地理环境之间的紧密联系。文物的地理位置，无论是产生地、出土地、收藏地还是埋藏与发掘地，都赋予了文物并非孤立存在的文化遗产，它们是与具体地点紧密相连的，每一件文物背后都承载着丰富的地域文化信息和历史故事。利用区域分类法进行文物归类能够为人们研究该地区的历史文化提供全面而深入的资料和视角，尤其在加强文物管理、保护以及研究方面具有显著的优势。

在对文物进行区域分类时，常见的方法是按照行政区划进行划分。这一方法的优点在于界线清晰、易于管理，每个行政区域内的文物可以被明确归属，便于进行具体的保护、管理和研究。

基于行政区划的角度，全国被细致划分为23个省、5个自治区、4个直辖市、2个特别行政区，在文物保护与研究领域中，这样的行政区域划分提供了一个清晰而有效的管理框架。进一步而言，省、自治区、直辖市内部的进一步细分，如地（市）级、县级行政区，使各地区对文物进行分类、保护和研究的工作可以更加精细化、系统化。在这个框架下，每一个省、自治区、直辖市内的文物史迹、馆藏文物乃至流散文物，都被视为该地区文化遗产的重要组成部分，承载着该地区乃至全国的历史记忆与文化精神。无论是京城的宫廷文物，还是河北乡村的民间艺术，抑或山西雄浑的古建筑，以及内蒙古草原的遗址，都是中国文化宝库中不可或缺的瑰宝。更进一步地分类，比如将文物分为文物史迹和馆藏文物等，这种分类不仅体现了学界对文物性质和保存状态的精细把握，也满足了文物保护工作的需要。文物史迹如同时光的印记，直接嵌入当地的自然与社会环境之中，而馆藏文物则是经过精心保护，供后人研究和欣赏的宝贵资源。然而，行政区划的界限并非永恒不变，历史上的很多文物可能跨越了现代行政区划的界限。因此，专家在使用行政区划法对文物进行分类时，需要结合历史背景和文物的具体情况进行灵活处理。

另一种基于自然地理的相对位置进行的区域划分，如将文物区分为中原与边疆文物，是一种尝试从更宏观的地理文化视角查看文物分布的方法。基于自然地理的分类体现了中国文化在不同地理环境下的多样性和丰富性，揭示了中原地区作为中国古代文明中心的文物与边疆地区所展现出的多元文化交融的对比。然而，由于中原与边疆之间没有明确的自然界线，该分类方法在实际操作中存在一定的难度，其界限的模糊性使这种分类被更多地用于学术研究中的对比分析，而在日常的文物管理和保护工作中较少采用。

（三）按照存在形态进行分类

1. 不可移动文物

不可移动文物是指那些因其特定的历史、文化、科学或艺术价值而被保护，且由于其性质、规模或所处位置的原因，不能或不宜从原地移动的文物，通常包括文物史迹、古建筑、纪念建筑、石窟寺、石刻、古遗址、古墓葬、近现代重要建筑和纪念地等。可移动文物往往承载着丰富的历史信息和文化内涵，是研究历史、艺术、科学和技术发展的重要实物资料。从规模和体量来看，此类文物拥有较大的体量，如古建筑群和古遗址等，一般与其所处的地理环境和历史背景紧密相关，其价值和意义往往与其地理位置和周围环境密切相关。由于不能或不宜移动，这些文物的保护和修复工作通常需要在原地进行，往往需要较为复杂和精细的技术支持。尽管原则上不可移动文物应保留在原地，但在某些情况下，考虑到保护需要或其他特殊原因，对个别文物史迹的迁移是可以考虑的。迁移决策需谨慎，必须经过严格的审批程序，并确保迁移过程科学、合理，尽可能减少对文物本身价值的影响。例如，一些石碑或单体建筑，若原位置不利于保护，且迁移后能更好地保存其价值，可经有关部门批准后迁移。在必须迁移文物的情况下，人们应采用科学方法进行拆迁，并力求按原样复原，以保持其历史真实性和文化完整性。山西省芮城县的永乐宫、河北省平山县西柏坡的中共中央旧址等，都是通过科学方法成功迁移并复原的案例。这一过程包括以下几个步骤：

（1）彻底调查和记录。在拆迁前，考古学家应对文物的每一部分进行彻底调查和详细记录，包括建筑结构、材料、装饰等方面的细节。使用现代技术如三维扫描来创建文物的高精度数字模型，可以为后续的复原提供精确参考。

（2）精细拆解。在拆解前，考古学家应对所有部件进行标记和编号，确保在复原时能够精确对应。要按照专业指导原则逐步拆解，尽量减少对原材料和结构的损害。

（3）保护性运输。考古学家应对拆解下来的部件进行适当的包装和防护，选择专业运输团队，防止文物在运输过程中受到物理损害或环境影响。

（4）按原样复原。选择合适的复原地点，并考虑地质、环境等因素，根据事先的调查记录和数字模型，精确复原文物的每一个部分，包括建筑布局、材料使用、装饰风格、植被、水系等，以恢复其原有的自然和文化环境。

（5）长期保护与管理。应对文物实施有效的长期保护措施，包括定期维护、环境监控等，并且通过展览、教育活动等方式，让公众参与文物保护，提高公众对文化遗产保护的意识。

2.可移动文物

从古朴的石器、陶器，到精美的铜器、金银器，再到瓷器、漆器、玉器以及各式各样的工艺品、书画、古文献，这些均属于可移动文物。此类文物因其体积较小、便于携带，可以被灵活地安置于博物馆的展览厅，或是被精心收藏于专门设计的文物库房和防护匣。人们在对可移动文物进行保管和利用时，可以采取分级管理的方式，依据文物的体积大小和珍贵程度进行分类收藏，以此来确保文物的安全，便于专业人士根据不同的研究和展示需求，灵活调配文物的存放位置。更为重要的是，可移动文物作为文化传承的载体，能够通过不断地流动和展示，让更多的人有机会近距离接触和感受中华文明的博大精深。无论是在国家级的博物馆，还是在地方的文化展览中，这些文物都以其独特的方式讲述着中国悠久的历史和文化故事，加深了公众对传统文化的理解和认同。

（四）按照质地进行分类

在中国文物学领域，质地分类法是一种根据文物材质进行分类的方法，即以文物的构成材料作为分类的依据，涵盖了石器、玉器、骨器（包括骨制品和牙制品）、木器、竹器、铜器、铁器、金器、银器、铅锌器、锡器、瓷器、漆器、玻璃器、珐琅器、纺织品、纸质文物等多种类型。质地分类法能够提供一个清晰且直观的框架，帮助研究者和收藏家快速识别文物的基本特征，从而便于对文物进行研究、保存和展示。例如，不同材质的文物需要不同的保存环境和修复技术，质地分类法可以更加专业地对文物进行护理。此外，质地分类法还便于学术研究和教学，因为材质的不同彰显了文物的工艺特点和历史背景，有助于人们深入理解不同历史时期的文化特征。然而，质地分类法也有其局限性。其一，可能忽略文物之间在功能、风格或文化意义上的联系。不同材质的文物可能具有相同的文化背景或具有相似的使用目的，但质地分类法可能无法充分体现这种跨材质的文化和功能联系。其二，随着新材料的不断发现和使用，这种分类方法可能需要不断更新和扩充，以适应新的文物类型。其三，对于一些复合材料制成的文物，单一的质地分类可能无法准确反映其复杂性，这就需要使用更加细致的分类方法来辨识和研究这些文物。

（五）按照功用进行分类

按照功用对文物进行划分是依据文物的使用目的和功能性特征对其进行的分类，旨在使人们深入理解文物的社会文化背景、历史价值及其在古代社会中的实际应用。可以将其大致分为以下几个主要类别：

1. 生活用具

日常生活中使用的各种器物，如烹饪用具、餐饮器皿、家具、衣物以及其他生活杂项。例如，古代的陶瓷碗盘、铜镜、木制家具、织物衣裳等均属于此类。

2. 礼仪用品

礼仪用品主要指用于宗教或祭祀活动的各类文物，包括祭祀用的器物以及宗教仪式中使用的各种物品。例如，青铜礼器、玉璧、祭祀用的陶俑，以及用于表达敬神、祭祖等活动的各类器皿。

3. 装饰品

装饰品类包括用于装饰个人、空间或物品的各类文物，如首饰、绣品、壁画、雕塑以及其他艺术品，展示了古代人民的审美情趣和艺术成就，如古代的玉佩、金银饰品、唐卡、壁画等。

4. 武器

武器类文物主要指用于战争、狩猎或个人防卫的器具，包括刀剑、弓箭、盾牌、甲胄等，展现了古代的军事技术，反映了当时的社会结构和冲突状况。

5. 文房四宝

文房四宝指的是书写和绘画所需的笔、墨、纸、砚，这些文物是中国文化中非常重要的一部分，体现了古代文人墨客的生活习惯和艺术追求。

6. 交通工具

交通工具涵盖古代的各种交通工具，包括车马、船只等。

7. 建筑构件

建筑构件指用于建筑中的各种材料和构件，如砖瓦、木梁、石柱等，以及具有装饰或象征意义的建筑元素，如门楣上的雕刻。

但由于许多文物具有多重功能，如某些器物既是生活用品也是礼仪用品，单一的功用分类方法有时难以全面反映文物的多重价值，并且随着历史的发展，某些文物的原始用途可能已经发生变化，或在不同的历史时期有着不同的使用方式，为功用分类带来了挑战。

(六) 按照属性进行分类

属性分类法是对文物社会属性和科学文化属性的一种认识和解读，人们可以通过对文物用途和深层含义的研究，揭示文物在古代社会中的多重角色和意义。

在应用属性分类法对古代文物进行细致分类时，人们可以接触到各类古代器物在社会生活中的具体应用场景。例如，古代的礼器主要用于国家大典、祭祀仪式等重要社会活动，人们通过观察其形态和用途，可以了解古代社会的礼制和宗教信仰。

明器作为一种特殊的文化现象，其存在是为了满足人们对亡者的怀念和纪念，更反映了古人对于死后世界的想象。明器的种类繁多，从日常生活用品到精美的艺术品，从简单的工具到复杂的建筑模型，仿造生前所用之物，旨在为逝者在另一个世界提供与生前相同的生活环境。

科技文物是另一类重要的分类对象。科技文物体现了古代中国在科学技术领域的成就，如天文观测仪器、度量衡器具、医学器械等，展示了古人对自然界的深刻理解和探索精神。这些文物可以使现代的人们直观地了解古代人民的智慧和创造力，以及科技在推动社会进步中的作用。

宗教文物作为承载宗教信仰和宗教活动的物质载体，同样是属性分类法中的重要组成部分。宗教文物包括寺庙建筑、宗教仪式用具、宗教艺术品等。人们通过对宗教文物的分类与研究可以深入理解古代社会的宗教生活、信仰多样性和宗教艺术的发展变化。

民族文物、民俗文物、革命文物等也是根据属性进行分类的重要文物类别。这些文物反映了中国丰富的民族文化、多样的民俗风情和波澜壮阔的革命历史。

（七）按照价值进行分类

1. 文物价值的多维度识别

在进行价值分类之前，人们需要对文物价值的内涵进行深入理解。文物价值通常包括以下几个方面：

第一，历史价值。文物作为历史的见证，其所蕴含的历史信息对于研究历史发展、社会变迁具有不可替代的价值。第二，艺术价值。许多文物本身就是古代艺术家的杰作，其艺术风格、展示出的技艺水平等对人们研究古代文化艺术具有重要意义。第三，科学价值。文物在材料、制造工艺等方面的特点，为科学技术史的研究提供了实物证据。第四，社会价值。文物反映了古代社会的风俗习惯、宗教信仰、社会制度等，对于人们理解社会结构和人文精神有着深远影响。第五，经济价值。一些文物因其稀有性和独特性，在现代社会中可能具有较高的经济价值。

2. 基于价值的文物分类方法

（1）全国重点文物保护单位。全国重点文物保护单位代表了国家级别的最高价值，通常涉及具有重大历史、艺术或科学价值的文物。比如，古建筑有故宫、天坛、颐和园等，代表了中国古代建筑艺术的巅峰，承载着丰富的历史文化信息；古墓葬秦始皇陵兵马俑坑、明十三陵等，通过其规模、构造和陪葬品反映了古代社会的宗教信仰、礼制习俗和艺术水平；石窟寺和石刻如莫高窟、云冈石窟、龙门石窟等，是中国佛教艺术的杰出代表，展示了古代雕刻艺术和宗教文化的发展。

（2）省级文物保护单位。省级文物保护单位反映了在省（自治区、直辖市）级层面上具有重要历史、文化价值的文物。地方特色的古建筑群如江南水乡的古镇、福建土楼等映射了中国地域文化的多样性；各地的古战场、古道、遗址等，见证了地方的历史变迁和文化特色。

（3）市县级文物保护单位。市县级文物通常指在县（市、区）范围内具有一定历史、文化价值的文物，包括老街、古村落等，如安徽宏村、江西婺源的篁岭古村。

（4）馆藏文物。根据文物价值的高低，可以进一步将文物细分为珍贵文物和一般文物，珍贵文物又可分为一级文物（如《清明上河图》）、二级文物（如明代宣德炉）和三级文物（如清代的民间陶瓷）。

3. 价值分类对文物保护和研究的意义

按照文物价值进行分类，可以更有针对性地制定文物保护措施，合理分配保护资源，确保具有极高价值的文物得到更加充分的保护。同时，价值分类法也有助于科学研究和公众教育，使研究者和公众能够根据文物的不同价值，采取不同的研究方法和欣赏角度，进一步提升社会公众对文化遗产保护的意识。

第三节 文物的特点与价值

一、文物的特点

(一) 物质(资源)性

文物承载着人类文化和历史的深厚底蕴，是人们与古代社会沟通的桥梁。文物大多是由古人以卓越的智慧和辛勤的劳动创造出来的物质遗产，无论是雄伟的建筑、精美的器物，还是其他形式的文化产物，都是用特定的物质材料，通过一定的技术手段精心制作而成的。这些文物以各自独特的形态存在，如同一面面镜子，反映了人类社会在不同历史阶段的生活方式、科技水平、审美趣味和文化追求。文物的物质(资源)性特征使其成为一种有形的历史文化载体，这种有形性是指文物所承载的历史信息和文化价值的可视化、可感知性。文物的形态多样，从简朴的石器、陶器到精致的金银器皿、玉石雕刻，从单一的生产工具到复杂的机械装置，每一件文物都是古代人民智慧的结晶和时代精神的体现。文物的形态和风格，受到制作者的用途和目的影响，并由当时的物质材料、科技水平、社会发展状态以及政治、经济、文化背景的共同作用所决定。与此同时，文物的形态和风格随着时代的变迁而发展、变化甚至消亡，在这一过程中，社会的发展、文化的演变和科学技术的进步发挥了关键作用。例如，青铜时代的器物反映了当时社会的物质文化和工艺技术，而宋代瓷器的精致和雅致，则展示了宋代社会经济的繁荣和审美观的转变。

(二) 时代性

文物的时代性是指文物本身所固有的，能够明确指示其产生和存在于特定历史时期的属性。时代性并非一个简单的时间标签，涉及文物的创造背景、使用环境、流传过程等复杂因素，使每一件文物都成了其所处时代的一个独特切片。每一个历史时期都有其独特的审美观念和艺术风格。例如，唐代的雕塑以雄浑、生动著称，反映了唐朝开放、包容且奔放的社会风气；而宋代的瓷器则以精致、内敛的风格闻名，映射了宋代文人士大夫阶层对于简约、雅致生活的追求。文物在被创造时都有特定的使用目的和社会功能，这些功能往往与当时的社会结构、经济形态、生活习惯等密切相关。例如，古代的礼器反映了那个时代复杂的礼仪制度和社会等级划分；古书画中的题材选择和艺术表现，则与当时的文化教育、政治环境有着直接的联系。文物的制作技术和材料选择深受时代技术水平的限制和影响。例如，不同历史时期的陶瓷，其泥料的配比、釉色的变化、窑炉的温控技术都有显著的差异。更为重要的是，许多文物在历史的长河中经历了不同的使用、收藏、再利用乃至遗忘和重新发现的过程，这一过程本身就是对文物所处时代文化传承和变革的直接证明。

（三）客观性

客观性在文物领域中，是指文物本身所固有的、不受个人主观感受影响的特质。文物是在特定历史时期由人类创造的物品，包括工艺品、艺术品、建筑、书籍和文献等，这些文物的存在不依赖个人的观点或感受，而是以实实在在的形式出现在世界上，其年代、产地、制作技术等都可以通过科学方法进行验证和分析。文物的客观性还体现在其可以作为历史事件或文化现象的直接证据。不同于文字记录可能受到作者主观意愿的影响，文物本身不会改变其形态来适应某种叙述或观点。例如，一件古代武器的形状、制作材料和损伤痕迹可以直接说明当时的战争技术和使用方法，而这些信息是不会因为后人的解读而发生变化的。从某种层面来看，文物具有自然老化的特性，且这一过程不受人为控制。例如，放射性碳定年法可以确定有机材料制作的文物的年代，而这一过程完全基于文物材质的自然衰变，与人的主观意愿无关。然而，尽管文物本身具有客观性，人们对文物的理解和解释却可能受到主观因素的影响。

例如，在对一件文物的用途进行推断时，研究者应当基于文物自身的物理特征、制作技术以及与其他文物的比较分析，而不是仅仅依据个人的想象或某种未经证实的历史叙述。

（四）永续性

文物之所以被历史学家、考古学家、文化研究者以及广大文物爱好者所珍视，其背后的原因之一便是它们所具有的永续性。一方面，永续性体现在文物本身的物理保存上。从古代留存至今的建筑、器物、书籍和艺术品等，无不经过严酷的自然环境和复杂的社会变迁的考验。这些文物的存在是对过去工艺技术、材料选择，以及保存方法的一种直接证明。例如，中国的长城、埃及的金字塔、希腊的帕特农神庙，之所以能够跨越千年的时间依然屹立不倒，离不开古人在选材和建造技术上的精妙以及后人在保护和维护上的不懈努力。另一方面，文物的永续性还体现在文化传承的层面。通过对文物的研究，人们能够窥见历史的容貌，理解不同时期的文化特征、社会结构、人类活动等。例如，汉代的铜镜反映了当时的铸造技术和美学观念，唐三彩揭示了唐代社会的繁荣和对色彩的偏好，宋代的青瓷则体现了宋代人民对生活品质的追求和审美情趣。

（五）不可替代性

从历史的角度看，每一件文物都是在特定历史条件下产生的，创造者可能早已逝世数百甚至数千年，创造者的思想、技艺和生活状态，通过文物得以跨越时空传递至今。因此，每当一件文物因时间或人为因素而消失，与之相连的那部分历史信息、文化精神和人类智慧也会随之消散，这是任何现代技术或复制品都无法完全复原的。从艺术和文化的视角来看，无论是古代的绘画、雕塑，还是建筑和工艺品，每一件都是艺术家或工匠独特创意和精湛技艺的体现，复杂的艺术和文化维度构成了文物独特的个性，使其成为无法替代的文化遗产。从社会和心理的维度考量，文物作为历史的见证，是人们认识自我、认识社会、理解人类历史进程的重要物质基础，有助于激发人们的历史感和文化自豪感，增强社会凝聚力。文物与历史的联结，对于维护文化多样性，促进文化传承有着不可替代的作用。每当一件文物消失，与之相连的那部分社会记忆和文化认同也遭到了削弱。

（六）不可再生性

从物质角度讲，许多文物是由特定时期的材料制成，这些材料可能因为地质、气候等自然条件的变化而不再存在或难以获得。例如，古代的青铜器，其特有的合金比例和铸造技术是后人难以完全掌握的；古建筑所用的木材，也许是来自如今已经绝迹的树种，这些因素的共同作用，使每一件文物都成了一次性的、不可复制的存在。从技艺角度来看，古代的制作技艺往往高度依赖当地的自然资源、文化习俗和技术条件，这使每一种技艺都具有鲜明的地域特色和时代印记。例如，中国的青铜铸造、玉雕技艺、景泰蓝制作等，都是在特定历史背景和自然环境下形成的独特技术体系。随着工业化进程的加速和现代科技的发展，很多传统制作技艺的实用价值逐渐减弱，加之生活节奏的加快，人们对传统文化的关注度下降，相关的技术和知识面临严重的失传风险。更为严峻的是，一旦相关的文物被破坏，那些仅存于这些文物中的独特技艺和知识就会永久消失，因为很多时候这些技艺并没有完整的文字记录或图示，只能通过师徒传承或实物示范来学习和传承，且由于技艺传承的断层，即使是技艺的现存传承人，也可能无法完全掌握或复原古代文物制作的全部技术细节。

（七）个体差异性

即使是同一地点出土的同类、同质文物，在保存现状、损坏程度等方面也存在差异。个体差异性的形成受到多种因素的影响，包括古代的工艺技术水平、非标准化的生产方式，以及文物经历的各种环境差异。

1. 古代工艺技术水平

在古代，人们的生产技术普遍未达到现代意义上的标准化、机械化水平。工匠们依靠手工制作文物，即便是同一工匠在相同条件下制作的文物，也难免存在差异。这些差异可能体现在尺寸、形状、装饰细节等方面。例如，古代陶器的轮制技术，每一件成品的厚薄、高矮都有所不同；古代青铜器的铸造，由于模具制作和铸造过程的复杂性，即使是同一批次的产品也会有细微的差别。

2. 非标准化生产方式

古代社会的生产方式普遍以手工艺为主，缺乏现代意义上的生产标准和规范。即使是同一文化、同一时期生产的文物，其材料选择、制作工艺，甚至功能设计也会根据具体情况有所不同，导致文物在形态、风格上显示出多样性。比如，在同一遗址出土的瓷器，可能因为窑炉温度的微小差别、釉料配比的不同等因素，呈现出不同的色泽和纹理。

3. 环境差异所致的损坏程度

文物从制作完成到被发现，可能经历了数百上千年的时间。在这漫长的时间里，文物所处的环境条件千差万别，如温度、湿度、土壤成分等，都直接影响文物的保存状况。同一地点出土的文物，由于埋藏深浅、周围环境的微小差异，其腐蚀程度、磨损情况可能大不相同。因此，即使是表面上看似相同的文物，其保存现状也可能截然不同。

由于这些因素的存在，文物的个体差异性成了文物保护工作中不可忽视的重要因素。保护文物要充分考虑每一件文物的个体特点，不能单一地依赖某一种保护技术或方法来解决所有问题。针对不同文物的具体情况，保护措施需要具有针对性和灵活性，既要考虑文物材质、损坏程度的不同，也要考虑其历史背景、文化价值等方面的特点。例如，对于金属文物的防腐处理，就需要根据其合金成分、腐蚀程度，以及未来保存环境的具体条件来制订方案；而对于纸质文物的修复，则需要考虑纸张的种类、损伤程度、墨迹的稳定性等因素。此外，对于不同的陶瓷和石质文物，其保护和修复方法也会有所不同，需要根据文物的物质组成、受损情况来制定最适宜的保护措施。

二、文物的价值

（一）历史价值

文物作为历史长河中的一颗颗璀璨珍珠，其所蕴含的价值是多元而复杂的。其中，历史价值无疑占据着至关重要的地位，这主要是因为文物本身作为人类社会在特定时期活动的直接遗留，承载着那一时代的政治、经济、军事、文化等多方面的信息。不论是壮丽的建筑、精细的器物还是其他形式的遗迹和遗物，都是由那个时代的人们，基于当时社会的需求，利用当时的材料和技术创造出来的。因此，文物能够从多个角度反映出其所处时代的政治局势、经济状况、军事科技、文化艺术、宗教信仰及民俗风情。文物之所以具有极高的历史价值，首先在于文物的不可再生性，每一件文物都是独一无二的，一旦损毁或失去，便无法复原，这使每一件文物都成了研究历史、了解历史的宝贵资源。同时，文物的历史价值也具有客观性，它不会随着时间的推移或是后代人意志的变化而改变。文物作为历史的凭证，其价值在于为人们提供直接、具体的历史证据，帮助人们更加准确地认识和理解历史。

与文字记录的历史相比，文物能够为人们提供更加直观的历史体验，使人们跨越时空的限制，直接感受到历史的脉动，感受那个时代人们的生活状态和精神面貌。

例如，越王勾践剑是中国古代著名的文物之一，出土于湖北省荆州市的江陵县望山楚墓，属于春秋时期越国的文物。该文物因其精美的工艺和卓越的保存状态闻名遐迩，其蕴含的深厚历史价值更是成为研究那一时代中国历史和文化的重要实物证据。这把剑的制作采用了古代复杂的青铜铸造技术，表面镀有防锈层，经过两千多年仍然锋利无比，展现了当时工匠高超的技艺和智慧。越王勾践剑上刻有"越王自用"的铭文，证明其为越王勾践所有,是权力和地位的象征,反映了当时社会的政治结构和文化认知。越王勾践剑的历史背景与勾践复国的故事密切相关,勾践作为春秋时期著名的政治家、军事家,他的故事体现了当时战争的频繁和诸侯国之间的复杂外交关系。此外,剑上的装饰和铭文反映了当时人们的审美趣味和文化追求,为现代人们深入了解春秋时期的文化艺术提供了珍贵的资料。

(二)艺术价值

文物的艺术价值涵盖了审美、欣赏、愉悦、借鉴以及美术史料等多个方面,上述元素既相互独立又紧密相连,构成了文物艺术价值的丰富内涵。文物的审美价值源于其独特的美学特质,该价值并非单纯停留在视觉美的层面,而是深入艺术启迪和美的享受,使文物超越了物质载体的限制,触动人的内心,引发深层次的情感共鸣。例如,古代青铜器上的神兽纹饰、古瓷上的山水画,无不展现古人高超的艺术技巧和深邃的美学追求,这些文物都给了后人美的享受和艺术启迪。文物的欣赏价值在于人们能够通过观赏获得精神上的满足,陶冶情操。在文物欣赏过程中,人们可以全方位地感受文物的美学特质,还能体验独特的文化和历史,让人在美的感受中感知不同文化和时代的精神风貌。在欣赏文物的过程中,观者能够跨越时空的限制,与古人产生情感交流,实现精神上的对话和连接。文物的愉悦价值则体现在其为人们提供娱乐和消遣的能力上。在日常生活中,文物除了是学习和研究的对象,也是人们休闲和享受生活的来源。通过接触和欣赏文物,人们可以从忙碌的生活中暂时抽离,享受一段宁静和美好的时光,从而获得心灵的放松和愉悦。文物的借鉴价值在于其能够激发现代人的创新和创造。通过研究文物中的艺术形式和技巧,艺术家和设计师可以汲取古人的智慧,将其融入现代的创作,实现传统与现代的艺术融合,为传统艺术的传承和发展提供新的路径。文物作为美术史料,价值不可小觑。文物是研究美术史的直接资料,不同的文物记录了不同历史时期的艺术风格、技术演变和美学观念。

学者通过对文物的系统研究，可以描绘历史的艺术全貌，为美术史的研究提供坚实的基础。

将历史遗迹和遗物按其性质和创作目的进行划分，大致可归纳为三大类，这些文物承载着不同层次和形式的艺术价值，共同构成了丰富的人类文化遗产。

第一类文物涵盖了实用的遗迹和遗物，这类文物在制造之初便承担了满足人们日常生活或特定需求的使命。从古代的石器、陶器到后来的丝绸、瓷器，这类文物虽然以实用为主，但在其设计和制作过程中所蕴含的审美追求和艺术表现，同样值得人们赞叹。青铜时代的器物在技术上达到了高度成熟，其装饰图案和造型也展现了古人的艺术创造力，成为今人研究古代文明的重要窗口。例如，1938年在湖南省宁乡市出土的四羊青铜方尊，现收藏于中国国家博物馆。这件四羊青铜方尊上口最大径44.4厘米，高58.6厘米，重34.6千克。器身呈方形，四角各饰有一只立体的羊头，羊角长而向上翘起，表情生动，极富装饰效果。整个尊体装饰着密集的云雷纹和兽面纹，显示了商代青铜器装饰艺术的高超水平。四羊青铜方尊是祭祀用品，用于宗教仪式或仪式活动。在古代中国，青铜器是权力和神圣的象征，只有王室和贵族才有资格使用。四羊青铜方尊作为其中的佼佼者，很可能用于祭祀天地、祖先或神灵，以祈求国泰民安、五谷丰登。在现代，四羊青铜方尊作为国家一级文物，于中国国家博物馆进行永久展览，成为研究中国古代青铜器艺术和宗教文化的重要实物资料。

第二类是纯粹的美术品和工艺品，文物的创作初衷是为了表达艺术家的个人情感、哲学思考或对美的追求。无论是绘画、雕塑还是精美的工艺品，都是艺术家精心构思的结果。这类文物跨越时空，传递着作者的情感和思想，可以使今天的人们观察到各个历史时期的艺术风格、技术革新以及美学理念的演变。展子虔的《游春图》无疑是中国山水画中的瑰宝，这幅画作生动地捕捉了春日里人们踏青游玩的宁静美好时刻。在《游春图》中，展子虔巧妙地使用了细腻的笔触和层次丰富的墨色，勾画出一幅既宏伟又细腻的自然景观。画中的自然元素，如山峦、流水、树木和天空，都以极其细腻的手法展现，营造出一种和谐宁静的氛围。人物虽然只是画面中的点缀，却巧妙地融入了这一自然景观，显得生动而自然，彰显了人与自然和谐共处的理念。《游春图》不仅是对自然美景的再现，更是对当时人文精神的体现。在这一时期，文人画成为艺术创作的重要流派，强调画家个人修养、情感表达以及对自然的深刻理解。作为国家级文物，《游春图》能够与更多的公众分享其背后的文化价值和艺术美，激发人们对传统文化的兴趣和爱好，促进文化遗产的保护和传承。

第三类是专为死者随葬而制作的明器，通常以人、家畜、鸟兽的形状出现，或是以车船、建筑物等模型的形式存在，反映了古人对于死亡的看法和对来世的想象。虽然此类文物的直接用途是随葬品，但在造型和工艺上，同样展示了古代工匠的艺术才能和审美追求。通过这些文物，人们能够窥见古代人民对生与死的态度，以及他们对于宇宙、自然和社会的深刻理解。三星堆商戴金面罩青铜人头像是中国考古学的一项重要发现，这件文物代表了古代四川文明在青铜时代的高超工艺和神秘宗教信仰。这尊铜像的显著特征是金面罩，金色在许多古代文化中象征着神性、不朽和权力。商戴金面罩青铜人头像可能在宗教仪式或仪式活动中扮演了重要角色，作为一种连接现世与神界的媒介存在。从艺术角度来看，青铜人头像的面部表情庄重而神秘，细节处理精细，赋予了这件作品超越时空的艺术魅力。

（三）科学价值

科学价值的深层内涵融合了知识、科学与技术的精髓，如同历史的灯塔，照亮了人类文明的进步之路。当人们回望古代那些沉睡在时间中的遗迹和遗物，更多的是在解读一个个承载着丰富科学技术信息的密码。这些遗迹和遗物是所属时代科技水平和生产力水平的直观映射，反映出了社会经济、军事战略以及文化艺术的发展轨迹。探索遗迹和遗物中蕴含的科学技术水平,需要通过实物之间的比较研究来进行。从一件简单的陶器中,人们可以看到生产力的发展水平,感受到人类从使用石器到制作陶器的技术飞跃。例如,陶器的出现标志着人类生产力的重要跃进,反映了人类在旧石器时代低水平生产力的基础上,通过不断地实践和探索,达到的新的技术高度。

文物的价值不仅体现在物质层面,更涵盖了历史、文化、科技、艺术等多个维度。因此,人们在评估文物价值时必须考虑这些维度的综合影响,而这无疑增加了评估工作的复杂性。不同文化背景和价值观念的差异,使人们对文物价值的认识和评价标准呈现多样性。例如,某一文物在某一文化中可能被赋予了极高的精神象征意义,而在另一文化中则可能仅被视为一件普通的历史物品。这要求评估者必须具备跨文化的视角和深刻的理解能力,以确保评估结果具有广泛接受性和合理性。此外,随着科学技术的进步,新的考古发掘技术、保存修复技术以及分析评估方法不断涌现,借助各类技术,人们可以揭示文物更多未知的价值,提高文物保存的有效性和准确性。

文物作为人类历史沿革的无声见证者,不仅蕴藏着丰富的艺术价值,而且如同历史的缩影,记录了人类社会在不同历史阶段的生活方式、思想观念以及社会结构等诸多方面。文物之中蕴含的文化因素是对其社会价值的重要体现,涵盖了经济发展、社会变迁、文化交流多个层面。因此,人们对文物的研究和保护,不应仅停留在对其物质形态的保存上,还应注重对其所承载的文化内涵和社会价值的挖掘与传播。对文物背后的故事进行解读,可以提升公众对文化遗产的认知,从而促进文化的传承与发展。文化遗产的价值还体现在其能够表达特定群体的精神追求、政治理念、民族情感等多种文化情绪,这种表达是现代社会多元文化共存的重要基础。文化遗产的多样性,正是人类历史和文化多样性的直接反映,对文化遗产的保护和研究,是对一个群体精神认同的维护,也是对人类共同文化遗产的尊重和传承。

文物在社会价值实现过程中,经历了一个多层次、动态演化的过程,涉及多个主体和多种机制的相互作用。

第一阶段，文物价值的挖掘和认定。该阶段本质上是一个专业性极强的研究活动，文物研究者通过对文物的深入研究，挖掘文物背后的历史、文化、艺术等多重价值，为文物进一步的社会价值实现提供了坚实的基础。研究成果如同为文物穿上了一层层丰富的内涵外衣，使文物从简单的物质存在转化为承载深厚文化意义的历史见证。

第二阶段，博物馆作为文物保护与研究的重要场所，承担起了文物社会价值传播的重任。博物馆通过展览、教育等多种形式，向公众传递了文物的价值，促使公众对文物及其背后的历史文化产生深入的认识和兴趣，文物的社会价值得以广泛传播，观众的参与和反馈也进一步推动了文物价值的社会认同。

第三阶段，观众的角色转变为价值主体，标志着文物社会价值实现过程的高级阶段。观众通过参观、学习、体验等多种互动方式，获得了文物的相关知识，加深了对文物所代表的历史文明的理解和尊重。在这一过程中，文物不再是遥远的历史见证，而是融入了现代社会的文化生活，成为连接过去与现在的桥梁。此外，文物的经济价值也不容忽视。文物的经济价值是相对的，受到时代背景、社会经济状况等多种因素的影响，其价值表现为时空性的变化。在不同的历史时期，同一件文物可能因为历史背景、收藏热潮等因素而价值大增，也可能因为战乱、经济危机等因素而价值暴跌。

第四节　文物的常见病害类型

一、文物实体病害

（一）物理性病害

文物物理性病害是指直接作用于文物本身的各种损伤和变化，是影响文物保存状态的主要病害。其中，变形是常见的物理性病害之一，这种病害通常是由于温度和湿度的变化导致的。当文物所在环境的温湿度条件发生变化时，文物材料会因为膨胀或收缩而产生变形。例如，木质文物在湿度较高的环境中吸水膨胀，在干燥的环境中失水收缩，长期的温湿度波动会导致木材变形或开裂。扭曲是指文物在一定的力的作用下，形状发生歪曲的现象，常见于纸质和纺织品类文物。这种现象往往是由于不均匀的环境条件（如局部湿度高于周围环境）或不均匀的内部应力导致的。开裂是指文物材料表面或内部出现裂纹的现象，常见于陶瓷、玉石、木材等硬质材料。文物开裂的原因有很多，包括温度变化导致的热应力、湿度变化导致的干缩湿胀，以及长期承受过重荷载等。例如，木材的干缩系数一般在 0.1%～0.6% 之间，不同方向的干缩系数不同，这种不均匀收缩容易导致文物开裂。

物理性病害通常是由环境中的物理因素引起的，主要影响因素包括温度、湿度、光照、振动、荷载等，直接影响文物的稳定性和完整性。温度的变化是文物物理性病害中常见的影响因素之一。文物材料无论是有机的（如木材、纸张、纺织品）还是无机的（如金属、石材、陶瓷），都对温度变化十分敏感。温度的升高或降低会导致材料膨胀或收缩，不同材料的膨胀系数不同，这会导致复合材料的组成部分之间产生内应力，进而引发裂纹、变形现象。长期的温度波动会加速材料的老化过程，导致文物损伤加剧。湿度与温度密切相关，但其作用机制更为复杂。湿度过高或过低都会对文物产生不利影响，高湿环境会促进有机材料吸水膨胀，加速微生物的生长，导致金属腐蚀等；而低湿环境则会导致有机材料失水收缩，变脆，易于断裂。湿度的快速变化，特别是日夜交替时的变化，会导致文物材料反复吸湿和失湿，加速文物物理老化过程，导致文物结构性破坏。光照，尤其是紫外线的影响对文物尤为致命。光照可以导致文物表面色彩褪色、材料分解，尤其是对于纸质、织物、木质等有机材料来说，长期暴露在光照下会加速其老化过程。紫外线能量较强，能够破坏有机分子的化学键，导致文物材料结构的破坏。因此，文物展示和保存时需严格控制光照条件，尤其是紫外线的照射。振动对文物的损伤主要体现在对文物结构的影响方面。无论是自然环境（如地震）还是人为因素（如交通振动、游客行走引起的震动）都可能导致文物振动。振动可以引起文物结构的微小位移，长期作用下会导致其结构松动、裂纹产生，特别是对于结构复杂或已有损伤的文物，振动的影响更为严重。荷载对文物的影响主要表现为重力作用和人为施加的外力。重力长期作用于结构性文物（如建筑、雕塑）可能导致其变形、开裂甚至倒塌；而人为施加的外力，如在搬运、修复过程中的不当操作，也可能对文物造成损伤。

（二）化学性病害

化学性病害是文物保护领域中的一个重要问题，涉及文物材料因环境因素或其他共存物质的影响，而发生一系列化学反应，导致文物损坏。这类病害的形成过程复杂，影响因素众多，包括空气污染、相对湿度不达标、温度波动、材料的化学不稳定性等，主要病害类型包括腐蚀、降解、氧化、酸性水解和碱性水解等。

1. 腐蚀

腐蚀危害主要发生在金属文物上，如铜绿和锈蚀。金属在含有硫化物、氯化物和水分的环境中，容易与这些物质发生反应，生成各种腐蚀产物，这会导致金属文物的表面损坏和结构弱化。

2. 降解

降解主要影响有机材料，如纸张、纺织品和木材等，在光照、高温和湿度等条件下，有机材料会加速分解，比如纸质文物的酸性降解、纺织品的光敏褪色等。

3. 氧化

氧化作用普遍存在于各类文物保护中，无论是金属的锈蚀还是有机材料的老化，都与氧化反应有关。氧气在特定条件下与文物材料反应，会导致材料性能下降。

4. 酸性水解和碱性水解

这两种化学反应主要影响含纤维素的材料，如纸张和木材。酸性环境会加速纤维素的水解反应，导致材料变脆和强度下降；而碱性环境虽然可以中和酸性物质，但过强的碱性也会损伤纤维素结构。

故宫收藏有大量珍贵的铜器文物，这些铜器长期面临化学性腐蚀的威胁。例如，某件铜炉在未进行适当保护措施的情况下，表面出现了大量绿锈（即铜绿），这是铜与空气中的水分、二氧化碳以及微量硫化物反应的结果，不仅影响文物的美观，而且会侵蚀铜器的表面，损害其原有的文化价值和历史信息。为了应对化学性病害，故宫博物院采用了科学的清洁技术去除文物表面的腐蚀产物，并通过调整展览环境（如温湿度控制、减少污染物等）和施加保护涂层等方式，减缓化学反应的进程，从而有效保护铜器文物。

（三）生物性病害

生物性病害是影响文物保存的重要因素之一，其危害范围广泛，包括动物、植物和微生物对文物的侵害和腐蚀。

1. 动物侵害

动物侵害包括昆虫如白蚁、蛀虫的蛀蚀，以及啮齿动物如老鼠的啃咬。动物的蛀蚀或啃咬能够穿透文物材料（如木材、纸张等），对文物造成物理性损坏，如孔洞和裂缝。昆虫的活动不仅直接破坏文物，其代谢产物（如粪便）还可能污染文物表面，进一步影响文物的外观和稳定性。

2. 植物侵害

植物侵害主要是指霉菌和藻类等植物的生长，它们在适宜的温湿度条件下生长在文物表面或内部，以文物材料作为养分，导致文物出现颜色变化、材料破坏等现象。

3. 微生物腐蚀

细菌和霉菌是常见的微生物病害源，它们能够在适宜的环境条件下迅速繁殖，通过分泌酶和酸等物质，破坏文物材料的分子结构，引起文物腐朽、变色等现象。特别是在高湿环境中，微生物活动更为频繁，对文物的损害也更为严重。

预防和控制生物性病害的关键在于控制环境条件，特别是温度和湿度，以降低生物活动的可能性。此外，人们要定期检查文物和收藏环境，尽早发现生物侵害迹象，采取相应措施进行治理。使用物理和化学方法控制生物活动，如使用低温冷藏、无害化学药剂处理等，也是有效的预防和控制手段。一个著名的生物性病害案例是埃及法老图坦卡蒙的黄金面具遭受霉菌侵害。图坦卡蒙的黄金面具是古埃及艺术的杰作之一，但在被发现后不久，面具表面出现了一些不明斑点。经研究发现，这些斑点是由于霉菌生长造成的，霉菌在高湿度环境下繁殖，消耗了面具表面的有机材料，留下了难以清除的斑点。

二、文物应力型病害

（一）文物应力的产生

文物应力的产生由外部因素和内部因素造成。

外因主要包括外应力受力和温湿度变化。外应力受力指由于外部力量的作用导致的应力，如搬运、触摸、环境震动等。当文物被移动或在展示过程中被不当操作时，文物可能会受到机械力的作用，导致产生裂纹、变形或其他物理损伤。例如，重型文物如果支撑不当，其自身重量就可能导致结构弯曲或断裂。环境震动，如交通震动、建筑工作振动等，也会对文物产生微妙而持续的影响，长期累积可能导致明显的损伤。温度和湿度的波动是文物保护中经常讨论的环境因素。温度的升高会使材料膨胀，降低则会使其收缩；湿度的增加会使文物吸水膨胀，减少则会导致失水和收缩。这种膨胀和收缩会在文物材质内部产生应力，特别是当文物由多种材料组成时。由于各种材料的膨胀系数和吸湿性不同，内部应力会更加复杂。长期的温湿度波动会导致文物材料疲劳，引发裂纹、变形等物理损伤。

内因主要是指文物材料内部的因素，即内应力，这些应力来源于材料自身的性质和历史处理过程。一方面，文物的材料无论是有机的还是无机的，都有其自身的物理和化学特性。随着时间的推移，材料可能会发生老化、氧化、水解等化学变化，从而产生内应力。例如，木材在干燥过程中会收缩，而内部水分分布不均则可能导致内部应力的产生；油画颜料随时间变干而收缩，可能导致画布产生裂纹。另外，文物在其历史周期内可能经历过多次修复、保养或改变，可能会引入新的材料或化学物质，或者改变其原有的结构和组成。不当的修复或保养方法可能会引入与原材料性质不兼容的物质，导致内应力的产生。例如，使用不适宜的黏合剂修复瓷器，可能会使瓷器在不同温湿度条件下发生不同的膨胀或收缩，进而产生内部应力。

（二）文物应力的危害

文物应力型病害通常由于环境条件变化、不当处理或材料老化等原因引起，其危害主要表现为翘曲及变形、开裂以及尺寸变化等，如表1-2所示：

表1-2 应力危害的类型

危害类型	描述	影响
翘曲及变形	由于外界条件变化或内部应力作用导致的形状改变	影响文物的外观和结构完整性，可能导致更严重的损害
开裂	文物表面或内部出现裂纹	损害文物的外观和结构稳定性，加速文物损毁过程
尺寸变化	长期环境作用下的长度、宽度或厚度变化	影响文物的形状和比例，损害其完整性和稳定性

1.翘曲及变形

翘曲及变形是指文物因为外界条件的变化或内部应力的作用而导致的形状改变，这种现象常见于由木质、纸质、纺织品等有机材料制成的文物，原因主要是湿度和温度的剧烈波动。例如，木质文物会在湿度较高的环境中吸水膨胀，在干燥环境中失水收缩。反复的湿润和干燥过程会导致木材翘曲和变形。长期的翘曲变形不仅会影响文物的美观，还可能破坏其结构，导致更严重的损害。

2.开裂

开裂是指文物表面或内部出现裂纹，是文物应力型病害中较为常见的一种表现形式。开裂的原因多样，包括由环境因素导致的物理应力、材料老化或干燥过程中的收缩等。开裂不仅会损害文物的外观，还会影响其结构稳定性，为微生物侵蚀和化学腐蚀提供通道，加速文物的损毁过程。

3.尺寸变化

尺寸变化是指文物在长期的环境作用下发生的长度、宽度或厚度的变化，常由温湿度变化、物理力作用或材料老化等因素引起。尺寸的变化可能导致文物的整体或局部结构受损，影响其原有的形状和比例，甚至导致结构部件之间的不匹配，影响文物的完整性和稳定性。

（三）消除应力的方法

消除应力的方法主要包括自然时效消除残余应力、热时效法以及利用亚共振消除应力等。这些方法各有特点，适用于不同类型的文物及其所受的应力状况。

1.自然时效消除残余应力

自然时效是一种利用时间流逝消除文物内部残余应力的方法。运用该方法时，整个过程不需要外加能量，主要依赖材料内部应力状态的自我调整。随着时间的推移，材料内部的微观结构会逐渐重新排列，使内部应力分布趋于均衡。自然时效的效果受到材料类型、环境条件（如温度、湿度）以及应力水平等因素的影响，适用于那些对温度和其他物理条件敏感的文物，尤其是那些不能通过加热或其他物理方法处理的情况。然而，自然时效的过程非常缓慢，需要数月甚至数年才能达到显著的应力消除效果。

2.热时效法

热时效法是通过加热文物材料来加速文物内部应力的释放和重新分布的过程。这种方法适用于那些耐高温的文物材料，如金属、陶瓷等。热时效的过程通常包括加热、保温和缓慢冷却三个阶段。加热使材料内部的原子活动加快，有助于消除或重新分布内部应力；保温阶段能够确保热量均匀渗透文物的每个部分；缓慢冷却则是为了防止新的应力因温度急剧变化而产生。热时效法的关键是控制加热温度和时间，过高的温度或过长的时间都可能对文物材料造成损害。

3.利用亚共振消除应力

亚共振技术是基于物体在受到外部振动作用时，其内部结构会发生相应的微观调整来适应这种外部作用的原理。当对物体施加的振动频率低于物体的自身共振频率时，可以促使材料内部的分子或晶格重新排列，从而使其释放或重新分布内部的应力。在实际操作中，人们可以通过使用专门的振动设备，将振动波传递到文物上，逐步调整振动参数，直至达到预期的应力消除效果。亚共振消除应力的方法具有多项优势：首先，它能够有针对性地消除文物内部的应力，而不会对文物本身造成破坏；其次，这种方法适用范围广，既可以用于金属、陶瓷等无机材料，也可以用于纸张、木材等有机材料；最后，亚共振消除应力是一种非侵入式处理方法，不会改变文物的外观或化学成分，能够保持文物的原始状态。

三、文物累积损伤

在文物保存领域，累积损伤的概念及其对文物实体造成的影响是一个值得深入研究的话题。累积损伤根植文物实体质点运动的微观变化，其背后的机制揭示了外界环境因素对文物实体材料性能及信息保存状态的逐渐影响。在微观层面，文物实体质点的运动状态在外界环境因素作用下发生着轻微的改变。虽然从单一事件的角度来看，微小的改变似乎并不会对文物的材料性能或所承载的历史信息产生立竿见影的影响，然而，这些轻微的变化高频次、长时间地累积，最终将引发文物实体材料性能或文物信息的显著变化，由量变引起的质变正是累积损伤的本质所在。

累积损伤的特性可以概括为高频次的微小变化与长时间的积累过程。在这个过程中，文物实体质点每一次的轻微改变或位移虽然极其细微，几乎难以被肉眼察觉，但它们的重复累积却能在长时间跨度下引发文物实体的显著损伤。以铜质材料在不同环境下的腐蚀速率为例，虽然在短时间内，其腐蚀造成的影响微不足道，但文物所经历的可能是几百年乃至上千年的历史长河，微小的腐蚀效应不断累积，最终会对文物的保护状态造成实质性的威胁，如表1-3所示：

表1-3 铜在不同条件下的腐蚀速率

腐蚀条件		腐蚀速率 / g（cm²·a）	腐蚀铜原子数个 /（cm²·a）	完全腐蚀所需时间 /（a）
土壤中	格尔木站	1.1884×10^{-2}	1.12×10^{20}	76
	大港	1.01×10^{-2}	9.51×10^{19}	88
大气中	城市	1.7×10^{-4}	1.60×10^{18}	5260
	乡村	1.0×10^{-4}	9.41×10^{17}	8944

若将质量为10.68克、尺寸为2厘米×3厘米×0.2厘米的铜片置于大气中，可知该铜片所含的铜原子质点数为1.01×10^{23}个，根据铜片在城市大气中的腐蚀速率，要把这样的铜片所含的铜原子质点全部改变，则需要5260年。数据表明，铜在大气环境中的腐蚀速率是比较慢的，但即使是这样比较慢的腐蚀速率，受到累积损伤的影响，铜器的寿命也只

有 5260 年。

文物实体累积损伤效应揭示了一种微妙而复杂的现象，即当一种或多种外部因素在较长时间跨度内连续作用于文物实体时，尽管这些因素的作用力度相对较弱，却因其长期性和持续性，最终导致文物实体发生显著变化的效应。对于此效应的探讨，人们应当从其本质概念入手，剖析其因果关系模型。该模型由三大要素组成：累积影响源、累积影响途径（过程）以及累积影响类型。累积影响源指的是对文物产生影响的各种因素，包括但不限于环境因素、人为操作以及材料老化等；累积影响途径（过程）描述了影响因素是如何通过各种机制和途径作用于文物，进而触发文物实体变化的过程；累积影响类型则进一步具体化了这种作用过程的结果，揭示了文物实体受到的具体损伤形式，如褪色、材料腐蚀、结构裂纹等。

在长达数百年、数千年，乃至上万年的时间跨度中，文物实体经历了复杂多变的自然和人为因素影响，逐渐积累了各种损伤，形成了所谓的累积损伤效应。在这一过程中，哪怕是微不足道的环境变化，也可能对文物的保存状态造成不可逆的影响。在这种长期累积的影响下，环境条件的稳定性成为决定文物保存状态的关键因素之一。以中国的地理环境为例，西北半干旱地区由于具有特殊的气候条件，地下水位波动显著，导致文物埋藏环境的湿度、微生物活性以及盐分含量等因素处于不断的变化之中。不稳定的环境极大地加剧了文物实体的累积损伤，尤其是对有机质文物而言，其保存条件极为不利。因此，在这样的地区，难以出土保存状态良好的有机质文物。相较之下，我国南方地区的文物多数处于较为稳定的饱水环境之中，有机质文物得以较好地保存，其保存状态通常远优于西北半干旱地区。在新疆等干旱地区，埋藏环境的干燥性为文物提供了一种相对稳定的保存环境。干旱少雨的气候条件减缓了微生物的活性，同时限制了盐分和湿度变化对文物的损害。因此，这些地区出土的有机质文物，如木器和丝织品等，往往保存状态良好，部分丝织品文物的颜色甚至保持完好，仿佛时间在这些文物上留下的痕迹被巧妙地掩盖。

当文物处于环境温度高低交替变化的情形下，其所承受的热循环过程对其结构完整性和材料性能构成了显著的挑战。由于材料的热传导特性及其内在的不均匀性，文物实体的各部分结构间，乃至相同材料的不同表层与核心部分之间，必然会出现温度梯度，进而导致材料膨胀或收缩的程度呈现差异性。再加上刚性构架内部各部件之间存在的相互约束，使文物实体在不同的温度区间内不可避免地形成热应力，热应力的积累可能会在文物的物理结构和化学组成上引起不可逆的损伤。文物的累积损伤是由疲劳、腐蚀、老化等多种因素共同造成的，会逐渐削弱文物的物理结构和美学价值，使文物的长期保存面临严峻的挑战。因此，有效地监测和识别这些累积损伤，及时发现并对潜在的损伤进行预警，是确保文物安全性和完整性的基本要求。在材料科学领域，累积损伤的研究已经取得了一系列成果，其研究方法主要涵盖了应力分析中的有限元建模技术、失效判定准则的制定，以及在损伤过程中材料性能退化规律的探索，为文物保护提供了有力的技术支持。具体而言，有限元建模技术可以对文物实体在特定环境条件下的应力分布进行精确模拟和分析，进而预测可能的损伤发展趋势；失效判定准则的制定为评估文物的安全性和耐久性提供了量化的标准；对材料性能退化规律的探索，则有助于人们理解文物在长期环境作用下的变化机制，为文物的修复与保护提供科学依据。

第二章　　文物保护知多少

第一节　文物保护的基本内涵与单位分类

一、文物保护的基本内涵

文物本身具备两方面的内涵：一方面，每一件文物都蕴含着独特的价值，是人类共有的珍贵资源，因其稀缺性而显得弥足珍贵，更因为它们承载着丰富的历史信息和文化意义；另一方面，在特定的地理和文化环境中，文物的存在服务于当下，能够激发人们对美好生活的向往，是一份沉甸甸的遗产，传递给后世，让子孙后代能在这些历史见证中汲取智慧，铭记过去。

文物向现代社会展示的，远远超越了它们所代表的历史时期或特定文化的局限。人们通过历史遗迹和特征性建筑，能够窥见古人的生产技术和经济状况，更重要的是，这些历史遗迹和特征性建筑展现了古人的世界观、价值观和精神面貌。因此，文物像是时间的密使，讲述着历史的故事，展现着一个时代的生活画卷。文物之所以被视为不可多得的资源，是因为它们对国家的科学研究、教育以及精神文明建设具有不可替代的价值。通过对文物的研究，学者可以重构历史，填补知识的空白，为科学发展提供灵感。同时，文物是爱国主义教育的重要资源，能够让人们的心灵与先辈产生共鸣，激发人们对国家和民族的深厚感情。文物的保护和传承对于当代社会的精神文明建设具有深远的影响，教会人们尊重历史、珍惜文化遗产，同时也激励人们在继承和发扬优秀传统文化的基础上，为创造更加灿烂的文明而努力。

人们常常会将文物作为一种旅游资源来开发。据统计，在中国首批公布的187个4A级旅游景区中，超过三分之一，具体来说是67个，以其独特的古代文化遗产或精心仿制的古代文物吸引着来自世界各地的游客，这一比例高达35.8%。此外，还有33个景区，占总数的17.6%，通过展示古代文化遗产或其仿制品来招揽游客。文物见证了历史的变迁，记录了人类社会的发展脉络。无论其创造者为何人，保存者为何方，都是历史的珍贵见证，它们汇聚成了一部丰富多彩的人类历史长卷。[1] 因此，无论是原始的古代文化遗产还是精心仿制的文物，都应该被赋予高度的重视与保护。《国际古迹保护与修复宪章》(又称《威尼斯宪章》)当中就有这样的记录："人们越来越意识到人类价值的统一性，并把古代遗迹看作共同的遗产，认识到为后代保护这些古迹的共同责任。"[2]

从上述的分析可以看出，文物保护是对历史文物进行保存以及在当时的历史环境下的所有活动。文物保护的目的就是更加真实和全面地延续历史的相关信息，保存文物的历史价值。在《文物保护法》中，第7条就有相关的规定："一切机关、组织和个人都有依法保护文物的义务。"[3] 由此可见，保护文物是人人都应尽的责任和义务。文物的价值与其所处的历史环境和地理位置密切相关，文物的移动往往会对其造成损害，导致价值的部分或全部丧失。因此，文物保护的一个重要方面是保护文物的整体性和真实性，包括其周边的历史遗址。这种保护不仅限于物理层面的维护，还包括对文物历史环境的保护，以确保文物价值的完整传承。文物保护也面临自然破坏和人为破坏的双重威胁。自然因素如地震、水灾、风化等，虽然不可避免，但可以通过科学技术手段进行修复，采取预防措施，尽量减少损害。对于人为破坏，包括盗窃、非法交易、疏忽管理等，需要通过制定法律法规、提高公众意识等多种手段加以防范和制止。值得注意的是，文物保护不是孤立的行动，需要政府、社会各界以及每个公民的共同参与和努力。政府应当制定完善的文物保护法律法规，加大对文物保护的投入，提高文物保护的科技水平。社会组织和

---

[1] 颜燕萍:《文物保护的理念与对策研究》，硕士学位论文，复旦大学，2012，第6页。
[2] 佚名:《国际古迹保护与修复宪章》，http://www.ncha.gov.cn/art/2007/10/28/art_2303_42819.html，访问日期:2024年3月13日。
[3] 佚名:《中华人民共和国文物保护法》，http://www.npc.gov.cn/npc/c2/c183/c198/201905/t20190522_27930.html，访问日期:2024年3月13日。

媒体应该积极宣传文物保护的重要性，提高公众的保护意识。每个公民都应该认识到保护文物的重要性，从自己做起，尊重和保护文化遗产。

二、文物保护单位的分类

（一）全国重点文物保护单位

全国重点文物保护单位被国务院认定为不可移动文物的最高保障级别，即国家级文物保护单位。依据《文物保护法》第七条，国家文化行政管理部门在各级文物保护单位中，选择具有重大历史、艺术、科学价值的作为全国重点文物保护单位，或者直接指定全国重点文物保护单位，报国务院核定公布。此外，全国重点文物保护单位的保护范围和记录档案，由省、自治区、直辖市文化行政管理部门报国家文化行政管理部门备案。在全国重点文物保护单位范围内进行其他建设工程，必须经省、自治区、直辖市人民政府和国家文化行政管理部门同意。

自国务院核定文化和旅游部、国家文物局确定的第八批全国重点文物保护单位起，申请全国重点文物保护单位的项目必须广泛征询公众意见。申报的核心原则是在保障文物价值的前提下，聚焦关键因素，确保保护工作的高标准和高质量，并坚持文物的真实性与完整性。第八批全国重点文物保护单位公布后，我国全国重点文物保护单位总量达到5058处，包括古遗址1194处，古墓葬418处，古建筑2160处，石窟寺及石刻307处，近现代重要史迹及代表性建筑952处，其他27处。全国重点文物保护单位较多的省份是山西（530处）、河南（419处）、河北（286处）、浙江（279处）和陕西（268处）。

（二）省级文物保护单位

中国的省级文物保护单位是指由省级文化行政部门列入非物质文化遗产保护名录的非物质文化遗产代表性作品和现存的明清及现代的各类考古发掘物、古建筑物、群石雕塑、具有历史价值的建筑物及其他文物单位。

（三）市县级文物保护单位

市县级文物保护单位是指由市县级人民政府宣布，并纳入该级政府保护范围的不可移动文物。这些单位与省级及全国重点文物保护单位同为历史文化遗产的关键组成部分。从价值角度分析，尽管目前市县级文物保护单位在历史、科学和艺术价值方面相较于省级文物保护单位和全国重点文物保护单位略显逊色，但随着时间的推移、国家财政的增强及人们对文物科学、历史和艺术价值认知的深化，部分市县级文物保护单位可能被提升为省级文物保护单位和全国重点文物保护单位。

第二节　文物保护的理论基础与发展历程

一、文物保护的理论基础

（一）环境价值理论

环境价值理论在西方的起源可追溯至19世纪末至20世纪初，当时的社会开始意识到工业化进程对自然环境的影响。这一时期，随着自然科学和社会科学的发展，人们开始反思人与自然的关系，探索如何在人类活动与自然环境之间建立一种更为和谐的关系。早期的环境价值理论主要集中在自然环境保护和资源的合理使用上，强调自然环境本身具有不可替代的价值，需要被保护和珍视。进入20世纪60年代，随着环境问题的日益严峻，环境价值理论得到了显著的发展。这一时期，蕾切尔·卡逊（Rachel Carson）的《寂静的春天》这一作品揭示了化学品对环境的破坏，引起了公众对环境保护的广泛关注。[1] 环境运动兴起，环境价值理论开始重视生态系统的完整性和生物多样性的保护，认为环境价值不仅在于其对人类的直接利益，还包括生态本身的内在价值。到了

---

[1] 蕾切尔·卡森：《寂静的春天》，王思茵、梁颂宇、王敏译，江苏凤凰文艺出版社2018年版。

20世纪80年代，随着全球化的加速和全球环境问题（如气候变化、臭氧层破坏）的显现，环境价值理论进一步发展，开始强调全球生态系统的相互依赖性和地球作为一个整体的概念（地球村）。环境伦理学成为一个独立的学科领域，该领域的学者提出了多种环境价值观，如深层生态学、生态女性主义和环境正义等，重点关注自然环境的保护、环境问题与社会公正，以及经济发展之间的关系。进入21世纪，环境价值理论继续发展，开始更多地融入可持续发展的理念，强调人与自然的和谐共生，提出了绿色发展、循环经济和低碳经济等概念，旨在寻找经济发展与环境保护相结合的新路。同时，随着科技的进步和信息化时代的到来，环境价值理论也开始探讨如何利用现代科技手段实现更有效的环境保护。

　　文物与环境价值理论之间的关系深刻而复杂，文物的环境价值源于其独特性、唯一性以及人类对其认识的不确定性，其不是孤立存在的，而是与人类的环境本性和需求紧密相关。文物对人类发展和精神满足的贡献，决定了其环境价值的高低。换句话说，文物不仅是历史的见证，也是人类文化与自然环境相互作用的产物，为人类提供了身份认同、文化连续性以及审美和科学的价值。长期以来，文物保护主要关注对文物本体的保护，而对文物所处环境的保护关注不足，忽视了文物与其周边环境的内在联系，可能会导致文物的环境价值受损。《中国文物古迹保护准则》第24条指出："必须保护文物环境。与文物古迹价值关联的自然和人文景观构成文物古迹的环境，应当与文物古迹统一进行保护。"[1] 这一准则的提出，标志着人们对文物及其环境整体保护的重视，体现了环境价值理论在文物保护领域的应用。文物及其周边环境的整体保护是指环境价值观要求保护文物本体，考虑文物周边的自然景观和人文环境，以及环境本身对文物的影响和文物对环境的影响。通过对文物及其环境的综合保护，人们能够更好地保存文物的历史、艺术和科学价值，维护和增强文物所在环境的生态系统服务功能和文化意义。实现文物与环境的

---

[1] 国际古迹遗址理事会中国国家委员会：《中国文物古迹保护准则》，http://www.iicc.org.cn/Publicity1Detail.aspx?aid=886，访问日期：2024年2月29日。

统一保护面临多重挑战，包括经济发展的压力、环境变化的影响、公众意识的不足等。人们要应对这些挑战，就要采取多元化的保护策略。其一，立法与政策支持。建立和完善相关的法律法规体系，为文物及其环境的保护提供法律依据和政策指导。其二，科技与方法创新。利用现代科技手段和创新的保护方法，提高文物保护的效率和效果，同时减少在文物保护过程中对环境的负面影响。

（二）文化价值理论

文化价值理论并非由一位学者提出，而是在长期的文化和历史研究中逐渐发展起来的。早期关于文化价值的探讨可追溯到19世纪，当时的学者如约翰·拉斯金（John Ruskin）和威廉·莫里斯（William Morris）等人，在关注工业革命对艺术和手工艺品质量影响的同时，也强调了文化遗产的重要性，通过实践证明了文化遗产和艺术作品反映的是一个时代的精神面貌和审美价值，应当被保护和传承。20世纪初，随着文化人类学和社会学的发展，学者们开始更加系统地探讨文化的价值和功能。弗朗兹·博厄斯（Franz Boas）等人类学家的工作强调了文化多样性和文化相对主义，认为每一种文化都有其内在的价值，为后来的文化价值理论奠定了基础。[①]

文化价值理论的发展经历了几个重要阶段。20世纪中叶，随着全球化进程的加快，文化交流日益频繁，文化价值理论开始关注文化的全球传播、保存和保护问题。联合国教科文组织的成立和活动推动了对世界文化遗产保护的国际合作，文化价值理论在这一过程中发挥了指导作用。20世纪后半叶，后结构主义和后现代主义的兴起为文化价值理论带来了新的视角。学者们开始关注文化价值的构建过程，强调文化价值并非固定不变，而是在特定的历史和社会背景下，通过人们的实践和交流构建而成，促进了人们对文化多样性和文化动态变化的理解。21世纪以来，

---

① 弗朗兹·博厄斯：《人类学与现代生活》，刘莎、谭晓勤、张卓宏译，华夏出版社1999年版。

随着数字化和信息化的发展，文化价值理论进一步关注数字时代文化遗产的保护和传播。在全球化和本土化的双重影响下，探讨如何在保护文化遗产的同时促进文化的创新和发展成为新的挑战。

文化价值理论之所以能够成为文物保护的理论基础，是因为它提供了对文物价值多维度的认识和评价。文物是历史的见证，是承载着丰富文化内涵的重要资源。文化价值理论强调文物的价值在于其能够反映特定文化的历史背景、社会习俗、艺术成就和人类智慧。首先，文化价值理论指出，每件文物都是其所处时代文化特征的体现。通过保护文物，人们能够保存那些对理解人类社会发展、文化交流和文化多样性至关重要的信息和知识。其次，文化价值理论强调文物保护的社会功能。文物作为文化传承的载体，对于增强民族认同、促进社会凝聚力以及激发创新力和创造力都有不可替代的作用。再次，文化价值理论提倡采取综合性的保护措施。其中主要包括对文物本身的修复和保养、对文物所在环境的保护、对相关文化传统和技艺的振兴，以及通过教育和公众参与活动增强社会对文物价值的认识和尊重。最后，文化价值理论支持国际合作与交流，在全球化背景下，人们要促进不同文化之间的理解和尊重，共同面对文化遗产保护的挑战。综上，文化价值理论为文物保护提供了深厚的理论基础，强调了文物的多重价值，指导着文物保护工作的实践，确保文化遗产能够得到有效的保存和合理的利用，并世代传承。

（三）可持续发展的理论

可持续发展理论是 20 世纪后期响应环境危机和社会经济问题而兴起的重要发展范式，其核心理念是追求经济发展、社会公正和环境保护之间的平衡，确保当前和未来人们的需要得到满足，而不损害后代满足自己需要的能力。可持续发展理论强调三个基本维度的相互依存和平衡：经济发展、社会包容和环境保护。经济发展关注的是如何有效地利用资源以促进长期的经济增长，实现人类福祉；社会包容强调公平的资源分配、消除贫困和提高生活质量；环境保护则是指保护自然资源和生态系统，以维持地球的生命支持系统。可持续发展理论认为，只有三者之间达到平衡，人类社会才能实现长期的、全面的发展。可持续发展理论对环境理论产生了深刻影响，强调环境保护不应被视为经济发展的障碍，而应被看作支持当前和未来社会福祉的基础。可持续发展理论促使环境政策的制定更加注重综合管理和长远规划，推动了环境保护和资源管理策略的创新。例如，循环经济和绿色技术的发展就是在可持续发展理论指导下，通过减少资源消耗、提高资源利用效率和减少环境污染来实现经济增长与环境保护的。可持续发展理论还对人的认知层面产生了重要影响，改变了人们对自然资源的看法，从认为自然资源是无限的、仅供开发利用的对象，转变为认识到地球资源的有限性，以及维持生态平衡的必要性，促进了公众环境意识的提升和生态行为的改变，人们开始更加重视环境保护，支持可持续的生活方式和消费模式。此外，可持续发展理论还强调教育和知识传播的重要性，认为提高公众对可持续发展问题的理解，使公众树立可持续发展意识是实现长期发展目标的关键。

通过可持续发展理论，人与文物及其周边环境的关系得到了新的理解和强化。一方面，文物保护被纳入可持续发展的框架之中，认为文物不仅是历史和文化的载体，也是可持续发展的重要资源。这意味着在进行文物保护和利用时，人们需要考虑文物保护工作对环境的影响，以及如何通过保护文物来促进社会经济的可持续发展。例如，发展文化旅游和传统手工艺，既可以保护和传承文化遗产，又可以促进当地经济的发展，提升社区的活力。另一方面，可持续发展理论强调公众参与和社区参与文物保护的重要性。这种参与不仅加深了人们对文物价值的认识，提升了人们对文物的保护意识，也让人们感受到了自己对所处环境的责任感。通过参与社区项目，如社区博物馆、文化遗址的环境整治和保护活动，人们加深了对周边环境的了解和关注，实现了文物保护、环境保护和社区发展的互利共赢。

（四）公共管理理论

公共管理理论是20世纪70年代在西方国家兴起的一种管理学说，其产生背景主要是基于社会对当时政府运作效率和服务质量的广泛关切。在经济发展和社会变革的背景下，传统的官僚制管理模式已经无法满足公众对高效、灵活和高质量服务的需求。因此，在西方国家的一系列行政变革中孕育出了公共管理理论，其核心目的在于改革和优化政府的管理和服务机制，以提高政府的运作效率和服务质量。公共管理理论的观点主要包括以下四个方面：一是客户导向。公共管理理论强调政府服务的对象是公众，即政府的"客户"。这一观点要求政府在提供服务时，要以满足公众需求为核心，倾听公众的声音，提高服务的适应性和响应性。二是效率和效果。公共管理理论强调政府要高效率地提供服务，确保服务的有效性，政府在资源配置、项目执行等方面应当采取更为科学和合理的方法，通过目标管理、绩效评估等手段提升政府工作的整体效率和效果。三是透明度和问责制。公共管理理论强调政府的行为和决策过程应当是透明的，以增强公众的信任。同时，政府及公务员应对其行为和决策的后果负责，建立有效的监督和问责机制。四是灵活性和创新。在快速变化的社会环境中，公共管理理论要求政府具有较强的灵活性和创新能力，能够适应环境的变化，采取新的管理模式和技术以提高服务质量。

为了实现这些目标，公共管理理论提倡政府借鉴私营部门的管理哲学、管理模式、经营原则以及技术和方法，通过引入竞争机制，提高公共服务的效率和质量。例如，政府可以通过外包某些非核心服务，利用私营部门的专业优势和效率优势来提供更好的公共服务；将私营部门重视客户满意度的理念引入公共管理，通过各种方式（如调查问卷、公众咨询会等）收集公众的意见和建议，不断改进服务；借鉴私营部门的绩效管理模式，建立科学的绩效评估体系，通过明确的绩效目标和指标来评价公务员和公共机构的工作表现；鼓励政府采用新技术和管理创新，提高工作效率和服务质量，如利用信息技术提高政府的信息化水平，为公众提供在线服务等。

将公共管理理论应用于文物保护领域，意味着政府要将这些管理原则和实践方法用于提高文物保护工作的效率和效果。例如，将文物保护工作的焦点放在保护和传承文化遗产方面的同时，满足公众对文化遗产了解、参与和享受的需求；通过科学的管理方法和技术手段，提高文物保护和修复的质量和效率；通过公开文物保护的计划和进展，增强公众对文物保护工作的理解和信任；鼓励公众参与文物保护活动，增强文物保护的社会基础；借鉴私营部门的创新理念和技术，探索适合文物保护的新技术、新方法，如数字化保护、虚拟重建等，以应对文物保护面临的新挑战。

二、文物保护的发展历程

（一）国外文物保护发展历程

1.英国

（1）早期阶段。英国文物保护的萌芽可以追溯到19世纪，这一时期随着工业革命的推进，大量的历史建筑和遗址面临着被工业化进程破坏的风险。公众和一些学者开始意识到，如果不采取措施，许多无可替代的历史遗产将永久丧失。早在1882年，英国就出台了《古迹保护法》，旨在对历史文物遗迹进行有效保护。

（2）系统化阶段。1873年，英国成立了第一个全国性的文物保护组织——古迹委员会（Ancient Monuments Society），这是一个重要的里程碑，标志着英国开始系统化地考虑和实施文物保护。

（3）扩展与完善阶段。20世纪初，英国的文物保护工作进一步扩展和完善。英国于1900年通过的《古迹保护法修正案》扩大了保护范围，包括更多的古迹和历史建筑。这一时期，英国也开始关注城市规划中的文物保护问题，特别是在二战后，许多城市需要重建，如何在重建过程中保护和保存历史遗迹成为一个重要议题。

（4）现代化保护体系。二战后，英国的文物保护进入了一个新的阶段。1953年的《古建筑及古迹法》进一步完善了文物保护的立法体系，强调了保护历史环境的重要性。1979年成立的英格兰遗产委员会（English Heritage，现为 Historic Building and Monuments Commission for England）标志着英国文物保护工作的现代化，该机构负责监督和管理英国的历史环境，包括名录建筑、古迹遗址、历史花园和战场等。21世纪初，随着社会公众对历史遗产保护意识的进一步提高，英国的文物保护工作也逐渐向对公众开放和使公众参与转变。政府和非政府组织通过教育、志愿服务等多种方式，鼓励公众参与文物保护。同时，英国还利用现代科技，如数字化技术，提高了文物保护和管理的效率和效果。

2. 日本

日本文物保护的意识在明治维新后逐渐觉醒。在西方文化和科技影响下，日本社会开始重视国家的传统和文化遗产。1897年，日本颁布了《古社寺保存法》，标志着日本对文化遗产保护的正式认识和国家层面文物保护的开始。《古社寺保存法》主要聚焦宗教建筑的保护，体现了日本民众对于宗教文化遗产的重视。1919年，日本迈出了文物保护更为重要的一步，颁布了《史迹名胜天然纪念物保存法》（以下简称《史迹名胜保存法》），首次将文物定义拓展到了非宗教性的古迹、名胜以及自然纪念物，展现了对文化遗产更全面的保护视角。《史迹名胜保存法》的实施，促进了日本文物保护制度的完善，为后续文物保护的法律体系奠定了基础。第二次世界大战后，日本面临巨大的文化遗产重建和保护挑战。在此背景下，1950年，日本政府颁布了《文化财保护法》，这是日本文物保护史上的一个里程碑，标志着日本文物保护进入了一个新的阶段。《文化财保护法》明确了文化财的定义，将文物保护的范围进一步扩大到了有形文化财、无形文化财和民俗文化财，该法律还建立了国宝和重要文化财的指定制度，为文化财的保护提供了严格的法律依据和制度保障。进入21世纪，日本的文物保护工作继续加强，不仅在法律法规的完善上不断进步,也在文物保护的实践和技术应用上取得了显著成就。日本政府通过修订《文化财保护法》和相关政策,强化了文物保护的法律框架,增加了对文物保护的财政支持。同时,日本在文物修复、防灾减灾以及利用现代科技手段进行文物保护和管理等方面也走在了世界前列。

3. 法国

从19世纪末期开始,法国就已经在文物保护方面取得了重要进展,并逐步建立起一套完善的法律体系来保障文物的保护工作。1887年,法国出台了第一部文物保护法典——《历史性纪念建筑保护法》(Loi sur les monuments historiques),这对于法国的文物保护来说是一个里程碑事件——第一次在法律层面明确了保护文物是社会公共事业的一部分,政府应当积极参与其中。这标志着法国开始系统性地对文物进行保护和管理,为后续的文物保护工作奠定了基础。1913年,法国对1887年的《历史性纪念建筑保护法》进行了更新和补充,新的《历史性纪念建筑保护法》进一步加强了政府在文物保护方面的作用。新法律规定,所有被列入保护名录的古建筑都不得随意拆毁,任何维修和恢复工作都需要在"国家建筑师"的指导下进行,且政府需承担一部分维修款。1962年,法国文化部长安德烈·马尔罗(André Malraux)推动通过了《马尔罗法》(Loi Malraux),这一法律以他的名字命名,在法国文物保护史上占有重要地位。《马尔罗法》明确规定将一些有历史和文化意义的街道区域划分为"历史保护区"(Secteurs Sauvegardés),并将其纳入城市规划,制定了相关的保护措施和继续使用计划。该法律的实施大大加强了对城市中历史区域的保护,促进了历史文化遗产与现代城市生活的和谐共存。19世纪是法国文物保护发展的关键时期。1830年,法国政府成立了历史古迹委员会(Commission des Monuments Historiques),这是法国文物保护体系化管理的开端。历史古迹委员会的成立标志着法国开始将文物保护工作纳入国家管理范畴,对未来法国乃至世界文物保护的发展产生了深远影响。20世纪,随着社会的发展和人们对文化遗产价值认识的深化,法国文物保护工作进入了一个新的阶段。1913年,法国颁布了《历史古迹法》

（Loi sur les monuments historiques），这是法国第一部全面的文物保护法律，为文物的识别、保护和修复提供了法律框架，确立了国家在文物保护中的主导地位，同时强调了保护文物的公共利益。随后，法国在文物保护领域继续完善其法律体系，包括对《历史古迹法》进行多次修订和补充，以及出台新的法律和政策，不仅涵盖了建筑遗产的保护，也逐渐扩展到了对非物质文化遗产以及移动文物的保护。进入21世纪，法国文物保护的范畴更加广泛，不仅包括传统的建筑和艺术品，还包括工业遗产、非物质文化遗产等新的领域。未来法国也将继续加强文物保护法律体系，通过采用新技术和方法，以及国际合作，来应对现代社会对文物保护的新挑战。法国的文物保护工作强调公众参与和教育的重要性，通过各种渠道提高公众对文化遗产保护重要性的认识，如欧洲文化遗产日等活动，旨在促进公众对文物保护工作的支持和参与。

4.意大利

意大利是欧洲文艺复兴的发源地，在富有浪漫气息的意大利人看来，保护文物就是保护他们的生活品质，这种自觉行为已经成为一种生活方式，融入他们的日常生活。

立法上，意大利将文物保护作为一项重要国策写入宪法。意大利共和国宪法第九条明确规定，共和国保护国家的自然风光与历史艺术遗产。

意大利的文物保护与其历史悠久密切相关，早在意大利统一之前，就已经存在不少有关保护文物的规定。1462年，在意大利还被教皇统治时，当时的教皇庇护二世作出决定，不能随便破坏古建筑遗址，否则将被判处监禁或不许入教。意大利在1624年制定规定，禁止随便买卖艺术作品；1773年，委托专人对教堂里的艺术品登记造册；1821年，正式确定文化遗产是本地文化历史不可分割的组成部分。

意大利统一后，陆续出台了一系列有关文物保护的条例。

1939年，意大利通过的文物保护条例明确规定，对于考古、历史和人类研究有价值的艺术品，未经专门部门的批准，禁止任何形式的拆除、修改或修复。同年7月22日，意大利正式通过法律，成立全国文物保护中心。1975年，意大利政府正式组建文化遗产部，负责意大利的文物保护工作。

在意大利，各个城市对于城区建筑的管理相当严格，古老街道和建筑物不许随便改造，不仅外形不能变，就连外墙涂料及窗户颜色都要保持原样。

意大利在文物保护经费投入方面也是不遗余力的。意大利每年的财政预算中用于文物保护的经费开支大约有20亿欧元。另外，自1996年以来，意大利通过法律形式规定，将彩票收入的8‰作为文物保护的资金。仅这一项就可为文物保护争取15亿欧元的经费。此外，意大利还在税收方面制定了一些有利于文化事业的政策，比如，一些企业对文化活动的赞助可以抵税。这样，一些文物保护的项目就由企业来赞助。

（二）国内文物保护发展历程

1. 中华人民共和国成立初期对于文物保护的整顿治理

中华人民共和国成立初期，国家在政治、经济、文化等多个领域背负着重建的巨大任务，文物保护工作也被纳入重要议程。面对严峻的国内外形势和文物保护的迫切需求，新成立的中国政府迅速采取措施，确立了一系列旨在保护和管理文物的法律法规，开启了中国文物保护事业的新篇章。

1950年3月，随着中华人民共和国的成立，北京市政府为纪念和传承革命精神，正式成立了中央革命博物馆筹备处。中央革命博物馆筹备处负责征集、收集与革命历史相关的各类文物，包括文件、照片、实物以及革命先烈的遗物等；规划和设计中国革命博物馆的展览布局，确保展览既有历史深度，又有教育意义，能够向公众传达革命精神和历史教育。通过收集到的革命文物和资料，筹备处还承担着研究革命历史的任务，旨在深化人们对中国革命历程的理解，为后续的历史教育和文物展示提供学术支持。除此之外，筹备处还负责中国革命博物馆的筹建工作，包括选址、设计、建筑施工等，确保博物馆建设能够满足展示和保护革命文物的需要。

1950年6月16日，中央人民政府政务院发布征集革命文物令，征集到的革命文物统一交由中央革命博物馆筹备处收藏管理，或者由各地方的文化教育主管机关负责统一存放。法令规定了三种收集革命文物的方式，分别为捐赠、寄存及收购。政府鼓励个人和组织通过各种方式将手中的革命文物贡献给国家，无论是永久捐赠、临时寄存还是出售给政府，都是被认可和鼓励的。法令还强调了通过媒体和公共渠道进行宣传和动员的重要性，旨在广泛传达征集革命文物的信息，鼓励全社会参与革命文物的保护和收集。

中央人民政府政务院于1950年5月24日颁布的《禁止珍贵文物图书出口暂行办法》是中华人民共和国成立后出台的首个关于文物保护的法律文件，具有里程碑意义。该暂行办法明确规定了所有珍贵文物和图书，特别是具有历史、艺术和科学价值的物品，未经政府许可，不得出口；设立了严格的审批程序，任何单位或个人若需出口文物图书，必须向文物管理部门申请，经审核批准后方可进行。对违反暂行办法规定，非法出口珍贵文物图书的行为，该暂行办法设立了相应的法律责任和处罚措施，包括罚款、没收非法所得及违禁物品等。此办法的颁布为后续文物保护法律体系的建立奠定了基础。通过限制珍贵文物和图书的出口，我国有效降低了文物流失的风险，保障了这些不可替代的文化财富在国内得到妥善保存和传承。

1950年，中央人民政府政务院还颁布了一部法案《古文化遗址及古墓葬之调查发掘暂行办法》。该办法规定了对古文化遗址和古墓葬进行调查和发掘必须先获得政府有关部门的许可，未经许可，任何单位和个人不得擅自进行发掘。该办法强调了发掘工作必须遵循科学原则和方法，保证发掘过程中遗址和墓葬的完整性和科学价值。该办法要求发掘过程中的所有资料、遗物和样本都必须进行完整记录、分类和保存；规定发掘单位在完成发掘工作后，必须及时编写发掘报告，并将报告及相关资料提交给政府文物管理部门；政府要对发掘活动进行监督管理，确保发掘活动符合法规要求，保护古遗址和古墓葬不受破坏。1950年7月6日，中央人民政府政务院颁布了《关于保护古文物建筑的指示》，该指示明确了古文物建筑保护的范围，包括所有历史价值、艺术价值和科学价值较高的古建筑，不限于宫殿、庙宇、园林、古塔等；严格禁止任何单位和个人破坏、拆除古文物建筑；任何需要修缮、利用古文物建筑的行为都必须事先申请，经文物管理部门批准；修缮古文物建筑必须遵循"修旧如旧"的原则，尽可能保持其原有风貌和结构，禁止擅自改变古建筑的原有风貌和用途；要求地方政府和文物管理部门加强对古文物建筑的管理，建立健全保护机制，确保古建筑得到有效保护；鼓励和引导社会公众参与古文物建筑的保护工作，提高公众保护文化遗产的意识。这一系列指示为古文物建筑的保护提供了明确的政策支持和法律依据，确保了这些宝贵文化遗产的传承和保护。

2.大规模经济建设时期文物保护与经济建设的共同发展

随着中华人民共和国的成立和社会主义改造的深入推进，国家进入了一个以大规模经济建设为核心的新发展时期。这一时期，国家政权逐步稳固，国民经济得到了有效恢复和发展，但在迅猛推进经济建设的过程中，文物保护事业正在面临前所未有的挑战和考验。特别是自1953年第一个五年计划全面启动以来，为加快工业化步伐，全国大力推进基础设施建设和工业设施建设，这种大规模的建设活动不可避免地引发了一系列文物保护领域的矛盾和冲突。具体而言，在铁路、工厂等重点工程的建设过程中，人们由于缺乏对文物保护的充分认识和对规划的先行考虑，一些建设项目未能妥善避让具有重要历史价值的文化遗址，导致赵王城遗址、鲁灵光殿遗址以及大明宫遗址等多处珍贵文化遗产出现不同程度损毁。同时，农业现代化的推进也对文物保护产生了潜在威胁。在广泛进行的水利工程建设、土地平整等农业基础设施建设活动中，不少历史文化遗址和古代墓葬群遭到了不同程度的破坏，虽然这些基础设施建设活动在短期内促进了农业生产力的提升，但从长远来看，这些活动对文化遗产的破坏却是不可逆转的，不仅影响了文化多样性的保持，也削弱了民族文化的连续性和完整性。面对经济建设与文物保护之间的矛盾，政府亟须在政策制定和实施过程中加强协调和规划，确保在推进国家现代化进程的同时，有效保护和传承珍贵的文化遗产。

1953年10月，针对基础建设高潮期间出现的文物保护问题，中央人民政府政务院发布了《关于在基本建设工程中保护历史及革命文物的指示》。该指示深刻认识到在基础设施建设的浪潮中，文物保护并非单一部门的责任，而是文化部门和基础建设部门共同承担的重大任务。此规定显著地体现了政府对于文物价值及其在国家发展中所扮演角色的深刻理解。《关于在基本建设工程中保护历史及革命文物的指示》提出了国家在实施基础建设项目前，必须对选址进行细致的勘探与评估，确保施工地点的选择不会对文化遗产造成破坏。特别是对于那些位于重要遗址地区的建设项目，选址须格外慎重，以确保对文化遗产的最大程度保护。《关于在基本建设工程中保护历史及革命文物的指示》还强调，在建设过程中，一旦发现地下文物、古墓葬、古生物化石或其他古代文化遗迹，相关施工单位必须立即暂停局部工程，并与当地文物管理部门协调，共同确定适合的文物处理方案。

1956年4月2日，面对农业生产的迅猛发展所带来的潜在文物保护风险，国务院迅速响应，颁发了《关于在农业生产建设中保护文物的通知》。此举显著表明了国家对于在经济发展中确保文化遗产保护的坚定立场。《关于在农业生产建设中保护文物的通知》强调，地方各级人民代表大会常务委员会在制定农村建设的全面规划时，必须将文物保护作为规划的重要组成部分，确保在推进农业生产的同时，不损害文化遗产的价值和完整性。此外，国家在经济建设的各个阶段，也特别强调了考古活动与基础设施建设之间的协调，旨在平衡基础设施建设对文物可能造成的影响，确保考古发掘和文物保护工作能够与国家的基础建设计划同步进行，从而在经济发展与文化遗产保护之间找到一个平衡点。1956年，国家还组织实施了第一次全国性的文物普查，这是一次系统性的文化遗产盘点活动,旨在全面了解和记录国内的文物资源分布状况。普查的结果为各省、市、县确定了第一批重点文物保护单位,为文物保护提供了具体的目标和方向,也为后续的文物保护和管理工作奠定了基础。综上所述,1956年,国务院颁发的文物保护通知及相关政策,体现了国家在经济建设高潮期间,对于解决经济发展与文物保护之间潜在矛盾的前瞻性思考和实际行动。这一系列的政策措施有效地促进了我国文物保护事业的发展,为经济建设与文化遗产保护之间的和谐共生提供了可行的路径和实践案例,体现了文物保护与经济社会发展并重的国家战略。

3. 1978年之后文物保护事业的全面发展时期

1978年,中国共产党第十一届中央委员会第三次全体会议的召开标志着中国开始了向中国特色社会主义道路的转变,这一重大政策的调整引领中国进入了一个全面建设社会主义的新时期。在此背景下,中国的文物保护事业亦步入了一个前所未有的发展时期。随着经济的快速增长和社会的深刻变革,文物保护工作得到了国家层面的重视和支持,各项文物保护政策和措施得以进一步完善和加强。

在1978年之前,中华人民共和国在文物保护法律体系方面的主要法典是1961年由国务院颁布的《文物保护管理暂行条例》。这一条例在其有效期内,对中国的文物保护事业发挥了极其重要的保障和促进作用。然而,细究其内容,可以发现该条例主要集中于对不可移动文物的保护,而对考古发掘活动及流散文物的保障措施较为缺乏,对于历史文化名城及馆藏文物的具体保护措施更是涉及甚少。因此,尽管《文物保护管理暂行条例》在一定程度上促进了文物保护事业的发展,但其并未构成一个全面、综合的法律框架。鉴于此,自1979年起,中国开始着手拟定《文物保护法》草案,该草案针对《文物保护管理暂行条例》进行了全面的修订和补充。1982年11月,经第五届全国人民代表大会常务委员会第二十五次会议审议通过,《文物保护法》正式生效。该法律明确界定了五大类受保护的文物范畴,还对文物保护单位的管理制度及文物的分级保护制度提出了明确规范,体现了国家对文物保护领域细致入微的关注。

更为重要的是,《文物保护法》还对考古发掘活动的规范管理及文物的归属问题提出了明确的法律规定,为考古研究和文物保护提供了法律依据。《文物保护法》的颁布标志着中国的文物保护事业进入了一个全新的发展阶段,修补了以往法规的不足,为文物保护事业的持续发展奠定了坚实的法律基础,体现了国家对文化遗产保护的高度重视,对推动中国文物保护事业的科学化、规范化和法治化进程作出了贡献。

随着经济社会的迅猛发展,中国文物保护事业面临前所未有的挑战与机遇。在这一背景下,2002年10月28日,第九届全国人民代表大会常务委员会在第三十次会议上对《文物保护法》进行了重要修订,体现了国家对文物保护法律体系适应时代发展需求的决心。此次修正保持了1982年版《文物保护法》对"文物"定义的五个方面,但针对具体内容进行了适当的调整与完善。特别值得注意的是,本次修订新增了对"壁画"这一类文物的保护规定,丰富了文物的范畴,体现了法律对不同文物类型保护需求的认识与适应。修订后的《文物保护法》对文物保护问题进行了更为详尽的规定,尤其是对重点文物保护单位制度的评定与维护提出了更明确的要求,表明法律对于文物保护优先级和操作细节给予了更大的关注。同时,新增的关于国家历史和文化名城概念和内容的规定,进一步拓展了文物保护的范畴,强调了国家对整体环境和背景下文化遗产的保护,促进了文物保护工作向纵深发展。

2007年12月29日,第十届全国人民代表大会常务委员会第三十一次会议对《文物保护法》进行了历史性的再次修订。根据此次修订,被纳入保护范畴的文物类别扩展至六大类,涵盖了传统意义上的文物,如古文化遗址、古墓葬、古建筑、石窟寺和石刻、壁画,同时也包括与重大历史事件、革命运动或者著名人物有关的以及具有重要纪念意义、教育意义或者史料价值的近代现代重要史迹、实物、代表性建筑。修订后的《文物保护法》特别强调了对历史上各时代重要的文献资料以及具有历史、艺术、科学价值的手稿和图书资料的保护。此次修订的法律文本,通过精准界定保护对象的范围,进一步明确了文物保护工作的目标和方向，展现了国家对于文化遗产保护的高度责任感和历史使命感。通过对这些文物类别的细化和明确，法律为文物保护工作提供了更为明确的指导和规范，确保了文物保护工作更加科学、系统地进行。对《文物保护法》的修订体现了国家在新时期对文物保护工作的新要求和新期待，即既要保护那些有形的文物实体，又要深入挖掘和传承文物实体中蕴含的深厚历史文化内涵，以及它们在当代社会中的教育和纪念意义。这无疑为新时期中国文物保护事业的发展指明了方向，为维护和弘扬中华优秀传统文化、推动社会主义文化繁荣兴盛提供了坚实的法律保障。

第三节　文物保护的宣传教育与主要原则

一、文物保护的宣传教育

（一）文物保护宣传教育的重要性

1. 有利于体现文物建设的内在要求

首先，从文物自身的价值来看，文物作为历史的见证，承载着丰富的历史、艺术和科学价值，是民族文化传承的重要载体。文物保护宣传教育活动通过对文物背后故事的解读和传播，能够增强公众对文物价值的认识和尊重，进而激发公众参与文物保护的热情。其次，从文化传承的角度来看，文物不仅仅是过去的遗产，更是现在和未来社会文化生活的重要组成部分。宣传教育活动通过对文物的科普和教育，能够促进社会公众对传统文化的了解和认同，增强社会公众的民族文化自信心和自豪感。再次，从社会发展的需求来看，随着社会经济的快速发展和全球化进程的加快，文物保护面临前所未有的挑战和机遇。文物保护宣传教育能够提高社会公众对文物保护重要性的认识，形成全社会共同参与和支持文物保护的良好氛围，并且宣传教育活动可以向社会公众展示文物保护工作的成果和经验，促进国内外文物保护领域的交流和合作，为文物保护提供更多资源和支持。最后，从文化多样性和国际交流的视角来看，文物是全人类共有的文化财富，其保护和传承对于促进世界文化多样性和国际文化交流具有重要意义。文物保护宣传教育活动可以增强社会公众对不同文化的认识和尊重，促进不同文化之间的理解和交流，为构建人类命运共同体贡献力量。

2. 有利于增强经济发展的内在动力

在全球化和信息化时代背景下，文化已成为国家软实力的重要组成部分，而文物作为文化遗产的重要载体，其保护与传承对于增强经济发展具有不可估量的价值，这主要体现在三个方面。一是文物保护宣传教育能够促进文化旅游业的发展。文化旅游作为一种新兴的旅游模式，其发展依赖社会公众对文化遗产的保护和合理利用，对文物的保护能够保障旅游资源的持续性。文物通过展示独特的文化魅力，吸引国内外游客，促进旅游消费，为地方经济发展注入新的活力。二是文物保护宣传教育能够推动文化创意产业的发展。文化创意产业是指以文化艺术为核心，通过创意和技术的结合产生经济价值和社会影响的产业。文物及其背后的历史文化是文化创意产业的重要灵感来源。通过对文物的保护和研究，人们可以挖掘更多文化元素和创意灵感，推动文化产品和服务的创新发展。三是文物保护宣传教育能够促进知识经济的发展。对文物的保护和研究可以积累大量的历史、艺术、科技等领域的知识资源，人们进一步加强对此类资源的开发利用，能够促进教育、出版、影视等知识密集型产业的发展，推动经济结构的优化升级，提高经济发展的质量和效益。

3. 有利于提升公众的文物保护意识

在当前全球化和信息化时代背景下，公众对于文物的认知和态度直接影响到文物保护工作的实施效果及可持续性。因此，通过有效的宣传教育活动提升公众的文物保护意识，不仅是实现文化遗产保护目标的内在要求，也是构建社会主义文化强国的必然选择。但文化遗产的保护并不是政府和专业机构单方面的责任，而是需要社会各界的广泛参与。当公众意识到文物保护的重要性，并理解每个人都是文化传承的责任主体时，就会主动参与文物保护的实践，形成保护文化遗产的强大社会力量。随着经济社会的快速发展，文化遗产面临前所未有的发展机遇和挑战。公众文物保护意识的提高，能够促使社会各界在开发利用文化遗产时更加注重对其的保护，避免盲目开发导致的文化遗产破坏。同时，公众的参与和监督也为文物保护提供了更多的创意和资源，有利于探索出符合当代社会需求的文化遗产保护和利用新模式，实现文化遗产的活化利用和传承发展。从某种层面来看，加强文物保护宣传教育，提升公众文物保护意识，有利于增强国民的文化自信，构建积极的国家形象。文化遗产是一个国家历史文化积淀的体现，是推动文化繁荣发展的重要力量，对于增强民族凝聚力、提升国家软实力具有不可估量的作用。一个能够有效保护和传承文化遗产的国家，也能够在国际社会中树立起积极的形象，促进文化交流和国际合作。

（二）文物保护宣传教育的具体方法

1. 从单一主体转化为多元互动

在长期的文物保护宣传教育实践中，政府部门无疑扮演了核心与主导的角色，其宣讲活动成为普及文物保护意识的主渠道。然而，政府单一主体的宣传模式在一定程度上限制了文物保护理念的广泛传播，特别是在参与度和互动性方面显得较为不足。为打破这种局限性，政府的宣传教育模式迫切需要向一个更为多元化和互动性强的宣传教育模式转变。在 21 世纪信息化、大众传播高度发达的时代背景下，提升公众文物保护意识的任务要求人们跳出传统框架，使更广泛的社会力量参与宣传和传承工作。在政府的统筹和指导下，社会组织、民间团体等多元主体的积极参与，因其接近民众、贴近生活的特性，能够在文物保护宣传教育中发挥独特而有效的作用。尤其是地方性的社会组织，在地域性文物保护及宣传教育活动中占据优势，其利用人才和资源优势，能够将复杂的法律条文和专业性知识，通过更加生动、易懂的地方语言进行解释和传播，极大地提高了信息的可接受度和传播效率。此外，鉴于文物行政管理部门在人力资源上的局限，适时引入社会组织参与，不仅能有效弥补人力资源短缺的问题，还能通过这些组织的专业性和创新性，拓宽宣传的渠道和方法，使文物保护宣传更加深入人心。构建一个多元参与、共同协作的文物保护宣传教育体系，不仅能促进文物保护理念的广泛传播，更能激发社会各界对文物保护工作的兴趣和参与热情，共同构建文化遗产保护的坚实基础。

2. 全面提高公众的参与程度

在当今社会发展的新格局中，文物作为物质文明与精神文明的重要载体，其保护工作直接关系到文化遗产的传承和民族文化的发扬。因此，建立文物保护的长效机制，离不开公众参与度的全面提升。从宣传教育的角度来看，政府虽然是推动文物保护的重要力量，但在新的社会条件下，其角色应更多地转变为引导者和协调者。政府的职能不应局限于传统的"独角戏"，而应通过政策引导和制度设计，激发社会组织和广大民众的参与热情。政府要构建多元化的文物保护参与模式，打破传统的宣传教育模式，使社会组织和公众共同参与，形成更为广泛和有效的文物保护网络。其中，社会组织作为连接政府与公众的桥梁，在宣传教育活动中的作用不容忽视，其能够深入基层将文物保护的信息和知识普及每一个社区、每一个家庭，还能通过其本身的公益性质，有效监督政府和文物相关部门的行为，确保文物保护政策的实施效果。更重要的是，社会组织可以通过收集文物信息、提出保护建议、参与制度制定等方式，间接参与文物保护的各个环节，发挥其专业和技术优势，为文物保护贡献力量。

2016年，国务院印发《关于进一步加强文物工作的指导意见》，鼓励社会参与文物保护，建立以文物保护为宗旨的社会组织，对民间合法收藏文物予以鼓励，这一政策明确了提升公众参与度，有利于形成全社会共同参与文物保护的新局面。实践证明，公众保护文物意识的增强和参与度的提升，是提高文物保护效率和效果的关键。因此，在进行文物保护宣传时，政府必须充分利用公众的力量，注重激发和调动公众的参与热情，通过各种形式和渠道，全面提高公众对文物保护重要性的认识和理解，从而使公众形成参与文化遗产保护的强大动力。

3. 重视文物保护宣传方法的创新

宣传教育在文物保护领域扮演着至关重要的角色，其核心目的在于使更广泛的受众群体能够看到、了解并珍视文物。这一过程不仅涉及文物本身的传播，更重要的是引起了受众的兴趣，使文化遗产的信息有效地传递给了公众，进而提升公众对文物保护的认识和参与度。因此，文物保护的宣传教育需要使公众认识到文物的重要性，关注宣传的实际效果，这是提高公众文物保护意识的关键。鉴于宣传活动的目的性，它的受众不局限于特定的机关部门或企业人员，而是广泛面向社会所有公众。公众的选择性表明他们对宣传信息的接受是主动的，公众可以选择接受也可以选择忽略。因此，在开展文物保护宣传活动时，政府必须重视宣传方法的创新，以满足不同受众群体的需求和偏好。

第一，应与专业媒介组织合作，增加文物保护宣传的趣味性、专业性。在当代社会，文物保护被公众视为一项专业性极强的活动，人们普遍存在着一种观念，即文物保护仅仅是专业人士和相关政府部门的责任，与普通民众的日常生活无甚关联，这在一定程度上体现了公众对文物保护重要性的认识不足，没有建立文物保护是全民共同责任的观念，不利于文物保护工作的全面展开。面对这一现状，近年来，电视媒体通过推出一系列与文物保护相关的节目，例如，《国家宝藏》通过叙述文物的历史故事来展现其独特的文化魅力，在节目中深入探讨了文物背后蕴含的深厚文化价值，从而在全国范围内引发了对文物保护的广泛讨论和高度重视，不仅提升了观众的文物保护意识，而且增强了观众的民族自豪感，实现了文物保护宣传教育的积极效果。再如，《我在故宫修文物》这部纪录片以真实的生活场景和基于真实故事的叙述方式，拉近了文物与观众之间的距离，展示了文物修复过程中的专业性和复杂性，满足了人们对于探索未知、追求知识的心理需求，从而在社会中营造了积极向上的文物保护氛围。通过生活化、场景化的呈现方式，纪录片强化了公众的文物保护意识，为推动文物保护事业的发展贡献了重要力量。

第二，加强文物价值传播，让文物走进课堂、走进课本。在教育领域，习惯被广泛认为应自幼培养，同样，文物保护意识的培养亦应从儿童时期开始。为此，中小学教育体系中应融入文物保护的基本知识与理念，政府相关部门也要在此过程中积极推动和执行。随着社会对文化遗产重视程度的不断提升，公众的文物保护意识有了显著增强，与此同时，文物普及教育也在不断地完善。随着越来越多文物的出土，政府要进一步加强公众，尤其是青少年的文物保护意识，一种有效的途径便是将文物保护的相关知识纳入学校教育课程，通过课堂教学丰富学生的文物保护知识，激发他们对于文物的兴趣，使他们树立文物保护意识。此外，学校教育机构与文化机构如博物馆之间的合作关系建设，对于促进学生文物知识的学习和文物保护意识的提升同样具有重要作用。通过组织定期的教育活动，如校外教学和专题讲座，让学生有机会走进博物馆，近距离参观文物，学习丰富多样的文物知识，增进对中国悠久历史文化的认识和理解，深化对文物保护重要性的体会。这一系列措施无疑将对培养下一代的文物保护责任感和使命感起到积极的推动作用。

4. 拓宽文物保护宣传教育渠道

21世纪是信息化时代，新媒体作为这一时代新技术支持体系中涌现的媒体形态，无疑是时代发展的新兴力量。新媒体涵盖了数字电视、桌面视窗等多种形式，生动展现了互联网技术发展对传统媒体行业带来的颠覆性影响。在这一背景下，新媒体的应用不仅迎合了公众休闲娱乐需求的碎片化趋势，也反映了社会生活节奏加快和学习工作压力增大的现实情境。人们的休闲时间呈现出碎片化的特征，而新媒体平台，如社交、短视频软件等，正好能满足现代人追求互动性表达和随时获取新闻资讯的需求。

在文物保护宣传领域，积极利用新媒体的技术手段和互联网的传播优势成为一种必然选择。通过"两微一端"（指微信、微博和移动端应用）加大宣传力度，运用新媒体平台扩大文物保护信息的传播覆盖面，已成为提高宣传效率的关键策略。与此同时，制作高质量的内容，能够有效吸引公众注意，实现宣传效果。在内容创作和发布方面，新媒体的主要特征"新"与"短"提示人们，在进行文物保护宣传时，需要紧跟这一原则，避免内容冗长乏味，保持新颖性和简洁性，这样才能吸引更多人的关注。

文物保护宣传内容在自媒体平台发布时，应注重内容的及时更新和新颖性。定时定量的信息发布和更新，是保持受众关注和提高互动性的有效手段。此外，互动与反馈机制的建立是提升宣传效果的关键环节。通过与受众进行互动交流，文物保护部门可以深入了解他们的需求和反馈，及时调整宣传策略，以更好地满足市场和受众的需求，增强文物保护宣传的针对性和有效性，促进公众对文物保护重要性认识的提升。综上所述，新媒体在 21 世纪信息化时代下为文物保护宣传提供了新的视角和方法。充分利用新媒体的技术特点和传播优势，结合高质量内容的创作和发布，以及有效的互动反馈机制，可以显著提高文物保护宣传的效果，促进文化遗产的保护和传承。

二、文物保护的主要原则

（一）保护原则

在文物保护中，保护性原则强调对文物原貌的尊重和保留，力图最大限度维护文物的历史、文化和艺术价值。保护原则的实施需要对文物的历史状态进行准确地记录和评估，如文物的历史背景、艺术风格、制作技术等，确保在后续的保护和修复工作中，能够准确理解和恰当处理文物的各种特性。保护原则还应充分考虑文物所处的物理环境和社会文化环境，以确保在不改变其原有状态的前提下，为文物创造一个最适宜的保存环境。在具体操作上，保护原则强调使用传统和科学相结合的方法进行文物保护。在尽可能使用传统材料和技术的同时，也要积极引入现代科学技术，如数字化技术、材料科学等，以提高保护工作的准确性和效率。保护原则的实施还要求从事文物保护工作的人员具备丰富的历史文化知识，掌握相关的科学技术和技能。文物保护工作应当是开放和共享的，文物保护部门应鼓励公众参与和关注文物保护，通过教育和传播，提高社会公众对文物保护重要性的认识，形成全社会共同参与文物保护的良好氛围。

（二）可持续性原则

在文物保护领域，可持续性原则的核心在于平衡、和谐，要求在保护文物的同时，顾及环境的承载能力、社会的发展需求和文化的连续性。在选择保护方法和材料时，应优先考虑那些对环境影响最小的，比如使用环保材料和技术进行文物修复，以减少文物保护过程中对环境的负面影响。同时，可持续性原则强调了在文物保护过程中需要关注社会的参与和支持，通过教育和使公众参与活动，增强社会公众对文物保护重要性的认识，促进公众对文化遗产的尊重和保护。在实践中，实现可持续性原则的挑战是多方面的。首先，要在文物的原真性和完整性保护与现代化社会的发展需求之间找到平衡点。在城市发展、旅游经济等方面，如何在不破坏文物原貌的前提下，合理利用文物资源，是文物保护工作的重要课题。其次，如何在有限的资源条件下，优先保护那些具有较高历史、文化和艺术价值的文物，也是文物保护实现可持续性原则的关键。文物保护部门要建立科学合理的文物评估和选择机制，确保资源能够得到有效利用。随着科技的发展，新的材料、技术和方法为文物保护提供了更多可能性，如何将这些新技术应用到文物保护中，提高保护效率和质量，确保技术应用的环境友好性和社会适应性，是实现文物保护可持续性的另一个重要方面。最后，文物保护是一项涉及历史、考古、材料科学、环境科学等多个领域的综合性工作，只有不同领域的专家共同合作，才能综合运用各种知识和技术，实现文物保护的最佳效果。

（三）合法性原则

随着社会的发展和人们对历史文化遗产重视程度的提高，文物保护已经成为社会发展的一个重要方面。然而，文物保护面临许多挑战，包括文物被盗窃、非法交易等问题，严重威胁到了文物的安全和文化遗产的完整性。因此，确立合法性原则，强调文物保护必须依法进行，成为解决这些问题的关键。依法进行的文物保护活动，所有文物保护的措施和程序都必须符合国家法律法规的规定，任何个人、组织在进行文物保护、修复、利用和管理等活动时，都必须获得相应的法律授权，且在活动过程中遵守法律法规的要求，包括文物的登记、保护、修复、展览以及科学研究等各个方面。合法性原则的实施，需要国家建立一套完善的法律法规体系，使法律法规明确规定文物的定义、分类、保护措施、管理职责以及法律责任等，为文物保护提供明确的法律依据。同时，还需要建立透明、公正的文物保护程序，包括文物的申报、审批、登记以及监督管理等，确保文物保护活动的合法性、有效性和规范性。合法性原则的实施还要求加强对公众法律意识的普及和教育，提高公众、文物工作者以及相关管理人员的法律意识，使其明白保护文物的重要性以及非法侵害文物的法律后果。加大法律的宣传力度，提高法律执行的严格性，可以有效预防和减少文物被盗窃、非法出售和非法交易等违法行为，保护文物的安全。

（四）可达性原则

可达性原则强调通过向公众展示文物，大幅度提高社会对文物保护重要性的认识和理解，从而促进文化遗产的传承与保护。具体而言，实现文物的可达性，需要采取一系列综合性的措施，举办一系列的活动，如展览、讲座、教育项目等，以提高公众对文物价值的认识和文化素养。精心策划的展览，可以将文物的历史背景、艺术特征及其在人类文化发展中的作用向公众展示，从而激发公众对文物的兴趣，主动参与文物保护。展览不仅可以在物理空间中进行，随着数字技术的发展，虚拟展览也成了一种越来越受欢迎的方式，使文物保护的可达性得到了进一步的提升。邀请文物保护领域的专家学者举办讲座，可以使公众更加深入地了解文物保护的意义、方法及其面临的挑战。同时，开展面向学校、社区的教育项目，特别是针对青少年的教育活动，可以培养起一代又一代对文化遗产有着深厚感情和保护意识的公民。故宫博物院的"数字故宫"项目便是可达性原则的一个典型实践。故宫博物院作为世界最大的宫廷博物馆，拥有丰富的文物，但由于保护需求和空间限制，很多文物无法长期对公众开放。为了解决这一问题，故宫博物院推出了"数字故宫"项目，利用数字化技术对文物进行拍摄和记录，通过互联网平台向全球公众展示，极大地扩展了故宫文物的可达性，也为公众提供了一个随时随地了解和学习中华文化的窗口。

（五）科学性原则

在文物保护过程中，科学性原则要求所有文物保护活动必须建立在拥有科学方法和技术的基础之上，确保每一项工作都最大限度地保持文物的原始状态和价值。科学性原则强调对文物的准确鉴定，这是文物保护工作的首要步骤。准确的鉴定能够确保人们对文物的历史背景、成因、价值和现状有一个全面和深入的了解，为后续的保护措施提供科学依据。科学的修复技术使文物得以在不改变其历史特性的前提下，恢复最接近原始状态的外观和结构，保证了修复过程不对文物造成二次损害。科学性原则还要求在文物保养过程中采用适宜的科技方法和材料，以保证文物在长期保存过程中的稳定性和安全性。随着科技的进步和发展，新的材料、技术和方法被不断引入文物保护领域，提高了文物保护的效率和质量，使一些以往的保护难题得到了有效解决。敦煌莫高窟是中国古代佛教艺术的瑰宝，其一直是文物保护领域的重点。近年来，科学性原则在敦煌莫高窟的保护工作中得到了充分体现，尤其是在数字化保护方面。通过使用高精度的扫描技术和三维重建技术，研究人员对莫高窟内的壁画和雕塑进行了高精度的数字化记录。数字化项目还包括环境监测和访客管理系统的建立，文物保护工作者利用现代科技手段对洞窟内的温湿度、二氧化碳浓度等关键参数进行实时监控，有效控制了洞窟内的环境条件，减少了外界因素对壁画和雕塑的潜在损害。此外，对访客流量和流动路径进行科学管理，能够平衡文物保护与公众教育之间的关系。

（六）综合性原则

文物保护的综合性原则是指有关部门在进行文物保护工作时，需要考虑文物的历史背景、艺术特征、材料成分、结构特性等多方面因素，这些因素往往涉及不同学科的专业知识。例如，历史学和考古学为人们提供了文物的年代、来源、用途等重要信息；美术史帮助人们理解了文物的艺术价值和美学特征；工程学和材料科学则为文物的修复和保护提供了技术支持和方法。只有将这些不同领域的知识和技术综合应用到文物保护工作中，才能确保文物保护的科学性、有效性和全面性。文物保护是一个复杂的系统工程，涉及政府部门、科研机构、教育机构、社会团体，这些机构的参与和合作，有助于集中各方面的资源和力量，形成合力，共同推进文物保护事业的发展。敦煌莫高窟作为中国古代佛教艺术的杰出代表，其保护工作涉及历史学、考古学、美术史、环境科学、材料科学等多个领域。在这项保护工作中，首先，专家对莫高窟的壁画和造像进行了详细的历史和艺术研究，明确了文物保护工作的文化价值定位；其次，环境科学家和材料科学家共同研究了窟内的微环境变化和壁画材料的老化机理，提出了适宜的环境控制和材料保护方案；最后，工程技术人员则负责实施保护措施，确保修复工作的精准和有效。在这一过程中，不同学科的专家和技术人员进行了紧密的合作，共同为敦煌莫高窟的保护和传承贡献了力量。

（七）公共参与原则

公共参与原则强调文物保护不应被视为专家和政府的专属任务，而是一项需要社会各界广泛参与的共同任务，其核心在于促进公众对文化遗产的认知、尊重和参与，从而增强公众的文化认同感，并为文物保护工作提供更为广泛的支持。在文物保护规划、管理和教育等方面，公众的意见和建议可以为决策者提供宝贵的参考，使文物保护工作更加符合社会需求和期待。捐赠资金为文物保护提供了必要的财政支持，尤其是在经费紧张的情况下，公众的捐赠可以为文物修复、保养和展示等活动提供重要资助。志愿参与是公众参与文物保护的另一重要形式，志愿者不仅可以在文物保护项目中提供人力支持，还可以通过参与实践活动增进对文物和文化遗产的认识。

（八）灵活性原则

不同的文物，如建筑、纸质文物、考古遗址等，各自拥有独特的物理特性、历史背景和文化价值，因此，它们在保护过程中面临的挑战和需求也各不相同。文物所处的自然环境、社会环境和技术条件等外部因素，也能够对文物的保护策略产生影响。因此，灵活性原则要求文物保护者在保护工作中必须综合考虑这些因素，制订出针对性强、实效性高的保护计划。灵活性原则的实施要求保护人员具备高度的专业素养和综合分析能力，能够准确评估文物的保护状况，明确保护目标，根据文物的特点和保护环境的具体条件，选择合适的保护技术和方法，包括对传统保护技术的应用，对现代科技手段的利用，以及对保护策略的不断创新。以对中国古代书画的保护为例，这类纸质文物特别容易受到湿度、温度、光照等环境因素的影响，导致纸张老化、墨迹褪色。因此，对于这类文物的保护，不仅需要严格控制展览和存储环境，还需要采用专门的修复技术，如加固、去酸处理等，防止文物的进一步损害。对于不同年代、不同材质的书画，其所需的保护方法也会有所差异，需要保护人员根据文物的具体情况灵活制定保护策略。此外，灵活性原则还意味着在文物保护过程中要不断探索和创新。随着科技的发展和保护实践的积累，新的保护材料、技术和方法不断涌现，为文物保护提供了更多的可能性。文物保护人员需要保持开放的心态，积极吸收和应用新技术、新方法，以提高文物保护工作的科学性和有效性。

第四节　文物保护的常见材料与技术手段

一、文物保护的常见材料

（一）高分子材料

有机高分子材料是由高分子化合物构成的材料，其分子中含有大量重复的小单元（单体），通过化学键连接而成。在文物保护中，有机高分子材料主要被用作加固材料、黏接材料和表面封护材料，可以有效地增强文物材料的机械强度，提高文物的稳定性和持久性，能够有效防护文物表面，减缓环境因素对文物的侵蚀。文物保护中常用的高分子材料包括天然有机高分子材料（如多糖、蛋白质、蜡等）、水溶性合成树脂、溶剂型合成树脂、反应型高分子材料以及高分子树脂乳液等。天然有机高分子材料通常具有良好的生物相容性和环境友好性，但可能在耐久性和稳定性方面存在局限。合成高分子材料则以其优异的化学稳定性、可调性和广泛的适用性，在文物保护中发挥着越来越重要的作用。高分子材料在石质文物、壁画、古建筑和博物馆藏品的保护中发挥着关键作用，能够对文物进行有效的结构加固，通过黏结、填充裂缝和缺损，保持文物的完整性和稳定性。高分子材料还能形成保护膜，隔离环境中的有害物质，减缓紫外线、水分和污染物对文物的侵蚀。

以下为常用的高分子文物保护材料：

1. 环氧树脂

环氧树脂因其优异的机械性能、良好的黏结性能以及较高的化学稳定性，在文物保护中广泛应用于石质文物和陶瓷文物的裂缝修补和加固处理。例如，在修复古代雕塑和建筑构件时，环氧树脂能有效地填充裂缝，恢复其原有的结构强度。此外，环氧树脂也被用于制作文物的支撑结构，防止文物出现进一步的物理损伤。

2. 聚乙烯醇溶液和聚醋酸乙烯酯乳液

聚乙烯醇（PVA）溶液和聚醋酸乙烯酯（PVAc）乳液主要用于纸质和木质文物的保护。PVA溶液由于其良好的成膜性和较高的化学稳定性，常用于纸质文物的加固和防护，如古籍的修复和古代绘画的保护。PVAc乳液则因其优良的黏结性能和易于操作的特性，广泛应用于木质文物的修复和保养，如古建筑的木构件加固和古家具的维护。

3. 聚乙烯醇缩丁醛乙醇溶液

聚乙烯醇缩丁醛乙醇溶液在保护具有特殊历史价值的壁画和石刻方面显示出了其独特的价值。聚乙烯醇缩丁醛乙醇溶液可以在文物表面形成一层保护膜，防止水分和污染物质侵蚀，同时增强文物的抗老化能力。

4. 丙烯酸酯乳液

丙烯酸酯乳液作为一种水性高分子涂料，其能够为文物表面提供一层透明保护膜，不仅增强了文物的视觉效果，也为文物提供了物理和化学保护，延缓了环境因素对文物的破坏过程。

5. 聚乙二醇

聚乙二醇（PEG）因其独特的渗透和湿润性能，被广泛用于水下文物的保护和修复，特别是对于沉船中木质结构的保护。PEG能够渗透木材内部，替换水分，从而防止文物因干燥产生的收缩和裂纹，有效保护水下文物的完整性。

6.有机硅树脂

有机硅树脂及其改性产品因具有良好的耐候性、透气性和防水性，在石质文物和古建筑的外部保护中发挥着重要作用，能够形成一层具有高度透气性的保护膜，有效防止水分侵入而不影响文物内部的湿气排出，从而保护文物免受风化和侵蚀。

（二）纳米材料

纳米材料是指至少在一个维度上大小介于 1～100 纳米的材料。由于纳米材料具有独特的尺寸效应、表面效应、量子效应和宏观量子隧穿效应，其展现出了与宏观材料截然不同的物理、化学和生物学性质。纳米材料的这些特性，为其在文物保护领域的应用提供了诸多优势。首先，纳米材料的高比表面积和高表面活性使其在文物表面形成的保护层更加均匀、紧密，能够有效地隔绝外界有害物质的侵蚀，同时保持文物表面的透气性，防止内部水分积聚而导致的损害。其次，纳米材料的强化力学性能可以增强文物材质的稳定性和耐久性，特别是对于那些结构脆弱或已经遭受损伤的文物，纳米材料的应用能够有效地恢复或增强其物理性能。最后，纳米材料的特殊光学性能还可以用于提升文物表面的光泽，保护文物色彩的鲜艳和稳定。在文物保护的具体应用中，纳米材料主要涉及以下几个方面：

1.表面保护与加固

纳米材料在文物表面保护与加固方面展现出了独特的优势。例如，纳米二氧化硅因其良好的兼容性和透明性，被广泛用于石质文物和壁画的保护；纳米颗粒能在文物表面形成一层透明保护膜，有效阻隔外界有害物质的侵入，还能增强文物表面的机械强度。意大利佛罗伦萨的一些古建筑表面就曾使用纳米二氧化硅进行处理，显著提高了建筑表面的耐候性和抗污染能力，有效延长了文物的寿命。

2. 清洁与去污

纳米乳液和纳米粒子因其微小的尺寸，能深入文物表面的微小裂缝，有效分解、去除污垢和沉积物，而不损害文物中的原有材料。例如，在清洁古代壁画时，纳米乳液被成功应用于去除壁画表面的盐分结晶和污渍，恢复了壁画的原有色彩和细节，为敏感和易损文物的清洁提供了一种温和而有效的技术。

3. 裂缝修复与增强

纳米材料在裂缝修复与增强方面的应用，基于它们优异的渗透性和黏结能力。纳米钙水泥具有较小的粒径和较高的反应活性，能够深入文物内部的微裂缝，与文物中的原有材料发生化学反应，实现裂缝的有效修复和整体结构的增强。在中国某古塔的修复工程中，研究人员就曾使用纳米碳酸钙水泥对塔身的裂缝进行修复，恢复了其稳定性，在不影响原有外观的前提下提升了耐久性。

4. 颜色修复与保护

在文物颜色保护方面，纳米材料能有效地阻止或减缓颜料的褪色和变色过程。纳米氧化钛和纳米氧化锌等材料因其具有优异的紫外线屏蔽能力，被广泛用于防护文物表面，避免紫外线引起的褪色。例如，在古代壁画的保护中，纳米氧化钛被应用于壁画表面的保护，有效延长了壁画的色彩保持时间，减少了紫外线对颜料的直接照射和损伤。在颜色修复方面，纳米颗粒能够被精准地调制，以匹配和再现文物原有的颜色。控制纳米颗粒的尺寸、形状和组成，可以精确调整颜色的亮度和饱和度，实现对褪色文物颜色的精确修复。利用银纳米颗粒调制出不同的颜色，成功修复了一批因年代久远而严重褪色的陶瓷器皿。纳米材料还可以用于加固颜色，提高文物表面的耐化学性和物理稳定性。纳米硅胶等材料能够渗透文物颜料和基底，形成稳定的保护网络，加固颜色，防止颜料脱落。一项对古代木质器物的保护项目使用纳米硅胶处理了表面颜色，不仅有效地固定了颜色，还提高了木质表面的防水性和耐磨性，显著延长了文物的保存时间。纳米涂层技术在文物的颜色保护中也展现了独特优势。在文物表面形成一层纳米级的保护膜，可以有效地隔离环境污染物、水分和氧气等，防止这些因素对文物颜色造成损害。例如，对于外露的石质文物，应用纳米二氧化硅涂层不仅提高了文物表面的抗污染能力，还保持了石材的原有色彩和纹理，有效防止了褪色和风化现象。

（三）无机胶凝材料

无机胶凝材料主要是指那些在水中能够发生化学反应，从而形成具有一定强度和稳定性的凝胶体系的材料。这类材料通常具有较好的化学稳定性和持久性，能够抵抗环境因素的侵蚀，如酸雨、微生物等，从而使文物长期保持其结构和性能。与此同时，无机胶凝材料与文物原有材质之间具有良好的兼容性，能够有效地与文物表面或结构紧密结合，减少材料间的应力差异，降低对文物的潜在损害。无机胶凝材料大多源于自然，对环境友好，不会释放有害物质，符合文物保护的可持续发展原则。在文物保护实践中，生石灰（氧化钙）、氢氧化钙、硅酸盐、氢氧化钡等无机胶凝材料被广泛应用。生石灰和氢氧化钙主要用于古建筑的砌体和抹面，它们在与水反应形成氢氧化钙沉淀的过程中，能够有效地加固和保护石材和砖石结构。硅酸盐，尤其是硅酸钠（水玻璃），则因其良好的穿透性和加固效果，被用于石质文物和壁画的保护。氢氧化钡由于其具有较高的稳定性和抵抗硫酸盐侵蚀的能力，适用于受硫酸盐污染风险较高的文物保护。

在实践中，无机胶凝材料的应用主要集中在石质文物保护、古建筑修复、壁画加固中，其还能够作为黏结和填充材料，在各类文物修复工作中广泛应用。石质文物，包括古建筑、石雕、碑刻等，经历了长时间的自然风化和人为侵蚀，表面和内部结构往往受到了不同程度的损害。无机胶凝材料通过填充和加固石材的微观孔隙和裂缝，可以恢复石材的物理性能，在一定限度上恢复其原有的外观。无机胶凝材料的化学稳定性和良好的环境适应性也确保了修复效果的长期稳定。在古建筑修复中，无机胶凝材料主要用于结构加固、抹面修复以及装饰细节的重现。例如，氢氧化钙作为一种传统的建筑材料，其在空气中与二氧化碳发生碳化反应形成碳酸钙，增强了建筑材料的硬度，同时提供了良好的透气性，保证了古建筑内部环境的稳定。壁画加固是另一个无机胶凝材料发挥重要作用的领域。壁画的保护需要考虑颜料的稳定性以及承载壁画的墙体材料的稳定性，无机胶凝材料主要是通过对墙体的加固来间接保护壁画。无机胶凝材料可用于壁画表面的保护处理，以防止文物被环境中的水分和污染物质侵蚀。

（四）仿生无机材料

仿生合成技术，作为一种模拟自然界生物矿化过程的先进技术，依托有机物的组织结构，精准控制无机物质的结晶形态，从而制备出具有独特结构和功能的新型材料。生物矿化过程的核心特征在于其能够从分子层面精确控制无机矿物质的析出，使最终的产物不仅形态多样，还拥有出色的物理和化学属性。仿生无机材料，因其卓越的耐候性、与文物原材料的高度相容性、合成条件的温和性（即在常温常压下进行合成）以及对环境友好的特点，为石质文物的保护提供了一种创新途径。仿生无机材料不仅具备优异的耐候性，其与文物基底石材的良好相容，使这种材料能够与文物表面紧密结合，从而为文物提供长期有效的保护。这种材料的合成过程不需要特殊的环境条件，可以在常温常压下完成，大大降低了文物保护的成本和复杂度，同时也避免了材料合成对环境的潜在污染。在石质文物表面，人们已经发现了一种能够长期保护石刻文字的生物矿化膜。这种膜主要以草酸钙为成分，证明了仿生技术在文物保护中的有效性。此外，石质文物表面也存在以磷酸钙为主要成分的其他生物无机膜，这些膜能够在不改变文物原有外观的基础上，为文物提供持久的保护。仿生技术在文物表面形成的保护层，具备精密有序的结构和半透明的外观，不仅美观，而且具有极佳的耐候性和耐磨性。这种保护层与文物的基底结合十分牢固，甚至可以通过调整合成条件，适当调控其性能和结构，以满足不同文物的保护需求。仿生无机材料的合成方法对环境友好，并且可以在生理环境下施工，显示出了仿生技术在文物保护领域的巨大潜力和应用前景。

（五）涂料

化学工业的发展对各行各业产生了深远影响，其中，化工涂料行业的进步尤为显著。这一行业的产品更新换代速度快，已经广泛应用于包括文物保护在内的多个领域，特别是在古建筑维修保护方面，化工涂料的应用凸显了其在科技进步中的重要地位。由于文物保护工作的特殊性，应用于文物保护的涂护材料需要满足极高的条件：这些材料不仅需要在不改变文物原有面貌的前提下提供保护，而且还必须具备无色透明的特性，以便在常温常压下施工；形成的干燥膜需要尽量薄，具备较强的附着力、良好的长期耐候性和耐老化性能，从而有效隔离外界环境，延缓文物的老化、腐蚀及磨损过程。

田金英在研究室外金属文物表面保护涂料时，选取了三大类具有代表性的涂料：有机硅（硅酸盐）类、丙烯酸类和聚氨酯类，通过一系列严格的实验室测试，得出了具有指导意义的研究结果。实验结果显示，丙烯酸清漆不含颜色成分，能有效保护室外各种金属饰件，能防止大气腐蚀，保持文物原有面貌的稳定，几乎不会使文物发生明显变化，这一发现对于指导文物保护材料的选择具有重要意义。[1] 王芳等人对文物保护中几种有机聚合物涂料进行的光降解研究进一步证实了丙烯酸类涂料在耐老化方面的优势。这类涂料不易因老化而降解，即便发生降解，其产物也不会引起颜色的变化，因而不易改变文物的外观。[2]

除丙烯酸类涂料外，生漆、溶剂型树脂涂料、水基树脂涂料、耐候性氟涂料等也在文物保护工作中发挥了重要作用。这些涂料各具特色，

---

[1] 田金英、王春蕾：《故宫不同文物环境对部分有机质材料影响的试验研究》，《故宫博物院院刊》，2011年第5期。

[2] 王芳：《有机高分子文物保护材料稳定性研究》，硕士学位论文，西北大学，2005。

满足了不同环境、不同材质文物的多样化保护需求。例如，生漆因其优良的自然属性和良好的保护性能，适用于木质文物的保护；而耐候性氟涂料则因其卓越的耐候性，适用于户外金属文物的长期保护。综上所述，化工涂料在文物保护领域的应用展现了现代科技与传统文化保护之间的深度融合。选择合适的涂护材料，能有效保护文物免受自然和人为因素的侵蚀，保持文物的原貌和历史真实性。因此，涂料的科学研究与应用，对于推动文物保护事业的发展具有重要意义。

二、文物保护的技术手段

（一）表面分析技术

表面分析技术在文物保护中占据着举足轻重的位置，其通过电子、光子、离子、原子、强电场、热能等与固体表面的相互作用机制，综合运用能谱、光谱、质谱、空间分布及衍射图像等信息，深入探究文物表面的成分、结构、电子态以及表面的物理化学过程。一系列技术为文物的微观形貌观察和显微结构分析提供了精确的方法，成为研究文物结构和工艺特点不可或缺的手段。在众多表面分析技术中，各类光学显微镜（包括超景深显微镜、金相显微镜、偏光显微镜）的分析方法主要是针对文物的外观形态、老化状况进行观察。这些光学显微镜技术，凭借其直观、便捷的特点，在文物表面结构的基础研究及保护处理过程中发挥了重要作用。通过高倍率的观察，研究人员能够对文物的细微结构和老化特征有更为深入的了解，为文物保护和修复提供科学依据。电子探针显微镜分析法则通过高能电子束轰击固体样品表面，根据样品微区内发射出的 X 射线的特定波长和强度进行元素的定性与定量分析。该技术在文物化学成分的精确分析方面具有无可比拟的优势，能够揭示文物材料的原始组成以及可能发生的化学变化过程，对于复原文物的原始信息，以及监测和评估保护处理效果具有重要意义。扫描电镜分析法利用电子束对样品表面进行细致扫描，通过收集扫描过程中产生的二次电子、背散射电子等信号来构建高分辨率的表面形貌图像。这种方法能够清晰地展现文物表面的微观形态，尤其是对受损文物断口的微观结构提供了极为清晰的视图，有助于研究人员分析文物损坏的原因，为文物的保护和修复提供科学的指导。透射电子显微镜分析法，能够为研究人员提供更为深入的原子或分子级别的结构信息，尤其适用于研究文物材料的内部结构以及微观层面的物质组织状态。

（二）内部结构分析技术

内部结构分析技术在文物保护和修复领域中发挥着至关重要的作用，特别是在诊断文物内部结构完整性、探测隐藏缺陷以及分析文物材料成分方面。内部结构分析技术主要包括 X 射线照相技术、超声波无损探伤技术、声波 CT 技术、电子衍射技术以及地面核磁共振法等，这些技术各自基于不同的物理原理，为文物的非侵入式检测提供了多样化的手段。

X 射线照相技术利用 X 射线穿透材料并在胶片上形成影像的原理，能够揭示文物的细部结构特征。这种技术尤其适用于青铜器、木器、瓷器、漆器以及书画类小型文物的内部结构分析。通过 X 射线照相，研究人员可以直观地观察到文物内部的裂纹、空洞或其他缺陷，为其修复和保护提供了重要的参考信息。超声波无损探伤技术和声波 CT 技术主要依赖声波在不同介质中的传播速度差异进行成像。这两种技术通过分析接收到的声波信号，能够有效地揭示大型文物内部的结构缺陷，如裂纹、空洞等，增强了对大型文物如石刻、古建筑等内部结构完整性的评估能力，为文物的保护与维护提供了科学依据。电子衍射技术是指研究人员通过分析运动电子束的衍射现象，获取文物微区晶体结构和物相信息。这一技术适用于研究人员对文物材料进行微观层面的分析，如矿物组成、晶体结构等，为文物的材料科学研究提供了精确的数据支持。地面核磁共振法是一种利用地下水中氢核的核磁共振特性差异进行地球物理探测的新方法，该技术在地下水探测、考古勘查、滑坡监测等领域已被成功应用。特别是在探查石刻文物是否受到地下水侵害过程中，地面核磁共振法能够提供独特且有效的解决方案，为文物的长期保护提供新的技术手段。

（三）成分分析技术

在文物保护领域，成分分析技术主要有三种，即 X 射线衍射分析法、红外吸收光谱分析法、拉曼光谱分析法。

1. X 射线衍射分析法

X 射线衍射分析法是通过测量 X 射线在晶体结构中的衍射模式分析物质晶体结构和物相的一种技术。当 X 射线照射到晶体样品上时，由于晶体的周期性排列，X 射线将会发生衍射现象，形成独特的衍射图案。通过分析这些图案，研究人员可以确定样品中存在的矿物或其他无机化合物的种类。在文物保护中，这一技术主要用于分析文物中无机材料的成分，如石质文物、陶瓷文物、金属文物中的成分，为文物的保护和修复提供科学依据。例如，在对一件古代陶瓷进行修复前，研究人员利用 X 射线衍射分析技术分析了其釉面和胎体的成分，发现了特定的矿物相，从而推断出其烧制的温度和环境，为后续的修复工作提供了重要的参考信息。

2. 红外吸收光谱分析法

红外吸收光谱分析法是基于不同化合物分子在特定波长的红外光照射下会产生特征吸收的原理进行的。每种化合物的红外吸收光谱都是独特的，如同其分子"指纹"。因此，研究人员通过分析文物样品的红外吸收光谱，可以鉴定出其具有的有机化合物及分子结构。在对一幅古代油画进行研究时，研究人员通过红外吸收光谱分析技术成功鉴定了画作中使用的不同树脂和油料，更好地了解了艺术家使用创作材料的习惯。

3. 拉曼光谱分析法

拉曼光谱分析法利用拉曼散射效应来获取分子振动和转动信息，从而获得有关分子结构的信息。与红外光谱分析相比,拉曼光谱分析在水分存在条件下的应用具有更大的优势,且对于某些无机和有机化合物,拉曼光谱能提供更加清晰的结构信息。因此,拉曼光谱分析法广泛应用于文物有机与无机化合物的分析,尤其是对于颜料、玻璃、宝石等材料的鉴定。在一项对古代壁画颜料的研究中,通过拉曼光谱分析,研究人员准确地鉴定出了该古代壁画使用的矿物颜料种类,发现了颜料的微量添加剂,对于研究人员理解古代人的颜料制备技术和修复壁画具有重要价值。

第三章 文物保护的关键环境因素

第一节 空气污染物

一、空气污染与空气污染物

（一）空气污染

空气污染是当前全球面临的重大环境问题之一，其形成机制与大气的自净能力密切相关。在自然状态下，大气具备一定的自我净化能力，能够通过物理、化学和生物过程降解或去除空气中的污染物。当空气中的污染物含量低于大气环境的自然背景值时，即不超过大气自净能力所能容忍的极限时，这样的空气可以被视为洁净的。然而，随着工业化进程的加速和人口的增长，人类活动释放的有害物质日益增多，当这些物质在大气中积累到一定程度，超出了大气的自净能力所能承受的范围时，便形成了空气污染。国际标准化组织（International Organization for Standardization, ISO）对空气污染的界定提供了一个更为精确的定义，强调了空气污染的成因、影响及其对人类健康和环境的潜在危害。具体而言，空气污染是指由于人类活动如工业生产、汽车尾气排放、焚烧废物，以及自然活动包括火山爆发、沙尘暴等引起的某些物质释放到大气中，并在一定区域内达到了足够的浓度、持续了足够长的时间，最终对人类健康、生活舒适度以及整体环境造成了负面影响。此定义强调了空气污染物的来源多样性，既包括人为活动，也包括自然活动，同时突出了污染物在大气中的浓度和存在时间对形成污染的重要性，说明了控制空气污染不仅需要减少污染物的排放量，还需要考虑污染物在环境中的扩散和转化过程。

(二)空气污染物及其来源

空气污染物的分类反映了其复杂性与多源性,其中,一次污染物和二次污染物的区分基于污染物的成因及其在环境中的行为特征。一次污染物直接源自污染源,如工业排放的二氧化硫、汽车尾气中的一氧化碳;而二次污染物则是指在大气中通过化学反应生成的污染物,如地表臭氧和细颗粒物。空气污染物包括有害气体、气溶胶、灰尘和光化学烟雾等,这些成分的差异性决定了它们在环境和健康影响方面的独特性。比如,气溶胶物质和灰尘粒子可通过呼吸进入人体,引起呼吸系统疾病;光化学烟雾则包含多种有害化学物质,能够导致广泛的健康和环境问题。

空气污染物的来源广泛,大致可以分为自然污染源和人为污染源。自然污染源包括火山爆发释放的硫化物、林火产生的烟尘,以及地震等自然灾害引起的物质排放。相比之下,人为污染源,尤其是来自工业活动、农业生产和日常生活的排放,是空气污染物的主要贡献者。工业过程中燃烧化石燃料产生的废气、农业生产中使用的化肥和农药,以及生活垃圾的焚烧,都释放出大量的污染物,这些污染源持续而广泛,对空气质量的影响深远且持久。各主要工业向大气排放的主要污染物如表3-1所示:

表3-1 各主要工业向大气排放的主要污染物

工业	企业	污染物
冶金	钢铁厂	烟尘、二氧化硫、氮氧化物、粉尘、锰尘等
	炼焦厂	烟尘、二氧化硫、一氧化碳、硫化氢、酚、苯、烃类等
	有色金属冶炼厂	烟尘、二氧化硫、汞、氟等
化工	石油化工厂	二氧化硫、硫化氢、氰化物、氮氧化物、氯化物、烃类等
	硫酸厂	二氧化硫、一氧化碳、氨气、硫酸气溶胶、氮氧化合物等
	氮肥厂	烟尘、一氧化碳、氨气、硫酸气溶胶、氮氧化合物等
	化纤厂	烟尘、硫化氢、氨气、二氧化碳、甲醇、丙酮、二氧化氮、甲烷等
	农药厂	甲烷、砷、汞、氯等
轻工	造纸厂	烟尘、硫醇、硫化氢等
	玻璃厂	烟尘、氟化物等

根据表 3-1 提供的信息，人们可以了解到不同工业生产活动向大气中排放的主要污染物种类，包括硫氧化物、二氧化氮、碳氢化合物、氨气、氢硫化物等，它们对环境和人类健康的影响是深远的。

电厂通常使用煤炭、石油等化石燃料，其燃烧过程中释放出的硫氧化物（主要是二氧化硫）和一氧化碳是其主要的空气污染物。二氧化硫是酸雨的主要成分之一，可以对建筑物、农作物和森林产生破坏作用，同时也会影响人类的呼吸系统；二氧化碳则是导致全球温室效应和气候变化的关键温室气体之一。

钢铁厂在生产过程中，尤其是在冶炼和热处理阶段，会释放出二氧化硫、一氧化碳和氨气。氮氧化物同样会导致酸雨的形成，并在大气中与其他化合物反应生成臭氧，导致地表臭氧水平上升，这对人类健康和生态系统都有危害。化工厂和炼油厂在原料处理和化学反应过程中会排放出多种有害化学物质，包括二氧化硫、氢氧化物、氨气等。这些物质在大气中存在不仅会对人类的呼吸系统构成威胁，而且会与大气中的其他化合物发生反应，形成细颗粒物和地表臭氧，进一步恶化空气质量。水泥厂在生产水泥的过程中会排放出大量的二氧化碳和氮氧化物。制造水泥的主要步骤是煅烧石灰石和黏土，这个过程中释放的二氧化碳对气候变化有直接的影响，而氮氧化物则是形成光化学烟雾的主要污染物之一。农药和化肥厂在生产过程中会排放出氨气、硫化氢等气体，这两种气体不仅有强烈的刺激性气味，而且可以与其他大气污染物相互作用，形成对人体呼吸道有害的细颗粒物。造纸厂则会排放硫化氢和有机硫化合物，这些物质会导致造纸厂周边环境的恶化，也是空气污染的重要来源。硫化氢具有神经毒性，长期暴露会对人类健康产生不利影响。

二、有害气体对文物保护的影响

（一）二氧化硫对文物保护的影响

二氧化硫是一种无色的气体，具有刺激性气味，主要源于化石燃料的燃烧，如煤炭和石油，以及一些工业过程，如金属提炼和硫黄的生产。二氧化硫是一种具有强氧化性的酸性气体，它在大气中可以转化为硫酸和亚硫酸，进而形成酸雨，能够对环境和文物造成广泛的影响。在文物保护领域，二氧化硫对文化遗产的破坏作用主要体现在以下几个方面：

1. 对石质文物的影响

二氧化硫与大气中的水蒸气反应，生成硫酸，这一过程在石质文物表面进行，会导致石材表面出现硫酸盐结晶。这些硫酸盐结晶会在石材内部积累，进而引起石材结构的破坏，表现为剥落、风化等现象。长期暴露于被二氧化硫污染的环境，石质文物的细节将逐渐模糊，甚至结构完整性受损，严重威胁文物的保存。

2. 对金属文物的影响

金属文物在二氧化硫的作用下容易发生腐蚀。二氧化硫在空气中的水分作用下形成的硫酸，能加速金属表面的氧化反应，形成硫酸盐。对于铁质文物，这种现象尤为明显，表现为锈蚀；铜质文物则会形成绿锈，即碱式碳酸铜，会破坏文物表面原有的纹理和装饰。长期的腐蚀作用会损害文物的物理结构和美观价值。

3. 对有机质文物的影响

二氧化硫对于有机质文物，如纸张、织物、木质文物等，同样会构成威胁。它可以通过与空气中的水蒸气反应，形成微酸环境，加速有机材料的氧化和水解反应，导致纸张变脆、颜色变黄，使织物和木材的强度下降，甚至产生裂纹。在长期的酸性环境下，有机质文物的保存状态将大幅度下降。

4. 对古代玻璃制品的影响

古代玻璃制品在二氧化硫的影响下，会发生蚀刻和风化现象。二氧化硫与空气中的水蒸气反应形成的酸性物质可以溶解玻璃表面，使其变得粗糙不平，透明度下降，影响其观赏性。严重时，玻璃制品的表面结构和装饰细节会遭到破坏。

（二）氮氧化物对文物保护的影响

大气中存在的七种氮氧化物包括一氧化氮、二氧化氮和其他次级形态，这些气体主要源于化石燃料的燃烧，如汽车尾气、工业排放和电力生成等，这使氮氧化物成为城市和工业区域中特别关注的污染物。氮氧化物对文物的破坏机制多样，包括直接和间接影响。从直接影响层面来看，二氧化氮在大气中与水蒸气反应，形成硝酸，这一过程会导致酸雨的形成。酸雨会对石材、金属、木材等多种文物材料造成侵蚀和损害。例如，石灰石和大理石等碳酸盐岩石材料会与硝酸反应，导致表面溶解和物质丢失。同时，金属文物，如铜和铁，也会在酸性条件下加速腐蚀，损害其外观和结构的完整性。从间接影响层面来看，氮氧化物的沉积可以改变土壤和水体的化学成分，进而影响微生物群落的结构和功能。这种变化可能会对那些依赖特定微生态环境的文物构成间接威胁。例如，一些历史建筑依赖特定的微生物群落来维持石材表面的稳定性。

（三）臭氧对文物保护的影响

臭氧作为一种在大气中自然存在的气体，分布在地球的平流层和地面附近的空气中。虽然臭氧在平流层中起到保护生命免受紫外线辐射的作用，但在近地面层，却是一种有害气体，对文化遗产和古迹的保存构成了重大威胁。臭氧的有害作用主要表现在其具有的强氧化性质上，臭氧能够与多种材料发生反应，包括那些构成文物的有机和无机材料。在有机材料方面，臭氧可以攻击木材、纸张、织物、皮革和其他含碳材料，导致材料的分解和劣化。具体来说，臭氧与材料表面的有机分子发生反应，破坏其分子结构，从而减少材料的机械强度，使材料发生颜色变化，甚至导致材料完全损毁。例如，臭氧能够使纸张变黄并加速酸化过程，导致纸张变脆，损失其保存价值。在无机材料方面，臭氧同样具有破坏性，其能够与金属发生反应，加速金属表面的氧化过程，促进锈蚀的形成。臭氧还可以通过与石材和瓷器表面的物质发生化学反应，导致这些材料的侵蚀和风化，影响其外观和结构的完整性。臭氧的存在也可能加速其他污染物对文物的破坏作用，比如与大气中的硫化物和氮化物反应，生成更加有害的化合物，如硫酸和硝酸，这些酸性物质对文物的腐蚀作用更为剧烈。因此，臭氧的存在加剧了文物所面临的环境压力，使文物保护工作面临更大的挑战。

三、灰尘的影响

（一）灰尘的种类

灰尘是指空气中悬浮的固体微粒，根据粒径的大小，灰尘可以分为两大类。第一类是大于 10 微米的颗粒，由于这类颗粒较大，其在重力作用下容易沉降，通常不会长时间悬浮在空气中。第二类是小于 10 微米的颗粒，这些微小的颗粒可以在空气中悬浮较长时间，因而对文物的损害更为严重。灰尘按照形态可以分为三类：粉尘、烟尘和雾尘。粉尘主要源于自然界的风化作用以及人类活动如建筑施工、道路交通等，其颗粒较大，容易通过物理作用附着在文物表面，长期累积会形成覆盖层，影响文物的美观，更可能加速文物材料的化学降解过程。烟尘主要源于工业排放和汽车尾气，其颗粒较小，能够携带有害化学物质如硫化物和氮化物等，在与文物表面接触后，会导致文物出现化学腐蚀和物理损伤，对文物保护构成了严峻威胁。雾尘则主要源于工业过程中的各种烟雾和蒸汽，雾尘中微小的颗粒在空气中形成悬浮状态，同样可以携带有害物质，对文物造成化学性的损害。

灰尘对文物的损害是多方面的。从物理层面看，灰尘的沉积可以直接导致文物表面的磨损，尤其是对于那些具有精细装饰的文物，灰尘颗粒的物理作用可能会导致文物产生无法逆转的损失。从化学层面考虑，灰尘中的有害物质可以与文物表面的材料发生反应，导致文物出现腐蚀、变色等现象，这不仅损害了文物的外观，也可能影响文物结构的完整性。此外，灰尘还可能成为微生物生长的基础，促进微生物在文物表面的繁殖，加速文物的生物降解过程。

（二）灰尘的性状

1. 物理性状

灰尘主要由不规则形状的固体杂质组成，大多数颗粒具有明显的棱角，灰尘物理形态的特征使灰尘易附着在文物表面，形成覆盖层。由于颗粒的硬度和形状不同，其可能在与文物的物理接触过程中对文物表面造成微观层面的磨损和划伤，尤其是对于那些表面较为精细或具有装饰性涂层的文物而言。此外，灰尘颗粒在空气流动作用下的移动与沉积过程，也可能导致文物表面的物理损伤，如划痕和磨损。

2. 化学性状

灰尘的化学性质更为复杂，包含了多种无机和有机成分，且这些成分具有一定的酸碱性，通常由大约60%的无机物和40%的有机物组成。灰尘的无机成分主要包括沙土、煤屑、石灰、纯碱、漂白粉等固体物质的粉末，可能会与文物表面的材料发生化学反应，导致腐蚀或其他形式的化学性破坏。有机成分则主要由多环芳烃等碳氢化合物和花粉等构成，在特定环境条件下，如高湿度和适宜的温度，这些有机成分可能会促进微生物的生长和繁殖，从而加速文物的化学降解过程。

3. 生物性状

灰尘中的生物成分，尤其是细菌、霉菌和原生动物等有害生物的存在，对文物的保护构成了直接威胁。这些微生物可以在文物表面或内部繁殖，消耗和破坏文物的有机材料，如木材、纸张和纺织品。霉菌的生长不仅会导致文物表面出现斑点和变色，而且还可能使文物产生结构性的损害，如纤维的分解；细菌和原生动物的侵蚀作用则可能导致文物材料进一步降解，降低文物的物理强度和美观性。此外，灰尘中的生物成分还可能引起人类和其他生物的健康问题,间接影响文物保护工作的安全性和效率。

(三) 灰尘对文物的危害

1. 造成与文物材料间的机械磨损

无论是石质、金属、木质还是纸质材料的文物,其表面在微观层面并非完全平滑。当灰尘粒子附着在不平整的文物表面上时,任何物理移动或清洁操作都可能导致灰尘粒子与文物表面的摩擦,引起微小的磨损。随着时间的推移,这种磨损会积累,对文物的细节、质感乃至整体结构造成不可逆的损害。

2. 增加酸、碱对文物的影响

灰尘中包含有机和无机颗粒,还可能吸附酸性或碱性物质,如硫酸盐、硝酸盐等。在适当的湿度条件下,灰尘中的有机与无机颗粒可以与空气中的水蒸气反应,形成微酸性或微碱性的环境,加速文物材料的化学腐蚀过程。特别是对于金属文物,灰尘的这一作用可能引发或加剧文物的腐蚀,导致文物表面产生铁锈或其他腐蚀产物,损害其美观和结构的完整性。

3. 向文物传播霉菌孢子

许多霉菌孢子在自然条件下可以长时间悬浮在空气中,而灰尘则为这些孢子提供了附着和传播的载体。当灰尘携带的霉菌孢子落在适宜的环境中,尤其是在相对湿度较高的条件下,孢子很容易萌发,形成霉菌。霉菌的生长会破坏文物表面的美观,侵蚀文物本身的材料,尤其是有机材料,如纸张、木材和纺织品,造成不可挽回的物理和化学损害。

4. 灰尘黏附在文物表面造成污染损害

随着时间的积累,灰尘在文物表面形成的覆盖层会影响文物的视觉效果,降低其审美价值,这层灰尘覆盖还可能改变文物表面的化学环境,促进化学腐蚀的过程。此外，研究人员在清除附着在文物上的灰尘时，如果处理不当，也可能导致文物表面的进一步损伤。

四、气溶胶的影响

气溶胶是指悬浮在大气中的固体和液体颗粒物，其可以通过物理和化学途径对文物造成损害。气溶胶颗粒物的来源多种多样，包括自然来源和人为活动，自然来源主要包括海盐、沙尘暴等，而人为活动则涵盖了工业生产、废气排放、燃烧化石燃料等。气溶胶对文物的损害主要体现为物理损害、化学损害以及生物损害。

气溶胶颗粒物直接附着在文物表面，可能会造成物理磨损，特别是对于那些表面粗糙、多孔的文物材料来说，颗粒物容易嵌入材料内部，导致表面粗糙度增加，甚至损坏文物的微观结构。气溶胶中的某些颗粒物，如硫酸盐、硝酸盐等，可以与文物材料发生化学反应，产生腐蚀作用。例如，大气中的硫化物和氮化物与文物表面的金属材料反应，形成硫酸盐和硝酸盐，导致金属腐蚀；酸性气溶胶还可以加速石材、壁画等文物的风化过程；气溶胶颗粒物可以携带微生物，如细菌、真菌孢子等，这些微生物在适宜的环境条件下会在文物表面生长，导致文物出现霉变、腐败等生物损害现象。

天坛作为中国明清两代帝王祭天的圣地，不仅是全国重点文物保护单位，也是世界文化遗产。然而，近年来，随着北京地区工业化程度的加深和机动车数量的增加，大气污染问题日益严重，其中，气溶胶的增加对天坛等历史建筑的保护构成了巨大的威胁。气溶胶中包含的有害化学物质，如硫酸盐、硝酸盐和碳颗粒等，能够与天坛木结构建筑的表面发生反应，导致物理和化学损害。首先，气溶胶颗粒物的物理沉积会在建筑表面形成一层薄膜，不仅影响建筑的美观，还可能吸附更多的污染物，加速建筑材料的损坏。其次，气溶胶中的酸性物质可以渗透木材，引起木材内部结构的破坏，降低木材的机械强度，从而影响整个建筑的稳定性。最后，气溶胶中的有害化学物质还可能加速天坛石质文物的风化,造成石材表面的剥落、风化和色泽变化。面对这一挑战,中国政府和文物保护专家采取了一系列措施。文物保护专家通过对大气污染的监控,特别是对气溶胶浓度的监测,评估其对文物的潜在影响,为制定保护措施提供了科学依据;采取了减少大气污染源的措施,如调整工业布局、推广使用清洁能源、限制高排放车辆行驶等,降低了气溶胶的排放量。文物保护专家还对天坛等重要文物采取了直接的保护措施,包括定期清理文物表面的污染物,使用防护涂层保护木材和石材免受化学侵蚀,以及加强文物的维护和修复工作,减少因污染造成的损害。这些综合性的保护措施使天坛等文化遗产在面对气溶胶等大气污染物的威胁时,得到了有效的保护。然而,气溶胶对文物保护的威胁是长期和复杂的,需要持续监测、科学研究,确保这些宝贵的文化遗产世代传承。

第二节 温度、湿度和光线

一、温度

(一)温度的概念

温度通常用来描述物体内部能量水平的高低,它与物体内部粒子(如原子和分子)的随机运动热能有关。在宏观层面,温度的改变会影响物质的状态(固态、液态、气态)、体积以及其他物理性质;在微观层面,温度的高低决定着粒子间相互作用的频率和强度,影响着物质的化学稳定性。温度的计量单位是摄氏度或开尔文,0 摄氏度等于 273.15 开尔文。

(二)温度对文物保护的影响

在文物保护中,温度的影响是多方面的。比如,温度会直接影响化学反应速率。根据阿伦尼乌斯公式,反应速率与温度之间的关系可以表示为:

$$k = Ae^{-\frac{E_a}{RT}}$$

这里，k是反应速率常数，A是频率因子，E_a是活化能，R是气体常数，T是绝对温度。

温度的上升会导致反应速率常数增大，从而加速化学反应，包括文物材料的老化、退化和腐蚀过程。温度的变化也会影响物质的物理性质。例如，温度的升高会导致材料膨胀，而温度的降低则会引起收缩，导致文物内部应力产生变化，使文物出现裂缝、剥落或其他形式的物理损伤。此外，温度还影响着生物活动的强度。许多微生物会在适宜的温度范围内生长繁殖，如果温度条件合适，微生物活动会加快，导致文物遭受生物侵蚀，如霉变和腐烂。

（三）文物保护中对温度的控制

在文物的保存环境中，温度的控制必须综合考虑保护对象的材质特性和所处的环境条件。通常，温度范围应控制在18～22摄氏度，这一温度范围足以抑制大多数化学反应的速率，同时也不利于微生物的生长。然而，对于某些特殊材料，如某些蛋白质材料，可能需要更严格的温度控制。不仅温度的绝对值需要控制，温度的波动也需要保持在最小范围内。温度波动可能导致材料的膨胀和收缩，特别是对于由多种材料组成的复合文物，不同材料的热膨胀系数可能不同，会引起内部应力，最终导致文物产生裂缝或脱层。因此，文物保存环境的温度应该尽可能保持稳定。实现温度控制的方法包括使用空调系统、温度调节器和保温材料。博物馆或档案馆通常会安装中央空调系统，以便对整个环境的温度进行精确控制。此外，保温材料如隔热窗帘和隔热板也经常用于降低外部温度变化对室内环境的影响。特别是在展览和存储环境中，温度监测设备，如温度传感器和数据记录器被广泛使用，以持续跟踪环境温度，帮助管理者评估现有控制措施的有效性，使管理者在必要时进行温度的调整。

二、湿度

（一）湿度的概念

湿度是描述空气干湿状态的重要物理参数，对文物保护尤为关键，其能够直接影响文物材料的稳定性，不利于文物的长期保存。湿度的概念可以从其基本定义出发，即空气中的水蒸气含量，主要通过绝对湿度和相对湿度两种方式表征。绝对湿度是单位体积空气中水蒸气的质量，通常以克/立方米来表示；而相对湿度则是空气中的实际水蒸气压与同温度下水蒸气饱和压的比值，以百分比形式表示。相对湿度提供了一个相对的水分含量指标，有助于人们理解不同温度下空气含有的水蒸气量。

（二）湿度对文物保护的影响

1. 湿度与青铜病

青铜病是指青铜和其他含铜合金文物在不适宜的湿度条件下遭受的一种腐蚀现象，青铜病的化学基础是铜及其合金与空气中的水蒸气和氯离子产生反应。湿度会影响青铜病的发生和进程，因为水蒸气的存在为铜或含铜合金文物表面上的化学反应提供了必要的条件。湿度高时，水分子会吸附在青铜表面上，与铜反应形成一层薄的水膜。在这层水膜中，铜开始与氯离子反应，形成氯化铜，此后，氯化铜与水蒸气和氧气反应，生成碱式氯化铜，这是青铜病腐蚀的主要产物，其过程可以用下列化学方程式表示：

$$2Cu + O_2 + 4Cl^- + 3H_2O \longrightarrow 2Cu_2(OH)_3Cl$$

碱式氯化铜的形成意味着青铜表面已经受到了腐蚀，如果环境中的氯离子来源（如盐分）得不到控制，腐蚀过程将持续进行。此外，湿度的波动加剧了腐蚀产物的结晶和溶解循环，会使文物表面进一步被破坏。因此，湿度的控制成为防止和减缓青铜病腐蚀的关键因素。

2. 湿度与铁及其他金属

湿度提高了金属与水分子以及空气中氧气的接触概率,从而促进了腐蚀反应。铁质文物在湿润的环境中特别容易发生氧化,这个过程俗称为"生锈",其化学反应可以表示为:

$$4Fe + 3O_2 \longrightarrow 4Fe(OH)_3$$

该反应表明,在湿润的环境中,铁与氧气和水反应,形成了水合氧化铁,通常称为"铁锈"。铁锈容易破坏金属文物的外观,降低其机械强度,且铁锈的体积大于原铁金属,其生成过程可能使文物表面或结构内部产生应力,进而引起裂纹或剥落。

对于其他金属,如铜、银等,湿度同样会加速其腐蚀过程。例如,铜在湿润的环境中可能会形成铜绿,这是一种由碳酸铜、硫酸铜和氯化铜组成的腐蚀产物,其生成过程可由下述化学方程式表示:

$$2Cu + CO_2 + O_2 + H_2O \longrightarrow Cu_2(OH)_2CO_3$$

$$Cu + 2H_2SO_4 \longrightarrow CuSO_4 + 2H_2O + SO_2$$

$$Cu + 2NaCl + H_2O + \frac{1}{2}O_2 \longrightarrow CuCl_2 \cdot 3Cu(OH)_2 + 2NaOH$$

这些反应表明,铜在二氧化碳、氧气的作用下会形成碳酸铜,与硫酸反应生成硫酸铜,而在氯化物存在的条件下形成氯化铜。湿度对金属文物的影响还包括由湿度产生的金属内部应力和微生物活动。湿度的变化会导致金属的膨胀与收缩,导致裂缝的产生,尤其是当金属内部由于腐蚀产物的形成而产生不均匀应力时。此外,湿润环境为微生物提供了寄居的场所,某些微生物甚至可以直接通过其代谢过程参与金属的腐蚀。

3. 湿度与玻璃病

玻璃病的产生与环境湿度有着直接的关系,湿度的变化可引起玻璃文物表面和内部结构的化学反应和物理变化。

在微观层面,玻璃是一种非晶态固体,其结构由不规则排列的硅氧四面体构成。玻璃文物中常含有易溶于水的碱金属盐,如钠盐,这些盐类是玻璃的一部分。当湿度增加时,空气中的水分子会与玻璃表面接触,与碱金属盐发生反应,形成可溶于水的碱金属氢氧化物,即水玻璃:

$$NaO \cdot SiO_2 + H_2O \longrightarrow 2NaOH + SiO_2$$

此化学过程会导致玻璃文物的逐渐破坏,使玻璃表面产生孔洞和裂纹,这种现象称为玻璃的水化或风化。随着时间的推移,玻璃表面可能会出现一层霜状或结晶状的覆盖物,这层覆盖物是由溶出的硅酸盐和碱金属盐结晶形成的,它们会在玻璃表面重新沉积。此外,由于水分的吸收和释放引起的微观膨胀和收缩,会导致玻璃表面和内部产生应力,从而加剧裂纹的形成和扩展。如果湿度条件不断变化,这种物理应力会周期性地作用于玻璃,加速其退化过程。

4. 湿度与纸张老化

纸张的主要成分是纤维素,是一种高分子聚合物,由 β-D-葡萄糖单元通过 1,4- 糖苷键相连而成。在理想状态下,纤维素链具有较高的化学稳定性和机械强度;但在现实条件下,尤其是在不适宜的湿度环境中,纤维素会经历加速的降解过程。纸张老化的化学机制通常包括水解和氧化两个主要途径。湿度对纸张的影响主要体现在水解反应上。纤维素的水解是一个断裂糖苷键的过程,可以表示为以下反应:

$$(C_6H_{10}O_5)_n + nH_2O \longrightarrow nC_6H_{12}O_6$$

在该反应中,水分子作用于纤维素链上的糖苷键,导致高分子链的断裂,形成了较低分子量的糖单元,降低了纸张的分子量,从而导致纸张的物理强度下降,表现为变脆、易碎和失去弹性。

除了水解反应,湿度还与纸张的氧化、老化有关。湿度的增加能够为氧化反应提供必要的条件,特别是当纸张中含有金属离子,如铁和铜时,金属离子可以催化生成活性氧种,加速纤维素的氧化过程,如下所示:

$$4Fe^{2+}O_2 + 6H_2O \longrightarrow 4Fe^{3+} + 4OH^- + 4H_2O_2$$

生成的过氧化氢进一步与纤维素反应，会导致纤维素链的断裂，引起纸张的黄化。这是因为纸张中的木质素等非纤维素成分会在氧化作用下产生色素。

5. 湿度与褪色、变色

褪色通常指色彩的减退或失去，而变色则是指色彩的改变，这两种现象都是文物保护工作者不希望看到的，因为这两种现象会降低文物的美学价值和可能的信息价值。褪色现象往往与有机颜料和染料的化学稳定性有关。在湿度较高的环境中，水分子作为溶剂和反应介质，可能加速颜料和染料中色素分子的水解和氧化反应。例如，一些有机色素可能在水的作用下发生结构断裂，从而失去其色彩。另外，某些金属络合染料中的金属离子可能被水化，导致配位环境的改变，进而影响染料的颜色。变色则可能与材料中的化学成分发生氧化还原反应有关。在有机材料中，如纸张和纺织品，含有的天然色素如黄酮类和单宁类化合物，以及添加的颜料和染料，在湿度较高的条件下，容易受到氧化剂的影响，发生氧化还原反应，从而导致颜色的改变。举个例子，黄酮类化合物在氧化作用下可能会转变为相应的醌类结构，这种结构的颜色比原始黄酮类化合物深，会导致材料变色。湿度还会影响颜料和染料的物理附着状态。在高湿度环境下，纤维材料可能膨胀，颜料粒子间的结合力可能减弱，导致褪色。此外，霉菌的生长也可能导致文物变色，霉菌不仅能分泌色素，还可能分解文物原有的色素，形成新的色素。

6. 湿度与石质文物损坏

石质文物如雕塑、建筑结构和碑文等，通常由石灰石、砂岩、大理石或花岗岩等多种矿物质构成，石质材料的孔隙结构及其化学成分使其对湿度变化极为敏感。在高湿度条件下，水分可以渗透石材，促进溶解性盐类和矿物质的溶解、迁移和结晶。特别是盐类，如硫酸盐和氯化物，它们在石材的孔隙中结晶时会产生显著的晶体压力，可能导致石质文物表面的剥落和风化，即所谓的盐害现象。湿度的周期性变化，尤其是在潮湿和干燥条件之间的交替，会加剧这一过程，因为盐分的重复溶解和结晶作用会持续地扩大石材内部的微裂缝。湿度的增加还为微生物提供了适宜的生长环境，导致了藻类、苔藓和地衣等生物在石质文物表面的生长，生物的根系可以侵入石材的微孔，通过物理和化学作用进一步破坏石材。微生物的代谢活动也可能产生酸性或碱性化合物，与石材中的矿物质发生反应，导致矿物的分解和文物结构的损坏。

高湿度还可能引起石材中某些矿物质的水合反应，如硫酸钙的水合反应会形成石膏，这一过程可表示为：

$$CaSO_4 \cdot \frac{1}{2}H_2O + \frac{2}{3}H_2O \longrightarrow CaSO_4 \cdot 2H_2O$$

因此，对于石质文物的保护而言，应对文物直接环境的微气候进行监测和调节。

7. 湿度与丝织品

丝织品的主要成分是丝素蛋白，具有一定的亲水性，能够吸收空气中的水分。在湿度适中的环境中，丝织品的柔韧性和强度处于最佳状态，但在过高或过低的湿度条件下，丝织品可能会遭受不同形式的损害。高湿度环境中，丝织品吸水后，微观结构会发生变化，水分子通过氢键与丝素蛋白分子间的极性氨基酸残基相互作用，导致分子链之间的结合力减弱，从而降低了丝织品的机械强度。湿度增加还能为微生物生长提供适宜条件，微生物的代谢活动会产生能够破坏丝织品的酶，如蛋白酶，酶能够水解蛋白质纤维，导致其降解。湿度过低可能会导致丝织品过度干燥，失去天然的水分，使纤维变得脆弱，容易断裂。干燥的环境也可能加速丝织品的老化，导致丝织品的颜色和光泽发生变化。

（三）文物保护中对湿度的控制

湿度管理的目的是为文物创造一个稳定的环境，从而减缓或阻止文物因湿度波动引起的化学、物理和生物过程，这些过程可能会对文物造成损害。有效的湿度控制需要文物保护者制定综合的策略，包括环境监测、湿度调节、建筑设计，以及预防和应对突发环境变化的计划。环境监测是湿度控制的基础。通过使用湿度传感器和数据记录器，文物保护者可以持续跟踪环境中的湿度变化，这样有助于他们制定湿度控制的策略，还能在湿度超出预定范围时提供警报。湿度调节通常涉及使用加湿器和除湿器维持相对湿度。在冬季或干燥气候中，加湿器可以增加环境中的水分；而在潮湿季节或湿润气候中，除湿器则用于去除文物周围多余的湿气。对于特殊的收藏物，如储存在展示柜中的文物，文物保护者可以采用微环境控制技术，如在密封展示箱内配备小型的湿度控制单元，以确保文物周围的湿度得到精准控制。博物馆和档案馆的建筑通常需要特别设计，以维护内部环境的稳定性，降低外部天气对内部湿度的影响。建筑的隔热和密封性能，以及供暖、通风及空气调节系统的设计都应该考虑湿度控制的需求。此外，应急计划对于应对意外的环境变化至关重要。例如，在遭遇洪水、管道破裂或系统故障时，文物管理者必须立即采取措施，以防湿度激增对文物造成损害，包括临时的除湿措施、移动文物到受控环境中，或者在文物表面使用干燥剂和防潮材料。

三、光线

（一）光的基础知识

光作为一种电磁波，其传播不仅不依赖介质，而且速度极快，在真空中的速度大约为每秒 299792458 米。光的波粒二象性意味着它既表现为波动，又表现为粒子。作为波动，光表现出干涉和衍射等特性；而作为粒子，光表现出能量被量化的特点，即光子概念，其中，每个光子的能量与其频率成正比。由普朗克关系式可知，电磁波谱是按电磁波的波长或频率来排列的，其中，可见光仅占很小的一部分。电磁波谱从长的无线电波到极短的伽马射线，包含了多种不同类型的辐射，如无线电波、微波、红外线、可见光、紫外线、X射线和伽马射线。每种辐射有其特定的波长范围，对应着不同的能量级别。在这个宽广的谱中，可见光位于400～700纳米的波长范围内，这个范围内的电磁辐射可被人眼感知，如图3-1所示。可见光谱从红色到紫色的过渡是连续且渐变的，不同颜色的光对应不同的波长。光谱中的颜色并不是孤立存在的，而是相互融合的，没有严格的界限。

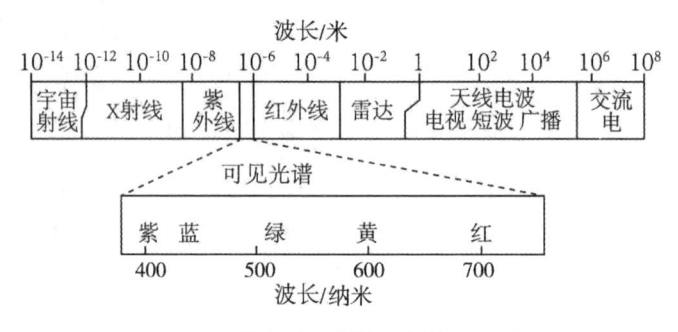

图 3-1 光谱示意图

光源的选择、光照的强度、照明的时间和光谱的组成都会直接影响文物的保护。例如，紫外线虽然不属于可见光范围，但其高能量的特性使它能够对文物材料产生光化学反应，从而加速文物的退化过程；红外线则表现为热能，过多的红外线照射会导致文物温度升高，同样可能加速文物表面的化学反应或对某些材料造成热损伤。

（二）光化学反应致害文物的机理

1. 光裂解反应

光裂解反应，也称为光解反应，是指光能导致化学键断裂的过程，这一机理在文物材料中的色素、有机聚合物和其他敏感化合物中尤为常见。当这些化合物吸收了足够的光能时，会导致电子从基态跃迁到激发态。在某些情况下，激发态的能量足以突破分子间的化学键，引发断裂。以有机染料为例，一个简化的光裂解过程可以表示为：

$$\text{Dye} + h\nu \longrightarrow \text{Dye}^* \longrightarrow 分解产物$$

其中，*Dye* 表示染料分子；hv 表示吸收的光子；*Dye** 表示激发态的染料分子。

光裂解反应会导致文物褪色或变色，是造成文物外观损害的一个重要原因。

2. 光氧化反应

光氧化反应涉及光能激发下的氧化还原过程，通常涉及氧气与被光照射的物质相互作用。光的作用可以产生自由基，这些高活性的化学物质能够进一步与氧气作用，触发连锁反应，导致材料组成的氧化。例如，在纸张中，纤维素的光氧化反应可能如下：

$$C_6H_{10}O_5 + O_2 + hv \longrightarrow 光氧化产物$$

光氧化产物可能导致纸张的黄化和酸化，增加纸张的脆性。在有机聚合物中，如油画中的油基介质，光氧化反应可能导致交联密度的增加，引起油画表面的开裂和剥落。

光氧化反应的一个典型特征是，其由光激发产生的初级自由基开始，与周围环境中的氧气相互作用，形成更多的自由基和过氧化物。这一过程在文物材料中的反应可能如下：

$$Rh + hv \longrightarrow R\cdot + H\cdot$$
$$R\cdot + O_2 \longrightarrow ROO\cdot$$
$$ROO + RH \longrightarrow ROOH + R\cdot$$

在这一系列反应中，"RH"代表文物中的有机材料，如纤维素或油类，"R·"和"ROO·"代表自由基，而"ROOH"代表过氧化物，其会导致材料组分的化学变化，还可能使文物的物理性质发生改变。

（三）光的防控

1. 合理确定库房照度标准

合理确定库房照度标准是文物保护中的关键步骤。照度标准的设定需要考虑文物的材质、敏感度以及文物所处的环境。一般而言，对光敏感的文物，如纸张、纺织品和染料等有机材料需要更低的照度标准，通常不超过 50 勒克斯；而对光相对不敏感的材料，如石质、金属等无机材料，照度标准可以相对宽松一些。库房照度标准的制定通常基于科学研究和行业实践，并需要定期根据最新的研究成果进行调整。

2. 限制光的照度值

在实践中，文物保护者可以通过调整展览空间内的照明设备、使用遮光窗帘或调节窗户的遮光程度来控制光照强度。在展示文物时，应使用特定的光源，并且通过定位和调整光源，避免光直接照射到文物上。此外，通过使用定时器控制照明设备，仅在需要时开启照明，也是一种有效控制照度的手段。

3. 滤除紫外线

滤除紫外线对于保护文物免受光照损害至关重要，尤其是对于光敏感的材料。紫外线的滤除可以通过多种方式实现，如在灯具中安装紫外线滤光片、在窗户上贴设 UV 滤光膜或使用专门的紫外线吸收玻璃。这些方式都可以有效阻挡或吸收紫外线，从而减少其对文物的潜在损害。在选择照明设备时，文物保护者应优先考虑那些发射较少或没有紫外线的光源，如 LED 灯具。

4. 避光保存

避光保存是对极度光敏感文物的一种必要保护措施。对于这类文物，最好的策略是在完全没有光照的环境中进行保存，或者在非展示期间将其存放在避光的条件下。对于需要展示的文物，可以考虑使用复制品或数字化展示，以减少原件的暴露。对于一些必须展示的原件，可以通过限制展示时间、轮流展示或在展览设计中采用低照度展示减少光照对文物的影响。

第三节　土壤环境因素

一、土壤的特征

（一）多相性

土壤是由固体、液体和气体三个相态构成的复杂系统。这种多相性质意味着土壤能够提供多元的环境，其中，固体相主要由无机矿物质和有机质组成，液体相则是水分和溶解其中的化学物质，气体相则主要是氧气和二氧化碳等气体。三个相态之间的相互作用和平衡直接影响着土壤的化学性质、物理性质以及生物活性，进而决定了文物的腐蚀、侵蚀和保存条件。

（二）多孔性

土壤的多孔性是指其内部存在着大量的微小孔隙，孔隙由土壤颗粒的排列方式形成，决定了土壤的通透性、持水性和通气性。高孔隙度的土壤容易加快水分和空气的流动，这对于土壤中有机质的分解和营养物质的循环至关重要，但也可能加速地下文物的腐蚀过程。因此，土壤的多孔性对于文物保护策略的制定具有重要的指导意义，文物保护者需要通过合理地控制水分和气体交换来减缓文物的退化速度。

（三）不均匀性

土壤的不均匀性可以从微观和宏观两个层面进行理解。

在微观层面，土壤的不均匀性主要体现在土壤颗粒的大小、形状以及分布上。土壤颗粒的这些特性决定了土壤的孔隙度、渗透性和保水能力。例如，黏土由于其细小的颗粒和高比表面积，具有较高的保水能力和较低的渗透性；而沙土则因为颗粒较大，孔隙度高，具有较好的渗透性，但保水能力较弱。此外，土壤中的有机质含量和微生物活动也是影响土壤结构和性质不均匀性的重要因素。

在宏观层面，土壤的不均匀性则体现在不同地域、不同深度土层的性质差异上。由于地质运动、气候变化以及生物作用等因素的影响，同一地区内的土壤也可能展现出不同的物理和化学特性。例如，山区的土壤可能由于侵蚀作用呈现出不同程度的瘠薄；而河谷地带的土壤则可能因为沉积作用富含有机质和养分。

土壤的不均匀性对文物保护工作提出了特殊的挑战。第一，不均匀的土壤环境要求文物保护者在进行文物保护规划时必须进行详尽的地质和土壤学研究，以确保文物所处的环境能够为其提供稳定的支持和保护。第二，由于土壤特性的不均匀性，文物保护措施需要具有针对性和灵活性，以适应不同土壤环境条件下的保护需求。例如，在黏土质土壤中保存的文物可能需要控制土壤水分，以防土壤过度湿润和膨胀；而在沙质土壤中保存的文物则可能需要采取措施防止土壤过于干燥和松散，导致文物失去支撑。

（四）相对固定性

土壤在空间结构上形成的固相、液相和气相三相结构，为土壤的物理、化学和生物过程提供了平台。在这三相结构中，固相部分通常由矿物质颗粒、有机质残渣等构成，其在一般情况下相对固定，为土壤提供了基本的框架和稳定性。液相和气相主要是土壤中的水分和空气，它们在土壤孔隙中填充，负责传递养分和气体，也参与土壤的热量和水分调节过程。土壤的相对固定性，主要是指其固体部分的稳定性。稳定的土壤环境可以为文物提供一个相对恒定的支撑和保护环境，减少外界因素对文物的直接损害。例如，稳定的土壤结构可以有效防止文物因土壤沉降、滑移等地质活动而发生位移或破坏。然而，土壤的液相和气相部分具有一定的流动性。土壤水分的流动，如地下水的移动，可以通过溶解和携带土壤中的盐分和其他溶质，影响土壤的化学性质，进而影响文物的化学稳定性。同样，土壤中空气的对流和定向流动也会影响土壤的气体交换，进而影响土壤中氧气和二氧化碳的浓度，对于埋藏在土壤中有机文物的保存是一个重要因素。例如，过量的氧气可能会加速有机文物的氧化分解，而二氧化碳的浓度变化则可能影响土壤的酸碱度，进一步影响文物的保存环境。特殊情况下，如地震、火山爆发等自然灾害，土壤的固相部分也可能发生较大的变化。在这种情况下，土壤的相对固定性会受到挑战，可能会导致文物受到直接的物理破坏或间接的环境变化影响。因此，文物保护工作需要考虑极端情况下土壤环境的变化，采取预防和应对措施，以最大限度地保护文物免受损害。

二、土壤的腐蚀机理

土壤腐蚀是一个复杂的化学与物理过程，其机理涉及多种因素，包括水分、温度、土壤化学成分、微生物活动等。

从化学角度来看，土壤中的水分起着至关重要的作用。水分的存在促进了土壤中溶解氧的传输和离子的迁移，这两者是腐蚀过程中不可或缺的成分。例如，铁质文物在潮湿的土壤中更容易发生氧化反应，形成铁锈。这是一个典型的腐蚀过程，可以用化学方程式表示为：

$$4Fe + 3O_2 + 6H_2O \longrightarrow 4Fe(OH)_3$$

随后，铁（Ⅱ）氢氧化物可能进一步脱水形成三氧化二铁，增加了文物的破坏程度。

土壤的酸碱性（pH值）对腐蚀过程也有显著影响。在酸性条件下，H^+的存在加速了金属的腐蚀过程，尤其是对铜质文物而言。铜在酸性环境中更易与氧气和水发生反应，生成硫酸铜等腐蚀产物，其反应可表示为：

$$Cu + 2H_2SO_4 \longrightarrow CuSO_4 + SO_2 + 2H_2O$$

从某种程度上来看，土壤腐蚀不仅损害了文物的外观，还可能导致文物结构的完整性受损。

此外，土壤中的微生物活动也是导致腐蚀的一个重要因素，微生物，如细菌和真菌，能够通过其代谢活动产生酸性物质，进一步促进土壤的酸化。更重要的是，某些微生物能直接或间接参与金属的腐蚀过程。例如，硫酸盐还原菌（*Sulfate-Reducing Bacteria*, SRB）能够将硫酸盐还原为硫化物，后者与金属反应，生成金属硫化物，这是一种常见的生物腐蚀过程。对于铁材料而言，该过程可简化为：

$$Fe + H_2S \longrightarrow FeS + H_2$$

这种生物腐蚀机制不仅加快了腐蚀速度，而且由于生成物的体积通常大于原材料，可能导致文物出现物理破坏。

三、影响土壤腐蚀的主要因素

（一）含水量的影响

含水量对土壤腐蚀的影响是一个复杂且多维的问题，直接关系土壤的化学性质、物理性质及其对文物的腐蚀作用。

首先，从化学反应的角度考虑，水作为溶剂，促进了土壤中离子和溶质的迁移和扩散。例如，水分的存在使二氧化碳在土壤中与水反应，生成水合氢离子，即 $CO_2 + H_2O \longrightarrow H_2CO_3$，进一步促进了碳酸的形成，这种弱酸能够溶解土壤中的矿物质，如碳酸盐岩，从而影响土壤的化学成分和 pH 值。此外，水分的蒸发和凝结过程能够导致可溶性盐分的迁移，形成盐渍化现象，这在文物表面可能导致结晶压力的增加，使文物产生物理损伤。

其次，水分在物理层面上通过改变土壤的紧实度、孔隙结构和透性，能够间接影响文物的腐蚀环境。土壤中的水分通过湿润和干燥循环，可以导致土壤体积的膨胀和收缩，这种物理作用可能对埋藏文物的稳定性构成威胁。特别是对于含有黏土矿物的土壤，其膨胀性能够导致显著的体积变化，从而影响文物的完整性。

最后，从生物活性的角度看，土壤中的水分是维持微生物生命活动的基础。微生物的新陈代谢过程会产生多种有机酸和无机酸，如硫酸、硝酸等，这些酸性物质能够加速文物的化学腐蚀。例如，硫离子在有氧条件下可被氧化成 S_4^{2-}，反应式为 $2S^{2-} + 3O_2 + 2H_2O \longrightarrow 2S_4^{2-} + 4H^+$，增加了土壤的酸性，加速了金属文物的腐蚀。

（二）盐分的影响

盐分对土壤腐蚀及其对文物保护的影响是一个复杂且多维的问题，涉及一系列化学反应和物理过程。土壤中的盐分主要由可溶性盐类，如硫酸盐、氯化物、碳酸盐及硝酸盐等组成，它们在土壤中的动态平衡对文物的长期稳定具有决定性影响。

土壤中的盐分主要通过两种途径影响文物：化学作用和物理作用。从化学角度看，盐类在土壤中的溶解、迁移和再结晶过程中，可直接参与或催化一系列化学反应，进而影响土壤中的酸碱平衡和氧化还原状态。例如，氯化钠在水中的溶解反应为 $NaCl(s) \longrightarrow Na^+(aq) + Cl^-(aq)$，表明盐分的存在增加了土壤溶液中的离子浓度，这些离子可以与文物表面发生反应，加速金属腐蚀或矿物分解。特别是对于含铁文物，氯离子是已知的催化剂，能够促进铁的氧化反应，加速铁的腐蚀过程。从物理角度看，盐分在土壤中的迁移和结晶过程会对文物产生直接的物理作用。盐类随水分向土壤表面迁移，水分蒸发后，盐分会在土壤表层或文物表面结晶。盐结晶过程中由于体积膨胀产生的晶体压力能够破坏文物表层，特别是对于多孔性材料，如陶瓷和石材，盐晶生长引起的应力足以使文物产生微裂纹和物理剥落。例如，硫酸钠在结晶过程中伴随显著的体积变化，这种变化在孔隙结构中产生的应力可以导致石材的损伤。土壤中盐分的存在还会影响土壤的微生物活性和有机物的降解过程，进而间接影响文物的保存环境。例如，高盐环境会抑制某些微生物的活性，但可能促进耐盐微生物的生长，这些生物活动的变化可能会改变土壤中有机物的分解速率和路径，进而影响土壤的化学环境。

（三）含氧量的影响

含氧量的高低直接影响土壤中的氧化还原反应，从而对文物材料的稳定性产生深远的影响。氧气作为一种强氧化剂，能够在多种化学反应中发挥作用，特别是在金属的氧化过程中，氧气的参与加速了金属的腐蚀。

当氧气在土壤中的含量较高时，会促进金属离子的氧化过程。以铁为例，其氧化过程可以表示为：$4Fe + 3O_2 + 2nH_2O \longrightarrow 4Fe(OH)_n$。这一反应可能会导致铁基文物材料的腐蚀，还可能引起文物体积的膨胀，进而导致文物的物理结构被破坏。从某种程度上来看，氧气还可以促进有机物质的氧化分解，对于木质、纸质等有机材料文物而言，高含氧量的环境加速了它们的老化和腐朽。

氧气在土壤中的传输和分布不仅取决于土壤的通气性，也受到土壤水分含量的影响。在水分饱和的土壤中，氧气的扩散速率减慢，这可能导致缺氧，从而影响土壤中的生物和化学反应。然而，即便是在这样的环境中，微生物活动仍可能导致金属的腐蚀。例如，通过硫酸盐还原过程产生的硫化物可以与金属发生反应，形成金属硫化物。

氧气的浓度还能够与土壤中的其他化学物质反应，如硫化物的氧化，这一反应改变了土壤化学环境，可能对文物材料产生腐蚀作用。土壤中氧气含量的变化还会影响土壤的pH值，间接影响文物的保存状态。

从保护文物的角度看，理解和控制土壤中的含氧量对于文物的长期保护至关重要。通过调整土壤的通气性和水分条件，文物保护者可以在一定程度上控制土壤中的氧气含量，从而为文物提供一个更为稳定的地质环境。对于埋藏文物，采取适当的防腐措施，如使用防腐剂或改变埋藏环境，可以减缓氧气对文物的腐蚀作用。

（四）土壤酸碱度的影响

土壤酸碱度，即土壤 pH 值的变化，是影响文物保护中地质环境因素的关键之一。pH 值是一个反映土壤溶液中氢离子浓度的指标，直接影响土壤中的化学和生物过程，进而影响文物的腐蚀速率和腐蚀性质。

在酸性环境（pH 值小于 7）中，土壤中的许多金属离子，如铁、铜、铝等，会更容易溶解。例如，铁在酸性环境中的腐蚀反应可表示为 $Fe(s) + 2H^+(aq) \longrightarrow (aq) + H_2(g)$，这一反应在一定程度上加速了金属文物的腐蚀，还可能通过释放重金属离子而影响土壤的整体化学稳定性，从而影响埋藏在土壤中的其他文物材料。

在碱性环境（pH 值大于 7）中，某些金属的腐蚀速率可能降低，但高 pH 值可能促进某些有机物质的分解，尤其是含碳的有机文物，如纤维和木材。在碱性条件下，碳酸盐类和硅酸盐类物质的溶解度降低，可能导致这些物质在土壤中沉积，影响土壤的通透性和文物的保存状态。

土壤 pH 值的变化还会影响土壤中微生物的活性和多样性，这对于有机文物的保存尤为重要。不同的微生物对 pH 值有不同的适应范围，酸性或碱性环境可能促进某些微生物群落的生长，微生物通过其生命活动可能会加速文物的生物腐蚀过程。

此外，土壤酸碱度还会影响土壤中的氧化还原潜力，进而影响土壤中的氧化还原反应。例如，酸性条件下会促进铁的还原，而碱性条件下则可能促进铁的氧化。因此，监测和调控土壤的 pH 值是文物保护中一个重要的环节。通过理解土壤酸碱度对文物腐蚀的具体影响机制，文物保护者可以采取更有效的保护措施，如调整土壤 pH 值、控制土壤湿度和温度，以及适时采取防腐措施，为文物的长期保存提供更稳定的地质环境条件。

（五）孔隙度的影响

孔隙度指的是土壤固体颗粒之间空隙的比例，这些空隙允许水分、空气和其他物质的流动。孔隙度不仅关系土壤的通气性、渗透性和保水能力，也直接影响土壤中化学反应的发生，从而在文物腐蚀过程中发挥重要作用。

在较高孔隙度的土壤中，空气和水的流动性增强，促进了氧和水与文物的接触，加速了氧化还原反应的进行。例如，铁质文物在富氧环境下容易发生氧化，生成铁锈，这个过程在孔隙度较高的土壤中更为显著。水分在孔隙中的流动会带走可溶性盐分和其他腐蚀性物质，通过物理作用和化学反应对文物产生破坏。

孔隙度高的土壤也有助于生物的生长和活动，包括微生物和植物的根系，它们可以通过生物化学过程间接或直接影响文物的保存状态。微生物，如细菌和真菌在土壤中的代谢活动会产生酸性物质，如硫酸和硝酸，它们能进一步加速金属文物的腐蚀过程。植物根系的生长会对文物造成物理性破坏，根系渗透和生长会对文物造成机械压力，导致文物出现裂缝和结构性破坏。土壤孔隙度的变化还会影响土壤的热传导性能，从而间接影响文物的热环境稳定性。孔隙度高的土壤通常具有较低的热传导率，这意味着温度波动对文物的影响可能会减少，有助于保持文物的热稳定性，减少温度变化可能使文物形成的热应力和热膨胀，或由收缩引起的损伤。

（六）土壤导电性的影响

土壤导电性是土壤传导电流的能力，这一特性直接影响着土壤中的电化学反应，进而影响文物的腐蚀速率。土壤导电性的高低取决于多种因素，包括土壤中的含水量、盐分含量、土壤类型、温度以及有机物含量等。

在金属腐蚀的电化学反应中，电子从阳极（金属腐蚀区）流向阴极（未腐蚀区），如果土壤的导电性好，这种电子转移过程将更加迅速，从而加速金属腐蚀过程。例如，铁质文物的腐蚀过程可以表示为以下电化学方程式：

负极（腐蚀区）：$Fe - 2e^- \longrightarrow Fe^{2+}$

土壤中的含水量是影响其导电性的关键因素之一。水分作为电解质溶液的介质，增加了土壤的离子强度，影响土壤中盐分的溶解度和迁移。土壤中盐分的种类和浓度也会显著影响其导电性。可溶性盐类如氯化物、硫酸盐和碳酸盐等，当它们在水中溶解时，会释放出离子，增强土壤的导电性。土壤温度也是一个重要因素，温度的升高会增加离子的运动速度和碰撞频率，从而增加土壤的导电性。土壤的pH值也会影响土壤的导电性，因为它决定了土壤中离子的存在形式和浓度。

从保护文物的角度来看，了解和控制土壤的导电性对于预防和减缓文物腐蚀具有重要意义。通过调整土壤环境，如改变土壤的湿度、盐分含量或pH值，文物保护者可以有效控制土壤的导电性，进而影响文物的腐蚀速率。例如，降低土壤的湿度和盐分含量可以降低土壤的导电性，从而减缓金属文物的腐蚀过程。

（七）温度

温度作为影响土壤腐蚀的一个重要因素，对文物的长期稳定和保存状况具有显著影响。温度升高会导致化学反应速率增加，具体到土壤腐蚀的环境中，意味着温度的升高会加速土壤中的化学反应，包括腐蚀金属的氧化还原反应，以及影响有机物质分解的过程。

在金属腐蚀的背景下，温度升高加速了金属离子的迁移和电子的转移速率，促进了腐蚀过程。例如，铁在潮湿条件下的氧化反应为 $4Fe + 3O_2 + 2nH_2O \longrightarrow 2Fe_2O_3 \cdot nH_2O$，温度的提高可以加速这一过程，导致铁锈更快形成。

温度还影响土壤中的微生物活动。温度升高通常会加速微生物的新陈代谢，增强其对有机文物的生物降解作用，尤其是对于木质、纤维和其他有机材料制成的文物。微生物活动的加强会直接通过生物降解作用影响文物，还可以通过改变土壤化学环境间接影响文物的保存状况。温度变化会引起物理过程的变化，如冻融循环，这对文物的物理状况是一个重大的考验。冻融循环可以导致土壤以及其中的文物经历重复的膨胀和收缩，进而导致文物材料的疲劳和损伤。

第四节 有害微生物和有害昆虫

一、有害微生物对文物保护的影响

(一) 有害微生物

1. 细菌

细菌是一类广泛分布的微生物，根据其形态可以分为杆菌、球菌和螺旋菌等多种类型，它们在自然环境中扮演着重要的角色，但在文物保护工作中，细菌则是破坏文物的罪魁祸首。细菌的细胞结构相对简单，一般由细胞壁、细胞膜、颗粒状内含物、气泡、鞭毛、核糖核酸、荚膜、细胞内膜、纤毛、核区、中体组成，如图3-2所示。尽管缺乏复杂的细胞器，但细菌具有极强的适应性和生存能力。在适宜的环境条件下，细菌可以快速繁殖，通过代谢活动对文物造成破坏。例如，在湿度适宜且营养充足的环境中，细菌可以在文物表面形成生物膜，通过分泌酸性或碱性的代谢产物直接腐蚀文物材料，或通过生物降解作用间接破坏文物结构。

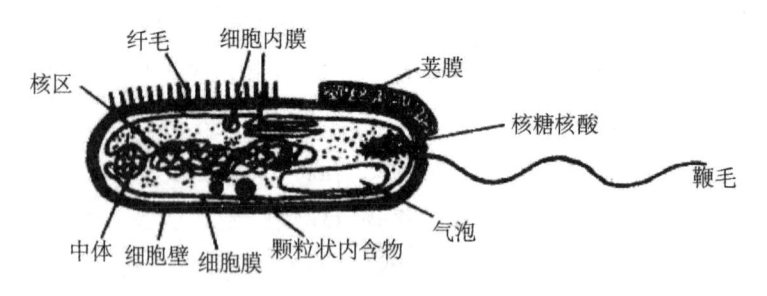

图3-2 细菌的细胞结构

杆菌是一类常见的细菌，它们的形状像棒子，有的单独存在，有的呈链状排列。某些杆菌可以通过其代谢过程产生的酸性物质腐蚀金属文物，或者破坏石质和木质文物的结构。球菌则呈圆形或椭圆形，它们可能成对、成链或成簇排列。球菌在一些特定环境下可以促进文物表面微生物的生长，导致文物表面色斑的形成或材料的结构性破坏。螺旋菌具有螺旋状的形态，能够在液体中螺旋式运动。虽然螺旋菌在文物破坏中的作用不如杆菌和球菌那样显著，但在某些特定情况下，也能够通过代谢活动对文物材料造成损害。细菌对文物的破坏还包括对文物美观价值的影响。细菌生长引起的变色、斑点等问题，会降低文物的观赏价值，甚至影响其历史和文化的研究价值。因此，在文物保护过程中，控制环境条件，尤其是相对湿度和温度，限制细菌生长所需的营养来源，以及采用适当的消毒和杀菌措施，是保护文物免遭细菌破坏的关键策略。

2. 霉菌

霉菌是一类丝状真菌的统称，其在营养基质上生长时，能够形成绒毛状、蜘蛛网状或絮状的菌落。它们在自然环境中扮演着分解者的角色，参与有机物质的分解过程。但在文物保护工作中，霉菌却可能成为破坏文物的因素之一。霉菌对文物的威胁体现在其能够在文物表面或内部生长，消耗和破坏文物的材料，导致文物物理和化学性质的改变。霉菌的形态结构主要由菌丝体构成，菌丝体是由众多菌丝细胞相互连接形成的丝状结构。菌丝细胞会在适宜的条件下快速生长，形成密集的菌丝网络，通过物理侵入和化学分解作用对文物材料造成损害。霉菌的菌丝非常细小，可以穿透文物材料的微小裂缝和孔隙，使霉菌的破坏作用深入文物内部。

霉菌细胞的结构主要包括细胞壁、细胞膜、细胞质和细胞核四个基本部分，每个部分都承担着不同的生物学功能，如图 3-3 所示：

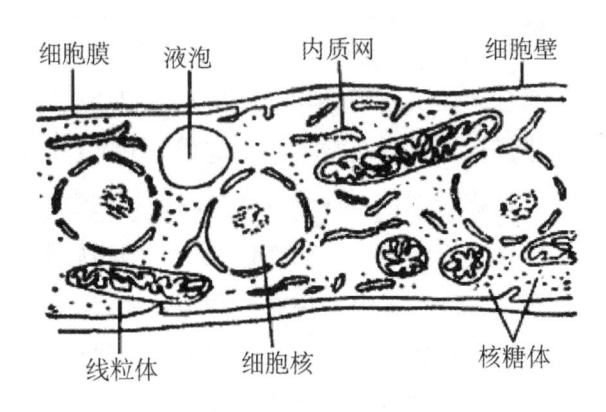

图 3-3 霉菌细胞的结构

（1）细胞壁。霉菌细胞的外层是细胞壁，是一个坚固的结构，主要由多糖，如几丁质和 β—葡聚糖构成。细胞壁提供了物理保护和结构支持，使霉菌能够在多种环境中生存，包括对文物造成侵害的环境。

（2）细胞膜。位于细胞壁内侧的是细胞膜，由磷脂双分子层构成，其中嵌有各种蛋白质。细胞膜控制物质的进出，维持细胞内外的物质交换与信号传递，是细胞对外界环境响应的关键结构。

（3）细胞质。细胞膜内部是细胞质，包含了细胞的生命活动所需的各种器官和分子。在这里，细胞的代谢过程如酶促反应和能量转换都在进行，霉菌通过这些生化过程分解和吸收营养物质，有时也会分泌出能够破坏文物的代谢产物。

（4）细胞核。细胞核是霉菌细胞内含有遗传物质 DNA 的地方，指导着霉菌的生长、发育和繁殖。细胞核通过基因表达控制着细胞的所有功能，包括对环境变化的适应性和对文物造成破坏的潜力。

（5）其他。其他与霉菌生活活动相关的细胞器，如线粒体、内质网、高尔基体等，这些细胞器共同协作，能够使霉菌进行复杂的生物化学反应，包括能量的生产和存储，以及分泌酶和其他代谢产物。

霉菌的繁殖方式多样，可以通过无性繁殖和有性繁殖两种方式进行。无性繁殖主要通过孢子完成，霉菌通过孢子梗产生孢子，当孢子散落到适宜的环境中时，可以迅速萌发，生成新的菌丝体；有性繁殖则涉及两种不同菌丝体的融合，形成具有新遗传组合的子代。

危害文物材料的主要真菌种类，如表 3-2 所示：

表3-2　危害文物材料的真菌

属	真菌
毛霉属	高大毛霉、总状毛霉、林木毛霉
根霉属	黑根霉、米根霉
曲霉属	灰绿曲霉、黑曲霉、白曲霉、黄曲霉、构巢曲霉、杂色曲霉、焦曲霉、黄柄曲霉、淡黄曲霉
青霉属	黄绿青霉、桔青霉、产黄青霉、岛青霉、白边青霉、圆弧青霉、荨麻青霉、扩展青霉、产紫青霉、简青霉、顶青霉、短密青霉、斜卧青霉、微紫青霉
木霉属	绿色木霉、康氏木霉
交链孢霉属	高链孢霉、细交链孢霉
枝孢霉属	蜡叶芽枝霉
葡萄穗霉属	黑葡萄穗霉
脉孢菌属	脉孢菌
镰刀菌属	禾谷镰刀菌、串珠镰刀菌

3. 放线菌

放线菌是一类具有独特形态结构的原核微生物，在微生物学的分类中占有特殊地位。其形态结构与真菌类似，但生物学属性却与细菌相近。其在自然界中的分布极为广泛，从土壤到水体，甚至在极端环境中都能够找到放线菌的踪迹。

放线菌的形态结构颇为复杂，如图 3-4 所示：

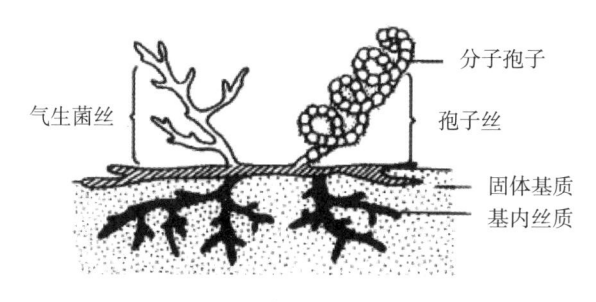

图 3-4　放线菌的形态结构

放线菌的菌体由细长、分枝的菌丝组成，菌丝连续生长和分枝，会形成一个复杂的网络状菌丝体结构。这种结构使放线菌在生长过程中形成了一种类似于真菌的绒毛状或蜘蛛网状的外观。放线菌的菌丝直径通常在0.5至1.0微米之间，长度变化不定。菌丝体可以分为两部分：基内菌丝和气生菌丝。基内菌丝位于培养基或者文物材料内部，负责吸收营养并支撑整个菌体的生长；而气生菌丝则伸展到空气中，负责繁殖和扩散。

放线菌的细胞结构与细菌相似，它们的细胞壁主要由肽聚糖组成，这种结构赋予了放线菌良好的物理强度和保护功能，使其能够在不利环境中生存。与真核生物不同，放线菌的细胞内没有真正的核膜，仅有分散在细胞质中的核质，这表明它们属于原核生物。细胞质内含有数量众多的核糖体，这些核糖体是蛋白质合成的场所，与放线菌的生长和代谢密切相关。除了核糖体，放线菌的细胞质中并不包含其他复杂的细胞器，如线粒体或叶绿体，这也是它们作为原核微生物的一个特征。

放线菌的繁殖主要通过无性孢子进行。在特定的生长条件下，气生菌丝的顶端会形成孢子囊，孢子囊内会产生大量的孢子。这些孢子一旦成熟，就会从孢子囊释放到环境中，通过空气或其他途径传播，找到新的营养基质后，孢子会萌发生成新的菌丝体，从而完成繁殖过程。

（二）微生物对纤维质文物（棉、麻、纸、木）的影响

1. 造成材料结构破坏

细菌和真菌等微生物通过其代谢活动能分解纤维素、木质素等纤维质文物的主要成分，造成文物物理结构的破坏，微生物的菌丝体和代谢产物能深入材料内部，导致内部结构的断裂、脱落或变形。

2. 形成霉斑

霉菌会在适宜的湿度条件下生长在文物表面，形成可见的霉斑。霉斑的存在破坏了文物的美观，而且霉斑的代谢产物还进一步加速了文物

材料的化学分解，导致文物出现色彩变化，影响文物的观赏价值和研究价值。

3. 增加文物材料酸度

微生物在代谢过程中，可能产生酸性物质，如乙酸和甲酸等，从而降低文物材料的 pH 值，加速纤维质文物的酸化过程。从某种程度上来看，材料的酸化会导致纤维脆弱化，减少其机械强度，使文物更容易破损。

4. 增加湿度

高湿度环境是微生物生长的理想条件，但如果湿度控制得不合理，超出了标准的湿度范围，可能会加剧纤维质文物的吸湿性，导致文物材料的进一步膨胀和收缩，增加文物的物理损害。

（三）微生物对蛋白质文物（丝、毛、皮革类）材料的影响

蛋白质文物，特别是那些由丝绸、羊毛和皮革等材料制成的文物，往往因其特有的生物性质而对微生物尤其敏感。微生物，如细菌和真菌，能够产生一系列的酶，这些酶能够分解蛋白质，导致文物产生物理和化学降解。

1. 蛋白质纤维发生降解

蛋白质是由氨基酸通过肽键（—CO—NH—）连接而成的长链分子。在微生物的作用下，肽键可能被水解，导致蛋白质分子链的断裂。这一过程可以用以下化学反应来描述：

$$R_1NHCR_2CO + H_2O \longrightarrow R_1NH_2 + HOOCR_2$$

其中，R_1 和 R_2 代表氨基酸侧链，R_1NHCR_2CO 代表肽链中的肽键部分。细菌和真菌产生的蛋白酶会促进这一反应，水解肽键，导致蛋白质分子的分解。在这个过程中，蛋白质纤维的机械强度逐渐减弱，最终导致材料的损坏。

2. 霉斑的形成

霉斑的形成通常与真菌的生长直接相关。真菌会通过其菌丝体在蛋白质文物的表面形成肉眼可见的结构。真菌的代谢活动可能会产生色素和酸性物质,这些物质会导致文物出现斑点,并且进一步加速蛋白质的分解。霉斑的化学性质十分复杂,但一般包含有机酸,如下所示:

$$R_1NHCR_2COOH + H_2O \longrightarrow R_1NH_2 + HOOCR_2OH$$

这里,R_1NHCR_2COOH 代表蛋白质中的氨基酸,而 $HOOCR_2OH$ 代表由霉菌产生的有机酸,有机酸可能会进一步与蛋白质发生反应,导致文物的酸化和降解。

(四)微生物对金属文物的影响

1. 微生物对金属文物的侵蚀

暴露在空气中的金属文物通常面临由微生物导致的生物腐蚀问题。某些微生物能够利用金属作为能量来源,通过其代谢活动产生的化合物,如硫化物或酸类物质来侵蚀金属。

一些细菌,如酸性硫酸盐细菌可以氧化金属硫化物,如黄铜矿,产生硫酸,进而加速金属的腐蚀:

$$2FeS_2 + 7O_2 + 2H_2O \longrightarrow 2Fe^{2} + 4SO_4^{2-} + 4H^+$$

在上述反应中,铁离子的产生加速了金属的进一步氧化,而生成的硫酸根和氢离子则降低了局部环境的 pH 值,进一步促进了酸性腐蚀。

2. 微生物对地下埋藏金属文物的腐蚀

对于地下埋藏的金属文物,微生物诱导的腐蚀过程通常与厌氧环境中的化学反应有关。在这些条件下,硫酸盐还原菌等微生物的活动尤为关键。这些微生物在缺氧环境下通过还原硫酸盐来获取能量、产生硫化氢,该过程可以表示为:

$$SO_4^{2-} + CH_2O \longrightarrow H_2S + CO_2$$

生成的硫化氢可能与金属发生反应形成金属硫化物，导致金属文物的损坏。微生物还可能直接利用金属离子作为电子受体，通过氧化还原反应直接导致金属文物的腐蚀。此外，微生物也可能通过其代谢活动改变土壤中的化学环境，如改变 pH 值和电导率，影响腐蚀电位，进而影响金属文物的腐蚀过程。

（五）微生物对壁画材料变质及变色的影响

当壁画材料成为微生物的生长基质时，微生物的代谢活动会引起材料组成的改变。例如，真菌通过其分泌的酶可以分解壁画中的有机成分，如天然胶黏剂和有机颜料，这种分解作用会导致壁画材料的结构破坏和强度下降。此外，某些细菌能通过产生硫酸、硝酸等无机酸来破坏壁画的无机成分，如石灰石基底和矿物颜料，这些化学反应不仅会引起材料的腐蚀，还可能导致颜色的变化。颜色变化是微生物对壁画影响的另一显著特征。微生物的代谢产物，如酸、色素等，可以直接或间接地改变壁画颜料的化学结构，从而影响其颜色。例如，某些真菌能产生色素，这些色素可能会直接沉积在壁画表面，导致文物表面变暗或变色。微生物的代谢过程还可能导致壁画中金属离子的迁移和沉积，进而影响颜料的颜色表现。微生物对壁画材料的这些破坏作用不是孤立发生的，而是一个复杂的相互作用过程。环境因素，如湿度、温度、光照等，对微生物的生长和代谢活动有着直接的影响，进而影响微生物对壁画的破坏程度。因此，在文物保护实践中，控制环境条件，限制有害微生物的生长，是防止壁画材料变质和变色的重要策略。

二、有害昆虫对文物保护的影响

（一）危害文物的昆虫种类

文物保护领域常受到有害昆虫的侵害，这些昆虫种类繁多，对文物存在不同的威胁程度。据我国档案保护研究工作者的调查统计，我国档案馆库房内存在多达54种害虫，涵盖了鞘翅目、䗛蠊目、等翅目、缨尾目、啮虫目和鳞翅目6目19科。其中，鞘翅目是最为多样化的一类，涵盖了13科41种，其次是䗛蠊目和其他类目。值得指出的是，随着研究的深入，新的害虫种类可能还会被发现。

害虫对文物的危害范围广泛，主要影响纸、竹木、丝毛、皮革、麻等文物材料。害虫对文物的损害是多方面的，包括直接的食物损害和间接的生态破坏。食物损害主要表现为啃食文物材料，这会导致文物结构破坏和质量减损；生态破坏则可能包括害虫的粪便、分泌物和卵等在文物表面的附着，进一步加剧了文物的腐蚀和腐败过程。因此，对于文物保护工作而言，必须加强对有害昆虫的监测和防治，采取有效的措施保护文物免受害虫侵害。我国常见的几种主要文物害虫种类如表3-3所示：

表3-3 我国常见的几种主要文物害虫种类

文物	主要文物害虫
纸类藏品	档案窃蠹、药材甲、毛衣鱼、蠊、书虱、烟草甲、家白蚁、黑皮蠹
木质文物	中华粉蠹、鳞毛粉蠹、谷蠹、家茸天牛
竹质文物	竹蠹、褐粉蠹
纺织品	皮蠹、小圆皮蠹、百怪皮蠹、衣蛾
皮革文物	花斑皮蠹、黑皮蠹、裸蛛甲

（二）危害文物材料的机理

在文物保护领域，有害昆虫对文物材料造成的危害主要体现在其生命活动过程中对文物材料的侵蚀和破坏，其侵蚀和破坏的机理可以从以下几个方面进行详细论述：

第一，有害昆虫危害文物材料的一个重要机理是通过其生长发育过程中的摄食活动。昆虫为了满足其生长发育和繁殖的需要，需要摄取营养和能量，而文物材料往往成为它们获取这些必需营养的来源，这直接导致了文物材料结构的破坏。具体而言，昆虫通过咬食、钻孔等方式，改变了文物材料的物理结构，破坏了文物的外观，降低了文物材料的机械性能和理化性能，进而影响了文物的稳定性和耐久性。

第二，有害昆虫对文物材料的破坏还体现在其生命活动产生的副产品对文物的影响方面。昆虫在摄食和消化文物材料的过程中，会产生各种排泄物和分泌物，污染文物的表面，影响文物的美观。有害昆虫的排泄物和分泌物可能含有腐蚀性的化学成分，会进一步侵蚀文物材料，加速文物的老化和破坏过程。

第三，有害昆虫的生活活动还可能间接促进其他破坏文物的生物活动。昆虫的排泄物和遗体可以为微生物提供丰富的营养源，促进微生物的繁殖和生长。相关微生物有细菌、真菌等，在有利的环境条件下，这些微生物可以迅速繁殖并侵蚀文物材料，对文物材料造成更加严重的破坏。此外，昆虫的生活活动还可能改变文物所在环境的微生态平衡，为微生物的生长创造有利条件，间接加速文物的损坏过程。

第四章 近年来我国文物保护和利用的典型案例

第一节　历史文化名城

一、山东曲阜

（一）曲阜概况

1. 历史悠久的文化

曲阜位于山东省西南部，是一座拥有数千年历史的古城，其独特的地理和自然环境为古代文化的孕育和传承提供了肥沃的土壤。这里四季分明，雨量适中，山川秀丽，土地肥沃，滋养了这片土地上的生灵，也为古代人们的定居和文化发展提供了有利条件。更为重要的是，曲阜是儒家文化的发源地，这里诞生并流传了中国历史上影响深远的文化之一——儒家文化。春秋末期，伟大的思想家、教育家孔子在此出生，并创立了儒家学说，这一学说深刻影响了中国，也对整个东亚乃至世界产生了深远的影响。儒家学说强调仁爱、礼仪、中庸之道，倡导个人修养与社会和谐，其核心思想已成为中华民族的重要精神标识和行为准则，对塑造中华民族的性格特征和社会结构产生了深远的影响。

孔子的教育活动和思想传播为曲阜这片古老的土地留下了丰富的文化遗产。孔庙、孔府、孔林被统称为"三孔"，是曲阜重要的文化和历史标志，也是世界文化遗产的重要组成部分。孔庙是为纪念孔子而建的庙宇，历史上的帝王将领对这里多有修葺，使其成为规模宏大、格局严谨的建筑群落；孔府是孔子后代的居住地，展示了儒家家族的生活方式和传统礼仪；孔林则是孔子及其后代的墓地，蕴含着深厚的历史文化意义。

随着时间的推移，曲阜并没有停止前行。当代曲阜人民深知文化遗产的重要价值，致力于保护和利用这些非物质文化遗产，让儒家文化在新时代继续发扬光大。

2. 丰富的旅游资源

（1）孔庙。孔庙是为纪念中国古代伟大的思想家、教育家孔子而建的庙宇，是中国历史上为一个非帝王的人物所建立的规模最大、最为壮观的祭祀建筑群。孔庙的建筑布局严谨，沿中轴线对称分布，体现了中国古代建筑的特点。孔庙从南到北依次有棂星门、泮池、大成门、大成殿等主要建筑，每一座建筑都富有深厚的文化内涵和历史价值。大成殿是孔庙的主殿，是祭祀孔子的核心场所，殿内供奉着孔子的塑像，墙壁上悬挂着历代帝王赞颂孔子的匾额，展示了孔子在中国历史上的崇高地位。除了主要的祭祀建筑，孔庙内还有众多的碑刻、石雕等文物，记录了孔庙的历史变迁和对孔子的纪念活动，对研究中国的历史文化具有重要价值。每年的孔子诞辰，孔庙都会举行隆重的祭祀活动，吸引世界各地的人前来参观学习。作为联合国教科文组织认定的世界文化遗产之一，孔庙的保护和研究具有重要意义。它是中国古代建筑艺术的杰出代表，更是全人类共同的文化财富，向世界展示了中华民族悠久的历史文化和独特的文化魅力。

（2）孔林。孔林是孔子及其家族成员的墓地，也是中国规模较大、历史悠久的家族墓地之一。孔林的历史可以追溯到公元前479年，孔子去世后被葬于此。此后，孔子后代和儒家学者的墓地也陆续设在这里，形成了规模庞大的家族墓地。经过几千年的扩展，孔林的占地面积超过200公顷，墓葬数量超过1万座，涵盖了从孔子到近代孔家后裔的墓地，堪称孔家族谱。

孔林的墓葬布局严谨，孔子的墓地位于孔林的中心位置，墓冢宏伟，四周有石栏杆围绕，显示出对孔子的崇高敬意。孔子墓地的周围，是其直系后代的墓地，而其他族人的墓地则按照辈分和宗族关系分布在周围。孔林中的墓碑和碑文是研究孔子家族史和中国古代碑刻艺术的重要资料。除了是历史文化遗产，孔林本身也是一处风景优美的旅游景点。古树参天，碑石林立，使孔林成为游客感受中国传统文化魅力、体会宁静庄严气氛的地方。

(3)孔府。孔府原为孔子后代"衍圣公"的家庭宅邸,经过历代的扩建和维护,成为规模宏大、结构严谨的建筑群落。孔府的建筑布局严谨,分为三进院落,呈轴线对称,前院主要是接待贵宾和举行各种仪式的场所,中院是家族成员的居住和生活区,后院则用作祭祀先祖。孔府内藏有大量的文物和历史文献,包括家谱、书画、碑刻、器物等,是研究孔子家族历史、儒家文化以及中国封建社会历史的重要资料。特别是孔府的图书馆,藏书丰富,有许多珍贵的古籍和手稿,对人们研究中国古代文学、历史、哲学等具有重要意义。

(4)尼山圣境。尼山圣境是一处融合了自然景观和人文景观的儒家文化主题公园,占地约35平方千米,包含尼山、尼水、尼林、尼田等多种自然景观,尼山圣境内有孔子故居、孔子精华苑、论语碑苑、鲁国故城等重要景点。孔子故居展示了孔子的生活环境和儒家文化的传承,孔子精华苑则集中展示了儒家思想的精髓,论语碑苑内刻有《论语》的经文,游客可以近距离接触这部影响深远的儒家经典。尼山圣境园区内经常举办各种文化活动和学术讲座,吸引了来自世界各地对儒家文化感兴趣的人士。此外,尼山圣境还是一个集教育、休闲、旅游于一体的综合性文化圣地,适合各种人群前来游览学习,体验儒家文化的智慧和魅力。

(5)孔子六艺城。孔子六艺城是以纪念孔子及其哲学思想为主题的文化旅游区。孔子提倡的六艺,即礼、乐、射、御、书、数,是古代儒家教育的核心内容,代表了当时社会对人的全面教育。孔子六艺城的设计和建设充分体现了儒家文化的精髓,是一处纪念孔子的文化景点,也是一个集教育、体验、旅游于一体的综合性文化园区。六艺城内有多个展区,每个展区都围绕孔子的教育思想和六艺进行主题展示。游客可以在这里观看关于孔子生平和儒家思想的展览,参与礼乐教育体验,学习射箭、驾车等技艺,体验古代书法和算术的魅力。除了文化体验项目,孔子六艺城还设有多个研学基地和教育机构,学生可以在这里参加各种文化研学活动,接受传统文化的熏陶,促进个人全面发展。

（二）儒学特色文化旅游

1. 特色的儒家节庆活动

山东曲阜作为孔子的故乡，充分发挥了其深厚的儒学文化背景，近年来，该地创新性地开发了一系列儒学特色文化旅游活动，这些活动不仅丰富了游客的文化体验，也促进了当地文化旅游产业的发展，成为我国文物保护和利用的典型案例。曲阜推出的孔子家乡修学游，使游客可以亲临孔子诞生和教学的地方，通过参与讲座、研讨和互动体验活动，学习儒学，深刻体验儒家文化的魅力；孔子周游列国游、孔庙拜师游则让游客跟随孔子的足迹，回到两千多年前孔子周游列国的时代。游客在参观孔庙时，通过模拟拜师仪式，可以更加直观地感受到古代学生对于老师的尊敬以及对知识的渴求；寻根朝敬游则满足了游客对于探索自身文化根源的需求，参访孔子故居、孔府以及孔林，游客能够近距离接触儒学文化的物质载体，参与祭拜等仪式活动，体验中国传统的礼敬文化，增强对自身文化身份的认同感；孔府美食游结合了儒学文化和地方美食，游客通过品尝孔府菜，在享受美味佳肴的同时，了解了每道菜背后的文化故事；书法碑刻游让游客通过亲手书写和欣赏碑刻，体验中国书法艺术的魅力；古典婚俗游则通过亲身参与或观看婚礼过程，让游客直观地感受到中国古代婚礼的繁复和讲究，以及儒家文化对于家庭伦理和社会秩序的重视。

2. 曲阜特色旅游商品

（1）碑帖。碑帖，即对古代碑文进行临摹和传抄的艺术品，是中国书法艺术的重要组成部分。曲阜利用其丰富的儒学资源，特别是孔子故居和孔庙中的古碑文，创制了一系列高质量的碑帖商品。这些碑帖作为艺术品受到收藏家的追捧，成为国内外游客了解中国书法文化和儒学精神的载体。

（2）楷雕。楷雕指的是在木材、石头等材料上雕刻楷书字体的艺术。曲阜的楷雕艺术结合了儒学文化和当地传统雕刻技艺，创作出了许多既有文化内涵又具工艺美感的作品。楷雕作品多以儒家经典语录、孔子名言为题材，传递了儒学的道德理念和人文精神。

（3）尼山砚。尼山砚是曲阜特有的一种文房四宝之一，以产自尼山的砚石制成。尼山不仅是孔子的诞生地，也是闻名遐迩的砚石产地。尼山砚以质地细腻、耐磨性强、吸水性好而著称，深受书法家和文人墨客的喜爱。将尼山砚作为旅游商品，不仅展示了曲阜的地域特色，还促进了当地非物质文化遗产的保护和传承。

（三）旅游城市建设

1.旅游资源得到整合，旅游框架初步形成

曲阜充分利用其丰富的历史文化资源，尤其是孔子文化，对旅游资源进行了系统的整合和开发。城市规划部门与旅游管理部门紧密合作，对历史文化遗址、自然景观、文化活动等旅游资源进行了全面的梳理和优化配置。曲阜对孔庙、孔府、孔林三孔景区进行了整体规划和提升，通过打造主题公园、开展文化演艺、举办展览展示等，增强了旅游吸引力，形成了以三孔为核心的旅游发展框架。

2.旅游体制日益清晰，旅游机制更加灵活

在体制上，曲阜建立了由政府主导、市场运作的旅游管理体制，明确了政府、企业和社会各界在旅游发展中的角色和责任。政府主要负责旅游规划、市场监管、环境保护，而旅游企业则负责产品开发、市场营销、服务提供。同时，曲阜还鼓励社会资本投入旅游业，以促进旅游产业的多元化发展。在机制上，曲阜通过建立灵活的市场机制，促进了旅游产品的创新和服务的改善。例如，引入竞争机制，鼓励旅游企业之间良性地合作与竞争，提高旅游服务的质量和效率。

3.旅游发展中的曲阜模式

曲阜旅游发展中的"曲阜模式"，即通过对文化遗产的保护与利用，推动旅游产业的发展，这已经成为其旅游发展的一大特色。曲阜注重对文化遗产的保护，积极探索文化遗产的创新性利用，将文化遗产资源转化为旅游资源。曲阜通过举办孔子文化节等文化活动，运用现代化的表现手法，使传统文化焕发了生机，吸引了大量中外游客。同时，曲阜注重旅游业与地方经济的融合发展，以旅游带动地方特色产业的发展，推动乡村振兴，形成了文化旅游、生态旅游、乡村旅游相结合的发展模式。

二、江苏泰州

（一）泰州概况

江苏泰州位于中国江苏省中部，处于长江三角洲的北缘，东临黄海，南接扬州，西靠镇江，北邻南通，地理位置优越，是长江下游重要的交通枢纽和经济中心之一。作为中国经济大省的重要组成部分，泰州在国内的经济地位不容小觑，其工业以及服务业的发展在省内外均有较高的影响力和认可度。泰州自古以来便有"兴化米市，泰州织造，靖江木材"的美誉，这些传统产业的发展为泰州的经济发展奠定了坚实的基础。随着时代的发展，泰州也逐渐形成了以制药、化工、机械制造、电子信息等为主导的现代产业体系，成为江苏乃至全国重要的工业基地。泰州的城市格局体现了古今交融的特点，新城与老城隔江相望，形成了独特的城市风貌。泰州古城区保留了较为完整的历史街巷，新城区的建设则体现了现代化城市的规划理念和发展趋势，两者形成鲜明对比，又相互补充，共同绘制出泰州城市发展的多彩画卷。泰州的文化遗产资源极为丰富，拥有7处全国重点文物保护单位，29处省级文物保护单位以及291处市县级文物保护单位，包括古建筑、古遗址等实物文化遗产，涵盖了大量的非物质文化遗产项目，如泰州评话、泰州刺绣等，丰富了泰州的文化生活，是传承和弘扬中华传统文化的重要载体。在文物保护和利用方面，泰州采取了一系列有效措施成功地保护和传承了大量珍贵的文化遗产。同时，泰州也积极探索文化遗产的创新利用方式，将文物保护与文化旅游、教育普及等相结合，让文化遗产成为促进地方经济社会发展的重要资源。

（二）城市规划与文化保护

2013年，泰州市启动了第四轮城市总体规划修编工作，这一轮总体规划的核心内容是对国家级历史文化名城进行全方位的保护，旨在通过综合性的城市规划手段，实现文化遗产的有效保护和合理利用。在这次规划中，泰州的城市总体格局呈现出了南北带状、西工东宿的特征，通过这种精心的规划，泰州成功地将城市发展与文化遗产保护相融合，使城市在发展的同时，保护和传承其丰富的历史文化资源。

过去几年，泰州的文化部门在历史文化名城保护、文物保护等方面做了大量的工作。例如，成功申报了多处全国重点文物保护单位，包括泰州城隍庙、人民海军诞生地旧址、姜堰天目山遗址等，提升了泰州文化遗产的保护级别，为泰州的文化遗产保护提供了更多的资源和支持。除了申报工作，泰州还积极进行文化遗产的修复和维护工作。例如，对南山寺大雄宝殿、泰山行宫后殿、税东街明清住宅柏木楼和方阁楼、学政试院、人民海军诞生地旧址、高港雕花楼等重要文化遗产进行了修缮，对兴化上池斋药店、泰兴朱东润故居等进行了修复。在城市的水利建设方面，泰州同样体现了文化保护的理念：在凤凰河上打造了百凤晴云等16个景点，这条"十里凤河十里绿，十里文化十里景"的河道，成为泰州一道亮丽的风景线。同时，泰州的桥梁建设，如百凤桥、鸾凤桥、莲花桥、腾龙桥、福龙桥等，展现出了独特的艺术风格，为泰州增添了独特的文化韵味。

（三）延续与改善古城区风貌

在近年的文物保护与利用实践中，江苏泰州将古城保护与河道治理、城市发展和历史变迁紧密结合。"显城露水"工程是一个典型例子，该工程旨在恢复和展现城市的水系特色，通过该工程，泰州的城市规划者将历史城区划分为传统风貌区、风貌协调区和现代风貌区，每个区域采用不同的主色调，确保历史城区在现代化进程中仍能保持协调统一的历史风貌。

在具体的文化街区保护方面，泰州市内的城中、五巷—涵西街、涵东街、渔行水村等几处历史文化街区成为保护的重点，这些街区保留了古城的历史脉络和文明历程，而且各具特色，成为泰州文化传承的重要载体。其中，涵东街的保护工作尤为突出，其功能定位为融合生活居住、休闲旅游的综合功能区，具体的保护措施包括以下几项内容：第一，保护"水—街—巷弄—院落"的空间格局肌理，涉及涵东街和涵西街，还包括徐家桥东巷、北瓦厂巷等历史街巷，保持其原有的风貌和结构；第二，保护同泰典当行、王五房、许宅等不可移动文物及陈厚耀旧宅等历史建筑；第三，对自然与人文相结合的元素，如草河、稻河等历史河道以及古井、古树、古桥等历史环境要素进行保护；第四，重点保护草河头"陆陈行"和同泰典当行等重要历史空间节点；第五，保护与传承民间传说、历史地名、老字号、传统商业门类、地方传统美食等非物质文化遗产。

三、云南大理

（一）大理概况

大理古城是云南省一个独具特色的历史文化名城，古称"叶榆城""紫城""中和镇"，其古城建筑风格独特，蕴含深厚的历史文化底蕴。大理古城始建于明洪武十五年（1382年），古城四周环绕的城墙巧夺天工，护城河环绕形成了一道天然屏障。城墙四周东、西、南、北各开一门，每一门上都建有城楼，从上面可以俯瞰整个城市的风貌。城墙的四角还设有角楼，在增添城市防御力的同时也为城市增添了几分古朴的美感。大理古城的城墙外是砖砌的结构，城内的布局更是巧夺天工，五条南北向的大街与八条东西向的街巷交错排列，形成了典型的棋盘式结构，"九街十八巷"的设计便于城市内部的交通和管理，也使古城更井然有序。

在这座古城中，有许多珍贵的文物和历史遗迹。例如，位于三月街街场上的"元世祖平云南碑"，是云南省首批重点文物保护单位之一；距古城西北1千米的大理三塔，更是被国务院列为全国第一批重点文物保护单位，其以悠久的历史和独特的建筑风格，成为大理的标志性景观。古城南门外1千米处的文献楼，素有"古城第一门"之誉，是大理古城的标志性建筑，也是连接古今、沟通内外的重要桥梁。

（二）开发利用情况

自改革开放以来，大理古城经历了翻天覆地的变化，几十年的发展历程，使大理古城成为一个集商业、制造业、文化产业于一体的综合性旅游目的地。

1. 商业

大理古城的商业活动极为丰富，市场上商品多样，从传统的手工艺品到现代的生活用品应有尽有。古城内的商铺和市场充分展现了大理的地方特色，传统的民族饰品如白族的扎染、刺绣、银饰等受到游客的青睐。手工艺品的制作和销售，在为当地居民提供收入来源的同时，也为游客提供了深入了解和体验大理文化的机会。除了传统产品，大理古城的商业领域还涵盖了多种地方特色小吃，如三道茶、鸡豆凉粉、洱海鱼等。名品茶花和大理石是大理古城两大标志性产品。大理的茶花以品种繁多、色泽艳丽而闻名，成为游客喜爱的纪念品之一；而大理石则以优质的质地和独特的纹理赢得了国内外市场的广泛认可，其不仅是建筑装饰的优选材料，也是艺术创作的珍贵资源。

2. 制造业

大理古城在制造业领域的开发与利用为大理古城的经济发展注入了新的活力，也成为推动地方经济转型和升级的重要力量。其中，大理石加工业是大理古城制造业中的一个重要部分。大理石以质地坚硬、色泽美观、纹理独特而闻名世界，成为大理古城的一张名片。大理石的开采和加工有着悠久的历史，经过多年的发展，大理石加工业形成了一整套成熟的加工技术和工艺，广泛应用于国内的建筑装饰、园林景观、雕刻艺术等领域，也被出口到世界各地，赢得了国际市场的认可。除了大理石加工业，大理古城的其他制造业，如传统手工艺品制造业依然是大理古城的一个重要组成部分，当地手工艺人利用传统技艺，制作各种具有白族特色的手工艺品，如扎染、刺绣、陶瓷等，深受游客和消费者喜爱。随着科技的发展和市场需求的变化，大理古城的一些传统产业开始引入现代技术和设备，提高生产效率和产品质量，不断探索新的市场和发展方向，以适应经济全球化趋势。然而，制造业的发展也给大理古城带来了一些挑战，尤其是在环境保护和可持续发展方面。如何在保护传统文化和自然环境的同时，合理发展制造业，是当地政府和企业需要共同面对和解决的问题。

3. 文化产业

大理古城正逐渐形成以文化旅游、文化艺术、非物质文化遗产保护和文化创意产业为主的文化产业体系。文化旅游业依托大理的历史遗迹和自然风光，频繁举办各类艺术展览、文化节庆等活动，成功为当地创造了丰富的经济效益。与此同时，大理的手工艺术、民间音乐、舞蹈等非物质文化遗产得到了有效的保护和传承，这主要得益于相关的培训和教育项目，这些项目使大理古城内的各类传统文化能够得到传播和发展。在教育领域，大理古城吸引了众多学校和教育机构，从小学到高校，各类教育机构纷纷选择在这里落户。这些学校与教育机构融合大理的历史文化元素，通过实地考察、文化体验等多种方式，使学生深入了解和亲身体验大理的文化和自然景观。

（三）大理古城历史文化遗产保护的三个阶段

1. 注重经济发展，忽视保护

大理古城历史文化遗产保护的第一阶段，即改革开放初期至20世纪末。在这一阶段，大理古城的经济建设和旅游业发展被置于优先地位，为追求经济收益，部分历史建筑和文化遗址被改造为旅游设施或商业空间，未能充分考虑文化遗产的保护需求，导致一些具有重要历史和文化价值的遗产遭到破坏或失去原有的历史特性。此外，由于缺乏系统的文化遗产保护规划和策略，一些珍贵的文化资源在城市化进程中受到威胁。例如，古城中的一些传统民居和古街道在城市扩张和现代化建设中被拆除或改建，导致大理古城的历史面貌和文化风貌受到影响。该阶段的做法虽然在当时可能带来了一定的经济效益，但长远来看，对大理古城的文化遗产造成了不可逆转的损失，影响了城市的历史连续性和文化多样性。

2.经济发展与保护并举

在大理古城历史文化遗产保护的第二阶段，即经济发展与保护并举的阶段，大理开始实施一系列具体措施，旨在发展经济的同时保护和维护丰富的历史文化遗产。在物质文化遗产方面，对于古城中的重要历史建筑，如传统的白族民居、古寺庙、城墙等，实施了一系列的修复和维护工程，尽可能保留了建筑的原有风貌和历史特色，修复工作通常采用传统材料和技术，以确保修复效果的真实性和适宜性。在非物质文化遗产方面，大理古城开始重视对白族传统音乐、舞蹈、手工艺等的记录、研究和推广。通过举办各类文化活动、节庆和培训班，大理古城鼓励更多的人参与传统文化的传承，这一举措提升了当地居民对自身文化遗产的认同和自豪感。在政策制定方面，大理古城开始制定一系列相关政策和法规，包括对古城区的保护规划、建设控制、旅游管理等，确保在城市发展和旅游业发展的过程中，有效地保护历史文化遗产，避免盲目开发带来的破坏。在社会参与方面，大理古城开始意识到社区和公众在文化遗产保护中的重要作用，开始鼓励和引导社区居民、非政府组织、学术机构等参与文化遗产的保护和管理，形成了更加广泛和多元的文化遗产保护网络。通过这些具体的行动和措施，大理古城在这一阶段实现了经济发展与文化遗产保护的并重，为古城的可持续发展奠定了基础。

3.注重保护，围绕保护规划未来经济发展

在大理古城历史文化遗产保护的第三阶段，城市管理者和相关部门开始将保护工作置于未来经济发展规划的核心位置。第一，在规划制定方面，大理古城开始实施更加全面和长远的保护规划。这些规划不仅涵盖了对物质文化遗产的保护，如古建筑、古遗址，还包括了对非物质文化遗产的传承和活化。规划强调，要将文化遗产保护融入城市总体发展规划，确保在城市扩展、旅游开发等方面的每一步决策都考虑文化遗产保护的需求和影响。第二，在实施措施方面，大理古城采取了更为细致和具体的保护措施。对于古城中的历史建筑和街区，实行了严格的保护和管理，禁止无关的建设活动，并对存在安全隐患的古建筑进行了科学修复。第三，在经济发展方面，大理古城开始探索以文化遗产保护为导向的经济发展模式。旅游业发展更加注重可持续性，强调深度体验和文化交流，而不是单纯地观光。同时，大理还利用其丰富的文化资源发展相关的创意产业，如手工艺品制作、文化创意产品开发等，既保护了文化遗产，又促进了经济的多元化发展。第四，在社会参与和公众意识方面，大理古城加强了对公众的文化遗产教育和宣传，通过举办各种活动，如志愿者服务、文化遗产日等，鼓励社区居民和游客积极参与文化遗产的保护和传承。第五，在监督管理方面，大理古城建立了更加完善的文化遗产保护监督机制。通过定期的监测和评估，大理古城确保各项保护措施得到了有效实施，也加强了对违反文化遗产保护规定行为的查处，确保文化遗产得到有效的法律保护。

第二节　名人故居

一、浙江绍兴鲁迅故居概述

鲁迅故居坐落在浙江省绍兴市东昌坊新台门内，鲁迅先生从1881年呱呱落地之时至1898年踏上南京求学之路前，在这里度过了童年和少年时光。在这个时间段内,鲁迅的思想初萌,性格形成,这座老宅见证了他的成长,承载着他生命早期的宝贵记忆。

绍兴鲁迅故居是一个由鲁迅祖居、百草园和三味书屋组成的复合文化空间,保存着鲁迅青少年时期的生活痕迹,也保留了那个时代的环境风貌,让每一位踏入这里的人都能深切地感受到鲁迅文学作品中所蕴含的生活气息和时代脉动。2003年9月25日,正值鲁迅先生诞辰122周年纪念日,绍兴鲁迅故居的一期保护工程宣布竣工并向公众开放,使这个曾经见证了鲁迅成长与创作的地方得以更好地保存下来,并为后世提供了一个直接接触和研究鲁迅生平与思想的环境。恢复性建设的工程让鲁迅故居这一文化遗产得以更完整、更真实地呈现在世人面前。东昌坊的步行街古色古香,周家新台门的粉墙黛瓦分外妖娆,寿镜吾故宅旁的水景宁静致远,戴家台门的明代建筑庄重简约,诉说着绍兴这座古城与鲁迅这位文豪的故事。在这个文化复合体中,最为人们所熟知的莫过于鲁迅故居、鲁迅祖居、百草园和三味书屋。鲁迅故居,曾是鲁迅童年时生活的场所,一砖一瓦都似乎在诉说着鲁迅的成长故事;鲁迅祖居,则让人们熟知这位伟大作家的家族历史背景;百草园,曾是鲁迅童年时的游戏之地,如今则更多地承载了人们对于鲁迅童年世界的想象与怀念;三味书屋是鲁迅早期接受教育的地方,这里不仅培养了鲁迅的文学才华,也孕育了他的批判精神,培养了他的思想深度。

绍兴鲁迅故居是一处让人们缅怀过去、研究历史的地方,其有着独特的文化价值和历史意义,吸引着海内外无数游客。人们来这里不仅是为了欣赏这些历史建筑,更是为了接触和感悟鲁迅那些深刻的思想与精神。如今,绍兴鲁迅故居已成为一种文化的象征,一个学习和传承鲁迅精神的重要场所,它的保护和传承工作具有不可估量的文化价值和社会意义。

二、在利用中动态保护

绍兴在制定鲁迅故居保护规划的过程中,充分考虑了鲁迅故居及其周边环境的现状，提出了一种全面且整体的保护理念，旨在加强文物保护的力度。鲁迅故居位于鲁迅路历史街区的核心位置，是游客到访绍兴时的必游之地，也是当前绍兴最受欢迎、人气最旺的文化旅游区域。然而，由于开发之前故居规模较小、设施简陋，加之街区环境杂乱无章，该景区无法充分展示鲁迅精神，游客也难以体验鲁迅笔下所描绘的绍兴风情，影响了教育功能的发挥，限制了该地旅游产业的发展。

鉴于此，绍兴积极推进鲁迅历史文化街区的保护项目，经过多年的深入研究和论证，绍兴在2002年上半年委托清华大学制定了一份详尽的整体规划，并正式将该街区命名为"鲁迅故里"。规划遵循了"重点保护、合理保留、普遍改善"的方针，以及"社会效益、环境效益、经济效益"相结合的原则，其思路在于协调"整体风貌、传统格局、环境氛围"之间的关系，满足"传统建筑、地方工艺、特色商业"相互衬托的要求。通过两年多的实施，规划初步实现了从单一的鲁迅故居向综合的鲁迅故里的重大转变。

鲁迅先生的故居以传统的台门建筑风格而著称，建筑的外观以粉墙黛瓦为主，庭院层层叠叠，构成了独特的视觉与文化景观。从百草园到三味书屋的景观设计，通过小桥流水、民居庭院等元素，巧妙地融合了自然与人文，展现了名人的生活情趣与品性，这种设计理念在当今仍受到广泛欢迎。进入鲁迅先生的故居，人们可以感受到浓郁的传统文化氛围。故居内部的布置保持了原有的风貌，各种陈列品都充满了文化气息。故居的规模并不庞大，且主题主要集中于历史文化和爱国主义教育，与现代旅游所追求的休闲度假、参与体验和观光功能相比，显得功能单一。但是，绍兴通过对鲁迅故里进行保护和提升，保存了珍贵的文化资源，成功地将资源转化为供人们体验和学习的产品。以保护为基础，以利用为手段的策略，提升了名人故居的品牌价值，实现了资源的有效整合和产品的创新经营，促进了社会效益和经济效益的协调发展，为名人故居保护提供了一个可持续发展的典范。

三、以名人经历、作品为基础塑造多重文化空间

鲁迅故居的开发并非仅限于对鲁迅的居所进行修缮与展示，而是以鲁迅故居为核心，将其周边与鲁迅生平及作品密切相关的多个地点纳入规划范围，形成一个文化氛围浓厚的建筑群。咸亨酒店因鲁迅在多部杰作，如《孔乙己》《明天》《风波》中的频繁提及而名声大噪，成为绍兴乃至中国文学旅游的重要地标。随着时间的推移，咸亨酒店的开发进一步深化，被打造成了一个集文化体验、教育和旅游于一体的综合性景区，为游客提供了沉浸式的文化体验，体现了对鲁迅文化的传承与发扬，充分展现了其独具匠心的开发模式。

柯岩风景区内的鲁镇是创意独特的主题公园，其设计灵感源于中国现代文学巨匠鲁迅的杰出作品。在这个空间中，游客能够深度体验那些一直以来只能在书中读到的经典人物形象的生活，如祥林嫂、孔乙己、阿Q等，这些形象在鲁镇中被赋予了新生，仿佛从书页中走出，成为可以触摸的现实。鲁镇让游客在参与中感受到了文学作品的魅力，并且通过这种独特的方式促进了文学与公众之间的互动，其独特性和不可复制性，吸引众多消费者愿意投入时间和金钱，去探索和体验其中的文化价值。

近年来，绍兴市政府为促进旅游业的蓬勃发展，制定、实施了一系列规划与战略，并设立了古城保护基金。具体而言，政府倡导举办明星版越剧全国巡演及欧洲、美洲、大洋洲百场巡演，全国越剧戏迷大会，江浙沪闽经典越剧大展演等有影响力的戏剧节会。与此同时，政府强调要利用绍兴具有代表性的历史文化街区和建筑，作为吸引观众的重要场所，重点开发绍兴戏曲和"非遗"项目的活态展示，旨在创造互动性、参与性和体验性强的演艺活动。在此基础上，绍兴市政府还提倡策划和创排具有地方特色的综艺节目，如开展各类主题营销活动，"绍兴周"系列活动，精品线路体验与观摩，达人推介等活动以及"研学绍兴、行游绍兴、故事绍兴"等系列主题推广活动。培育和打响"文旅融合·绍兴

有戏"等公共文化服务品牌,更好满足人民对美好生活的向往。特别是通过演绎鲁迅笔下绍兴水乡的社戏,再现了经典文学作品中的生活场景,将绍兴独有的文化特色传递给了每一位观众。

四、商业开发与鲁迅精神传承

绍兴在开发鲁迅故里的旅游资源时,十分注重经济效益的提升,重视文化精神的传承和发展,为文化旅游开发提供了一种新的思路。首先,通过定期举行关于鲁迅的学术交流活动,为学者提供了探讨鲁迅文学及思想的平台,促进了鲁迅文化研究的发展,增强了学术界与公众之间的互动与交流。其次,举办各种形式的鲁迅作品展览,如微电影《伤逝》展览和国际版画展,为广大市民及游客提供了从不同角度和新的视角认识鲁迅的机会,激发了公众对传统文化的兴趣,有助于鲁迅文化的传承与推广。再次,绍兴与北京鲁迅博物馆、上海鲁迅纪念馆合作,通过举办鲁迅手迹珍品展,展示了鲁迅文化的独特魅力和深远影响。最后,"跟着课本游绍兴"修学游活动更是将文化教育与旅游相结合,让学生亲身体验文化遗产,促进了文化旅游的深度开发。

鲁迅故里将经济效应与人文效应相结合的开发模式,提升了绍兴鲁迅故里的市场价值,为其他文人故里的开发提供了宝贵的经验,展示了文化与旅游融合发展的新途径。

第三节 博物馆

一、安阳殷墟博物馆概况

殷墟位于河南省安阳市殷都区小屯村附近,跨越河南省洹河北部两岸,有着414公顷的核心保护区和720公顷的缓冲区。这片遗址古时被称作"北蒙",在甲骨文卜辞中被提及为"大邑商"或"邑商",在商代晚期的政治与文化中处于中心地位。作为中国历史上首个具有文献记载并通过甲骨文与考古挖掘得到证实的古都遗址,殷墟承载了 3300 多年的历史沧桑。殷墟遗址以小屯村为中心,沿河流两岸呈现环状的分布格局,规模宏大,结构复杂,分布有序。考古学家通过对遗址的挖掘与研究,将其划分为甲、乙、丙三组基址,每组基址都有其独特的建筑风格和使用功能。甲组基址被认为是商王室居住和进行政务活动的场所,乙组基址主要是宗庙建筑,而丙组基址则被认为是用于祭祀活动的建筑。此外,考古学家在殷墟遗址中还发现了大量的其他遗迹,如王陵遗址、洹北商城、后冈遗址、聚落遗址及家族墓地群等。殷墟中甲骨文的发现,更是为研究中国古代文字、历史、文化、艺术等多个领域提供了宝贵的资料。

殷墟遗址的历史地位和文化价值随着时间的推移而日益显著。1997年,殷墟被列为全国首批百个爱国主义教育示范基地,强化了殷墟在国民教育中的地位,凸显了其在传承和弘扬民族精神方面的重要作用。2000年,殷墟被考古界誉为"中国 20 世纪 100 项考古大发现"之一,进一步肯定了殷墟在中国考古学领域的重要贡献和独特地位。21 世纪后,殷墟的文化和历史价值得到了更广泛的认可。2011 年,殷墟通过了国家级评审验收,成为国家 5A 级旅游景区。2021 年,殷墟接连获得多项荣誉,被中国侨联确认为第九批中国华侨国际文化交流基地,表明了殷墟在促进国际文化交流方面的重要作用。同年,殷墟被评为河南百年百大考古发现之一。

安阳殷墟遗址是中国重要的文化遗产,其价值在多个学术领域均有显著体现。

(一) 历史学价值

殷墟是迄今为止发现的最早有文字记载的都城遗址。通过对殷墟的研究,历史学家能够将文献记载与实物证据相结合,重构商朝,特别是其晚期的历史画面。殷墟出土的大量文物和遗迹,如甲骨、青铜器、陶器、建筑遗迹等,为研究商朝的政治制度、经济结构、社会生活、文化传统和宗教信仰等提供了直接的物证，揭示了那个时代人们的生活方式、思想观念、艺术表现和科技水平。甲骨文的发现是中国古代文字发展的重要阶段，也是人们研究古代中国历史、文化、语言、宗教和思想的关键，通过对甲骨文的解读，广大学者能够直接接触商朝人民的思想世界和社会生活。此外，殷墟遗址的发现和研究推动了中国考古学的发展，促使历史学家在研究方法上进行革新，更加注重实物证据和跨学科研究，从而使历史研究更加科学化和系统化。

（二）文字学价值

甲骨文是目前已知最早的关于中华文明的文字记录，其内容丰富，包含了多方面的信息，如天文、历法、祭祀、卜辞、王室事务、法律、军事、地理、医药等，为人们理解古代汉语提供了关键的证据。从文字学的角度看，甲骨文体现了早期汉字的形成和演变过程，人们可以追溯汉字的结构和用法，理解汉字从象形到指事，再到形声等不同阶段的发展变化。此外，通过甲骨文，人们能够窥见商朝人民的生活状态、社会结构、宗教信仰、价值观念，这些都是通过其他历史材料难以获得的深入见解。

（三）考古学价值

安阳殷墟遗址作为中国国家学术机构首次全面主导的考古发掘项目，是中国学者独立主持考古发掘的典范。在这里进行的田野考古工作，在考古学的理论、方法和实践等方面为中国考古学的发展奠定了科学基础，而且还明确了中国古代文化的谱系，包括仰韶文化、龙山文化与商文化，为这些文化的年代框架提供了重要参考。殷墟的考古发掘工作，是中国古遗址中持续时间最长、经验最为丰富的，不仅发掘出了丰富的文物资料，而且在考古方法上也取得了创新，许多在此创造的方法后来被推广到了全国各地。例如，殷墟的层位学方法、分期方法等，都对中国乃至世界的考古学研究产生了重要影响。殷墟考古工作的成功还孕育了一批杰出的考古学家，如李济、梁思永、董作宾、尹达等，使他们成了现代中国考古学的重要奠基人，他们的研究成果为中国考古学的实践提供了宝贵的经验。这些考古学家及其团队的贡献，使殷墟成为"中国考古学家的摇篮"，培养出了一代又一代的考古学人才。

（四）科学艺术价值

殷墟遗址出土的大量青铜器，数量惊人，种类繁多，包括礼器、乐器、兵器、工具、生活用具、装饰品及艺术品等，被认为是研究商代社会结构、宗教信仰、生活习惯和技术水平的重要实物证据。青铜器的形制丰富多样，既有实用性强的日常生活用品，也有表现复杂宗教仪式的礼器，装饰纹样多采用几何图案和动植物形象，图案通常夸张而富有表现力。这些器物上的兽面纹（即夔龙纹），是商代艺术的典型代表，展现了一种神秘而深邃的美学风格。商代的青铜铸造技术达到了非常高的水平，尤其是复杂的片状铸造技术和精细的镶嵌工艺，这些技术的应用使青铜器在造型上更加多样化，在装饰上更加细腻。青铜器的艺术风格和铸造技术，在世界青铜文明史上也占有重要地位，体现了中华文明在世界文明史上的独特贡献和影响力。

二、殷墟遗址的利用模式

（一）基于考古发掘的学术利用

殷墟遗址的考古发掘是中国考古学史上的一大盛事，为国际学术界提供了关于中国早期文明的宝贵资料。安阳殷墟的发现，尤其是被得以精确记录和研究的遗迹，在深化人们对中国古代史认知的同时，也推动了全球古代文明研究的深入。在殷墟的考古实践中，安阳殷墟博物馆珍藏的众多文物丰富了人们对于商代文明的认知，激发了学术界对于殷商史乃至中国古代史的研究热情。殷墟出土的文物种类繁多，从建筑遗址到墓葬、从甲骨文到青铜器，这些遗物资料极大地拓宽了人们对殷商文明认知的深度和广度。殷墟的考古工作涉及跨学科的综合研究，历史学、生物学、人类学、民族学、矿物学、金相学和化学等多个学科的研究方法被广泛应用于殷墟的发掘与研究。

例如，有专家对甲骨文的研究揭示了商代的文字和语言。一些专家对建筑基址的复原和研究，为理解商代的建筑风格和城市规划提供了直观的资料。专家对动植物遗存和人骨的研究，揭示了当时人们的饮食习惯、健康状况和人口结构。此外，铜器的金相学分析、陶器和玉器的化学成分分析等，都为现代研究者认识商代的手工艺技术和物质文化提供了科学依据。跨学科的综合研究方法还推动了考古学研究方法的创新和发展。通过对殷墟的深入研究，考古学家不仅找回了一段失落的历史，还为其理解人类文明的发展提供了新的视角和方法论，体现了殷墟考古工作在学术上的重大价值和意义。

（二）基于博物馆建设的文物展示

1.时间走廊

博物馆的主要建筑位于地表以下，将时间与空间交织在一起。游客从地面进入博物馆，需要通过一条设计巧妙的"回"形走廊，宛如连接现代世界与历史的通道。这条被称为"时间走廊"的通道，通过空间的布局与细节设计，巧妙地将历史的流动感融入其中。假定地面为"当代"，博物馆入口则代表"商代"，走廊通过其内侧的一条用青石制成的"时间线"，展现了从公元前1046年商朝末年到1911年辛亥革命，大约3000年的历史进程，按照历史各个时期的持续长度进行标注，使游客在行走中感受时间的流转与历史的厚重。此外，走廊全长60米，设有4个90°的拐角，既增加了走廊的空间感，也寓意着历史的曲折和多维性。游客在进入博物馆之前，沿着这条走廊逆行穿越历史，激发对历史的思考和对时间流逝的感慨。

2. 主题水院

"主题水院"位于"时间走廊"之后，象征着时空的转换，引领访客穿越到远古的商代。水院的设计采用了正方形的布局，代表着天地的秩序与和谐。庭院中央的方形水池富有深邃的文化寓意，水，作为常见而又充满象征意义的元素，象征着生命、智慧和变化。池中的水面波光粼粼，反射出天空的光影和四周环境的色彩，形成一种动态而和谐的视觉效果。更引人注目的是水池中那块龟甲形的青石。龟甲，在古代中国被用于占卜和记录，与商代的文化有着密不可分的关联。青石上铭刻的甲骨文，不仅是文字的展示，更是人们对古代文化的传承和尊重。龟甲上所选用的诗句"日在林中初入暮，风来水上自成文"，出自董作宾先生之手，表达了其对自然景象的细腻观察和感悟，隐喻了安阳殷墟作为汉字发源地的文化意义。通过空间、材料、文字等多种元素的结合，"主题水院"构建了一种连接过去与现在，沟通人与文化的桥梁，使每一位踏入这一空间的人，都能感受到历史的深度和文化的厚重。

3. 甲骨解读

甲骨文形成年代久远，内涵丰富而复杂，即便是受过良好教育的现代人，在面对这些古老文字时，也会感到无从下手。正因为甲骨文的解读对于大众而言充满挑战，相关研究和展示机构便将解读工作置于重点位置，旨在为广大参观者揭开甲骨文神秘的面纱。

在甲骨文的解读过程中，声电解读和文字解读是两个关键的组成部分。声电解读通过先进的"幻影成像"技术，为参观者提供了一种直观的体验方式，使他们能够近距离观察并理解甲骨卜辞的制作流程，从而在视觉和听觉上获得对甲骨文制作背景的全面认识。文字解读则更侧重对甲骨文本身内容的深入挖掘。研究者精心挑选了涵盖祭祀、征伐、田猎、天象、旬夕等多个方面的甲骨文篇章，提供了原文展示，还进行了隶定工作，即将甲骨文转写为更易于现代人理解的文字。此外，为了使内容更加国际化，研究者还提供了中英文的解读和翻译，以便不同语言背景的参观者都能深入理解甲骨文的文化和历史价值。

4. 明星战略

"后母戊"青铜方鼎作为殷墟文物中的瑰宝,因其深厚的文化内涵和历史价值而受到学界与公众的广泛关注。这件重达832.84千克的青铜鼎,以其庞大的体积和精湛的铸造技艺,在众多殷商时期的青铜器中独树一帜,成为中国早期青铜文化的重要代表。1939年,这件重器在河南安阳的小屯遗址中被发现,自此,它的命运便与中国的文化遗产保护紧密相连。经过多年的研究与保护,这件鼎最终被珍藏于中国国家博物馆,成为国宝中的国宝。2005年9月,中国国家博物馆作出一个重大决定,将"后母戊"青铜方鼎以"借展"的形式呈现于公众眼前,展览一经开幕,便吸引了无数观众前来观看。参观者的热情高涨,一天之内的参观人数甚至超过了10万人。

(三)基于遗址公园建设的旅游开发

殷墟遗址的旅游价值主要体现在其对公众的教育和启发上。作为一个活生生的历史教科书,它让无数游客有机会亲身体验和感受那个遥远时代的文化气息。通过参观,游客不仅能够获得知识的增长,还能体会到美的感受,这是其他任何教育方式都难以比拟的。许多游客反映,亲临殷墟,看到那些古老的建筑遗址、甲骨文碑林,感受厚重的历史感,是了解商代文化最直接、最生动的方式。在甲骨碑廊中漫步,能够直观地观察我国文字的起源和发展,感受古人的智慧。同样,通过观赏"后母戊"青铜方鼎这样的青铜器,游客能够直观地领略我国古代冶铸和雕刻技术的高超水平,感受那个时代艺术与工艺的结合。

与此同时,殷墟旅游纪念品的制作与销售,也成为连接历史与现代、传统与市场的一个重要环节。将甲骨文、青铜器等元素融入纪念品设计,让游客保存对殷墟文化的记忆,为当地文化产业的发展提供了新的动力。然而,殷墟旅游纪念品的发展也面临一些挑战,如何在保持传统特色的同时,适应现代市场的需求,这需要业内人士不断地探索和创新。

三、相关发展建议

（一）提升殷墟遗址的可观赏性

首先，综合运用社会科学的最新研究成果对殷墟遗址进行深入研究，是提升其可观赏性的关键步骤。具体而言，主要涉及对遗址自身历史、文化背景的深入解析，还包括对相关遗址保护和展示理念、方法、技术的全面掌握和应用。这些综合性研究，可以为殷墟遗址的保护与展示提供更加科学、系统的理论支撑。其次，对于殷墟遗址中的宫殿宗庙建筑、王陵大墓、车马坑等重要组成部分，应采取逐步复原和展示的策略。这一过程需要基于考古发掘的实际发现，还需要借助历史文献、图像资料等多种信息源，以确保复原工作的准确性和科学性。复原工作的成功实施，能够使游客直观地感受商朝文化的丰富内涵和独特风貌，从而提升遗址的教育价值和观赏性。再次，运用数字虚拟技术对遗址进行展示是一种创新且有效的方法。三维重建、虚拟现实等技术，可以将乙二十仿殷大殿、部分王陵大墓和车马坑等重要遗迹进行数字化复原。数字化展示手段的引入，为殷墟遗址的展示方法和内容增添了新的维度，使文化遗产的传播和教育更为生动和有效。最后，结合遗址公园的生态化展示，即在保证遗址保护的前提下，充分考虑遗址周边的自然环境和生态平衡，采取相应的绿化、美化措施，使殷墟遗址在保持历史文化特色的同时，展现出与现代社会生活相融合的新面貌。

（二）尝试开发相关文化互动体验项目

相较于其他旅游景区，殷墟的知名度并不算高，其根本原因在于殷墟本身所蕴含的文化内涵极为丰富，而这种学术性质强的特点可能会导致普通游客在参观过程中感到缺乏互动性和趣味性，从而影响体验度。为了解决上述问题，开发与殷墟文化密切相关的互动体验项目显得尤为重要，旨在通过提供多维度的参与式体验，使游客从被动的观看者转变为主动的参与者,从而在互动中深化对殷墟文化的认识和了解。比如,"模拟考古"项目可以让游客亲身体验考古挖掘过程,了解考古学的基本方法和技巧,同时亲手揭开一些文化遗物的"秘密",激发游客的好奇心和探索欲,增强他们对殷墟文化的感受。"青铜作坊"体验项目则是通过让游客参与青铜器的制作,了解其复杂的制造工艺和深厚的文化背景,使游客欣赏青铜器的美,体会其背后的文化和历史价值。"甲骨占卜作坊"和"甲骨文临摹"项目则更加注重文化的传承和教育意义,通过互动体验,游客能够直观地理解甲骨文的历史意义和文化价值,占卜和临摹活动,也能够使游客更加深入地体验商代文化的独特魅力。

第四节　古村落

一、安徽黟县传统村落概况

黟县源于秦朝(公元前221年),距今已有2200多年的历史,是中国历史文化名县的重要代表。自宋朝时期起,黟县便被划入古徽州的版图,成为全国历史悠久的文明古县之一,也是著名"徽商"和"徽文化"的发源地之一,为安徽省乃至整个中国的文化作出了不可磨灭的贡献。

黟县的自然地理环境对当地文化的形成和发展产生了重要影响。作为一个典型的山区县,黟县的常住人口约为10万人,以传统的山区农业生产为主。历史上,黟县居民有着外出经商传统,因此,这里也是著名的徽商祖居地之一。居住地的选择充分体现了人们对自然环境的适应和利用——多选择在靠山、临水的地方,其中,许多古村落的名称中带有"溪"字,显示出人们与自然和谐共生的智慧。

黟县的两个著名古村落——西递和宏村,是文化遗产中的瑰宝。西递古村落占地24公顷,始建于公元1047年,至今保留有14至19世纪的祠堂、牌楼和古民居,被誉为"中国民居博物馆"。宏村占地28公顷,始建于公元1131年,同样保留有大量14至19世纪的古民居,并以其独特的水利工程设施著称,被誉为"中国画里的乡村"。

安徽省现行的行政区划将黟县划分为四镇四乡,其中包括宏村镇、西递镇、渔亭镇、碧阳镇、美溪乡、宏潭乡、柯村乡和洪星乡,涵盖4个社区和66个行政村。尤其是宏村、西递和碧阳镇,汇聚了70%以上的中国传统村落,展现了黟县深厚的文化底蕴和独特的地理优势。黟县传统村落分布情况如表4-1所示:

表4-1 黟县传统村落分布一览表

名称	所在乡镇	国家级	省级	知名度
宏村	宏村镇	*	*	很高
芦村	宏村镇	*	*	高
屏山村	宏村镇	*	*	高
关麓村	碧阳镇	*	*	高
南屏村	碧阳镇	*	*	高
西递村	西递镇	*	*	很高
碧山村	碧阳镇	*	*	高
古筑村	碧阳镇	*	*	一般
古黄村	碧阳镇	*	*	一般
石亭村	碧阳镇	*	*	一般
马道村	碧阳镇	*	*	一般
塔川村	宏村镇	*	*	很高
秀里村	宏村镇	*	*	高
下梓坑村	宏村镇	*	*	一般
龙川村	宏村镇	*	*	一般
团结村	渔亭镇	*	*	一般
石印村	西递镇	*	*	一般
叶村	西递镇	*	*	一般
翠林村	柯村乡	*	*	一般
竹柯村	柯村乡	*	*	一般
美坑村	美溪乡	*	*	一般
竹溪村	宏潭乡	*	*	一般
同川村	洪星乡	*	*	一般

续 表

名称	所在乡镇	国家级	省级	知名度
朱村	宏村镇	*	*	一般
黄村口村	宏村镇	*	*	一般
际村	宏村镇	*	*	一般
赤岭村	碧阳镇	*	*	一般
横岗村	碧阳镇	*	*	一般
渔光村	碧阳镇	*	*	一般
蓝湖村	美溪乡	*	*	一般

二、黟县传统村落布局及建筑特点

黟县传统村落的形成与演变是自然环境演进的产物，也是独特社会文化下所孕育的独特缩影。这些传统村落经历了数百年甚至上千年的历史沉淀，形成了与其地理条件相适应的独特建筑风格和空间布局，如对山水的顺应、对土地的合理利用等，还孕育出了独特的社会结构、家族制度、乡规民约等社会文化特征。具体表现为以下几点：

第一，古村落的选址布局、建设乃至细部装修，无一不反映徽文化的深远影响，体现了一种将物质空间形态与意识形态融为一体的建筑智慧和文化传承。在村落的选址上，徽州人遵循着"依山傍水""得风水"等传统观念，充分考虑地形地貌、水文条件和气候特征，力求与自然环境和谐共生。村落布局上则体现了徽文化对于和谐、秩序和层次的追求，街道纵横有序，建筑错落有致，既满足了生活便利性，又遵循了传统风水学的指导。在建筑风格和细部装修上，徽州建筑巧妙地融合了实用性与美观性，注重建筑的功能布局，精心雕琢门窗、梁柱、屋脊等，体现了徽文化的精细与深邃。房屋的装饰充满了浓郁的地方特色，如雕刻精美的木窗花、砖雕和石雕。此外，徽州人的观念、习俗、行为乃至日常交往，都是在徽文化的熏陶下逐渐形成的。无论是尊老爱幼、邻里和睦，还是勤劳节俭、诚实守信，这些生活习惯和道德规范都与徽文化的价值观相呼应，共同构筑了皖南古村落独特的社会文化氛围。

第二，村落位于高山之侧，面向清流，村落选址顺应了自然环境，利用地势高低促进排水，靠近水源以便农业灌溉和日常生活用水，显现出古人在生产力相对低下的历史条件下，对环境的深刻洞察和巧妙利用。古人对村落环境也十分重视，他们追求与自然的和谐共生，希望在保证生产生活便利的同时，享受自然赋予的宁静与美丽。

第三，古村落的居住模式显著的特点便是以家族或血缘关系作为核心的聚居方式。在这种模式下，同姓或同宗的家庭倾向聚集在一起，形成一个以血缘为纽带紧密相连的社区，这也在某种程度上说明了村落构建的基本单位是家族而非个人。

第四，在中国传统社会中，儒家文化占据着核心地位，黟县古村落中的人也十分尊重和推崇儒家文化，村内一般都有祠堂、书院、牌坊、水口园林等建筑。其中，祠堂作为祭祀先祖的场所，体现了儒家强调的孝道和家族观念；书院作为教育和学习的场所，展现了重视教育和文化传承的儒家价值观；牌坊不仅是村落的地标，也是表彰先贤功德和弘扬正气的象征；水口园林则展现了人与自然和谐共生的儒家理念。

第五，村落中的建筑风格和形制规整统一，建筑组合丰富多变，特别是以木结构为主的建筑，在材料选择上偏好砖瓦、石材和木材。在色彩的选择上，考虑到环境因素的影响，色调以淡雅为主，旨在营造宁静和谐的氛围。

第六，在村落传统建筑装饰艺术中，砖雕、木雕和石雕是三大主要的装饰手法，砖雕以其精细的线条和丰富的图案深受欢迎；木雕以其生动的形态和细腻的纹理闻名；而石雕则以其庄重和持久的特性占据一席之地。在内部装饰方面，堂名、对联和陈设等元素反映了主人的品位、教育和志向，是主人个性和精神追求的体现。堂名往往寓意深远，对联聚焦文化修养和哲理思考，而陈设物品则展示了主人的艺术喜好和生活情趣。

第七，居民以程朱理学观念约束、规范其思想、行为和道德标准，并以一定的建筑物或构筑物，或以牌、联、字画进行表现和反映。

第八，当地的建设资金大多源于那些在外地经商或做官并取得巨大经济成就的人士。

三、黟县传统村落保护和可持续利用的路径

（一）科学保护和利用

黟县的传统村落作为一个有机的整体，是一项宝贵的人文旅游资源，独特的文化和自然的和谐共生，村落中的古民居和建筑并非孤立存在，而是融入了富含文化底蕴的整体村落布局。在保护黟县传统村落的过程中，为确保文化的连续性和文脉的流畅，人们需要维持其原有的风貌和韵味。对于重要且已受损的标志性建筑，选择性地进行重建是可取的，但重建应当谨慎进行。重建的目的是恢复古村落空间结构的完整性，重建的过程无论是在平面布局、立面设计、空间序列的组织，还是在材料和色彩的选用上，都应与原有建筑保持高度的一致性，确保新旧建筑的和谐统一。

（二）规划指导和引导

在制定传统村落的保护和利用规划时，一方面，要维持村落空间景观环境的完整性，确保整体空间的和谐统一。建立传统村落保护信息系统是实现该目标的重要手段，依托系统详细记录村落的历史背景、空间布局、建筑特点及社会文化情况，遵循问题导向原则，优先解决可能影响村落安全和发展的基础设施配套问题。在设置村落中的接待设施时，应鼓励居民利用现有的材料进行改造，新建筑在高度、体量、风格、色彩和外部装饰方面都必须与传统村落的整体风格协调一致，确保不破坏村落的整体和谐。人们可以对原有建筑物的内部功能进行调整，但必须保证不改变其空间格局，避免随意增加建筑物，确保改造活动不损害村落的传统特色。另一方面，村落中的经营活动应当规范化，防止假冒伪劣商品损害村落声誉。同时，限制现代化广告牌和不符合古村落环境的音像制品的出现，防止它们破坏古村落的文化氛围。

（三）关注村落发展变化

黟县的传统村落区别于一般意义上的文化遗产地点或文化博物馆，它的特殊性在于其仍然有着农民世代相传的农业生产活动。村落中的古建筑虽然是显著的人文景观资源，但村落的生命力和文化价值远高于此。村落中的日常生活用品、农业生产工具、民俗民风、地方食品及传统手工艺品等，同样构成了其宝贵的人文旅游资源。为了有效地保护和利用这些文化资源，需要从以下方面展开：第一，需要建立一套环境、经济和建设指标体系，以动态监测和评估传统村落的发展与变化，为制定相关政策和措施提供依据。第二，教育和引导村落居民认识自己在古村落保护和利用活动中的重要地位与作用。向村落居民传达保护和永续利用这些资源的正确途径，具体涉及保护传统知识和技能，对传统生活方式的适当调整和创新，等等。第三，通过具体案例和数据，向居民展示保护传统村落带来的经济利益、社会认同和文化自豪感，从而促使他们自发地投入传统村落的保护工作。第四，政府和相关部门在提供指导和支持时，应借鉴先进的技术和其他地区的成功经验，为村落居民在古村落的保护与利用方面提供具体的指导和帮助，包括明确指出居民在保护过程中应当做什么、如何做，以及什么是不允许做的，确保保护活动既符合文化遗产的保护原则，又能够为人们带来实际的、可持续的好处。

（四）把握村落容量

黟县的传统村落，如西递和宏村，虽然其规模相对较小，仅占用数十公顷的建设用地，但它们所承载的文化价值和历史意义却极为丰富。在这些村落的保护和管理中，科学地确定古村落的容量，保持其传统风貌和氛围，是一个至关重要的议题。在此过程中，环境容量、游客量以及基础设施的承载能力成为三个关键的容量指标，这三个指标相互影响，共同决定了村落的可持续发展能力。

环境容量的确定需要综合考虑自然资源、历史建筑保护，以及居民生活质量等多方面因素，确保村落在发展的同时，生态环境和历史文脉得到妥善保护。对于游客量的管理，该地的文化和旅游部门必须基于环境容量和基础设施的承载能力来制定合理的游客接待上限，避免过度旅游而导致的资源过度消耗和环境退化。基础设施的能力，如交通、住宿、卫生设施等，也需要与村落的承载力相匹配，保证既能满足游客需求，又不对村落的自然和文化环境构成压力。黟县的传统村落在面对旅游发展的压力时，可以探索区域性合作的模式，与周边风景区和其他景点互动，通过提高游客周转率、延长游览时间、平衡客流量等方式，科学组织古村落的旅游活动。例如，开发夜间旅游项目，不仅可以分散日间的游客压力，还可以为游客提供更为丰富的游览体验，增加游客的消费机会，提升古村落的综合旅游效益。

第五章　红色基因代代相传：让革命文物"活"起来

第一节　革命文物的独特价值与发展概况

一、革命文物的基本知识

(一) 革命文物的概念

革命文物作为历史纪念物的一个独特分类，是特定政治运动和社会变革的具体体现，其定义具有广义和狭义之分。

在广义上，革命文物涵盖了世界各地的、不同历史时期的革命遗物。从实践维度来看，革命文物的收集、保护、研究和展示是一项复杂的工作，涉及多个学科和领域，承载着历史信息、文化价值和社会记忆。在实践中，历史学家、考古学家、博物馆工作者和文物保护专家等需要共同合作，通过科学的方法对革命文物进行鉴定、分类、保护和修复。通过展览、出版和教育等方式，革命文物被赋予了新的生命，使公众能够接触和理解文物背后的历史故事和文化意义，促进不同文化和社会之间的交流与理解。从空间维度来看，革命文物的分布遍及全球，从欧洲的法国大革命纪念物，到亚洲的中国抗日战争遗址，再到美洲的拉美独立运动遗迹，各种革命文物构成了一个跨越时空的全球网络。通过比较不同地区的革命文物，人们可以发现不同革命运动之间的联系和影响，理解革命思想和实践如何跨越地理界限，影响全球历史进程。

革命文物之所以被特别区分并作为历史纪念物的一个独立类别进行研究和保护，根源在于"革命"一词本身所承载的深厚历史意义和广泛应用背景。在古代中国，革命最初的含义与改朝换代紧密相关，体现在《周易》中的"天地革而四时成，汤武革命，顺乎天而应乎人"[1]便是早

---

[1] 《周易》，宋祚胤注译，岳麓书社2001年版，第237页。

期的文献记载。这里的革命强调的是天命与人事的和谐转变，体现了一种对天地自然和社会秩序变迁的哲学理解。随着历史的发展，特别是进入近代后，"革命"这一概念经历了显著的演变，其不再局限于传统的改朝换代，内涵和外延均发生了深刻的变化。在自然科学、社会变革、思想领域等各个方面，凡要指代根本性质的巨大变化和转折，都可以用"革命"来描述。这一变化在王韬将"革命"一词引入现代政治语境中体现得尤为明显，他通过《法国志略》使"革命"一词在中国具备了现代政治革命的含义，标志着革命概念在中国的转型与深化。

此后，"革命"一词在历史的长河中经历了多重解释与阐发。在西方，从古希腊哲学家柏拉图、亚里士多德，到现代的政治学家亨廷顿，西方思想界对革命的理解和定义呈现出丰富而多元的视角。革命，作为一种历史现象，被不同的思想家赋予了多重含义：一种追求正义与恢复秩序的行动；一种权力的转移方式；一种表达不满和改变现状的路径；一种推动社会变革的历史进程。这些定义虽然从不同维度剖析了革命的多面性，但要深入理解革命的社会和政治意义，就不可避免地涉及马克思主义的革命观。马克思和恩格斯在多部著作中，如《德意志意识形态》《暴力在历史中的作用》《1848年至1850年的法兰西阶级斗争》及《路易·波拿巴的雾月十八日》等，深刻阐述了革命的本质。在马克思看来，革命是历史的必然产物，是阶级矛盾和社会矛盾激化到一定阶段的必然结果，是一个阶级为了推翻另一个阶级的统治而采取的暴力行为，是达到政治目的的最高形式的行动。[①]

在马克思列宁主义的光辉指引下，俄国布尔什维克党成功领导了震撼世界的十月革命，从而开辟了全新的篇章，建立了世界上第一个社会主义国家——苏联。新生的苏维埃政权对文化遗产的重视可谓前所未有，该政权的领导人清晰地认识到了革命文物在培养国民革命意识、传承社会主义精神中的独特作用。因此，苏联政府迅速采取措施，通过一系列

---

① 马克思、恩格斯：《共产党宣言》，乔冠华译，中央编译出版社2021年版，第34—40页。

政策和法规来保护珍贵的文化遗产，将革命文物正式纳入文物保护的范畴，标志着苏联对革命遗产的重视上升到了新的高度。随着这些政策的实施，"革命、艺术和文化古迹"等词汇开始频繁出现在公共话语中，逐渐形成了一种建立和保护"革命纪念碑"的文化传统。

　　狭义的革命文物专指中国近代以来在各种革命中留存下来的遗物，记录了中国从晚清到现代历史变迁中的重大革命事件和人物。这类文物的范围包括文件资料、生活用品、武器装备、艺术品、建筑遗址等。中国近代历史是一个充满动荡和变革的时期，包括了诸多重要的革命事件，如辛亥革命、五四运动、中国共产党的成立、抗日战争、中国人民解放战争等，这些事件深刻影响了社会结构和文化形态。与上述事件相关的革命文物，成为研究中国近现代历史不可或缺的实物资料。例如，辛亥革命期间的文献、旗帜、武器等，可以帮助人们理解这一时期中国民主和共和理念的兴起。中国共产党早期的文件、会议记录、领导人的手稿和日记等，记录了党的历史和革命路线的发展，反映了当时社会的思想状态和文化背景。抗日战争和解放战争遗留的文物，如战场遗址、士兵用品、宣传品等，具有重要的历史研究价值，是民族记忆和民族精神的重要载体。革命文物的保护和研究，对于传承历史记忆、弘扬爱国主义精神、促进历史文化教育具有重要意义。通过对这些文物的研究，人们可以更加深入地理解革命过程中的历史逻辑、社会变迁和人物行动，从而为社会发展提供历史借鉴和文化启示。然而，这些革命文物的保存状况面临多方面的挑战，自然环境、人为破坏和时间的流逝都可能对这些文物造成损害。因此，加强革命文物的保护，不仅需要政府和社会的共同努力，也需要运用现代科技手段，如数字化保存、环境控制等，确保这些宝贵文物得到有效地保护和合理地利用。

（二）革命文物的特征

1. 政治性

政治性是革命文物最为显著的特征，贯穿革命文物的每一个方面。第一，革命文物与特定政治事件的密切关联。革命文物源于历史上的重大政治事件，如革命、起义、政变等，或是与事件紧密相关的人物、地点、过程，人们通过革命文物可以追溯到具体的政治事件，理解事件的起因、发展和结果，从而深入认识历史的政治背景和复杂性。第二，革命文物体现了特定的政治理念和意识形态。革命文物不是孤立存在的，承载着特定时期的政治思想和信念，如自由、平等、正义或民族解放等。这种政治理念的体现可能是显而易见的，如印有政治口号的旗帜、传播特定政治理论的书籍；也可能是隐含的，如通过艺术作品反映的政治寓意或批评。第三，革命文物展示了政治力量关系的变迁。例如，一件革命文物可能是新兴政权的标志，或是记录了一次成功的革命，通过革命文物，人们可以观察到政治力量如何在特定历史阶段发生变化，如何影响社会结构和人民生活。第四，政府和政治组织往往会利用革命文物来弘扬特定的政治理念，将革命文物在博物馆展出、在教科书中介绍、在公共场合展示，激发民众的政治热情，加强政治统一和社会凝聚力。

2. 思想性

革命文物直接反映了革命时期的主导思想和社会意识，可以直观地感受到革命时期人们的思想氛围，理解那个时代人们的思想动态和精神追求。革命文物具有强烈的情感感染力和思想引导力，一幅描绘斗争场面的画作、一首激励斗志的歌曲、一个象征革命胜利的标志，都能激发人们的情感，引导大众走向共同的目标，其影响力是革命文物区别于其他文物的重要特点。在传承和教育方面，革命文物让后人回顾过去、理解历史，激励人们学习革命精神，传承革命遗志，让更多人了解革命的理念，从而在思想上得到启迪和提升。在革命的推动下，人们旧的社会观念和思想体系发生了变革，新的思想和理念逐渐形成并广泛传播。革命文物作为这一过程的见证,展现了思想进步的轨迹,反映了社会意识的变迁,推动了文化的发展。

3. 民族性

革命文物的民族性是其不可或缺的一个特征,展现了革命文物在形式和内容上的民族特色,反映了革命过程中的民族精神和文化价值。革命文物的民族性首先体现在其反映了特定民族历史背景和文化传统的特点。革命文物在设计、制作和使用过程中融入了丰富的民族文化元素和符号,反映了民族的审美观念、价值观念和生活方式。无论是革命时期的服饰、器物,还是革命时期的艺术作品、文学作品,都承载着鲜明的民族特色,展现了民族文化的独特性和多样性。在革命斗争中,民族精神是激励人民团结抗争、追求自由独立的重要力量。革命文物中的很多象征、图案和口号都是为了激发民族情感、弘扬民族精神而创造的,在革命时期起到了鼓舞人心、凝聚力量的作用,而且在革命胜利后,这些内容仍然作为民族精神的象征被世代传承。革命文物作为历史的见证,记录了民族在革命斗争中的牺牲和贡献,体现了民族的勇气和智慧。人们能够通过这些文物了解历史,感受先辈的奋斗精神,从而增强对民族历史的认同感和对民族文化的自豪感。通过革命文物的民族性,人们能够窥见一个民族在特定历史时期的面貌,而且能够感受到一个民族不屈不挠的斗争精神和其对美好未来的追求。在全球化背景下,革命文物的民族性更是成为展现民族特色和增进国际理解的重要桥梁,对于促进文化多样性和世界和平具有不可估量的价值。

4. 客观真实性

革命文物作为历史的见证,其价值在很大程度上取决于其所具备的客观真实性,这可以从两个维度进行理解:一是革命文物自身的真实性,二是革命文物所记录、反映的历史事件和现象的真实性。革命文物自身的真实性指的是文物作为历史遗留物的原真性。如果一个所谓的"革命文物"本身是伪造的,那么无论它看起来多么珍贵或者与革命历史看似多么紧密相关，它都不能被称作真正的革命文物，因为其失去了作为历史证据的根基。因此，鉴别革命文物的真伪，确保其自身的真实性是革命文物保存、研究和展示的首要任务。与革命文物自身的真实性相辅相成的是革命文物所记载的历史的真实性。革命文物承载着历史信息，记录着革命时期的人物、事件、思想等，革命文物所反映的历史事件和现象的真实性，对于人们理解和研究历史具有至关重要的作用。如果革命文物所记录的内容失真，那么基于这些文物的历史研究也是建立在沙漠之上的楼阁，无法站住脚。要完全确认革命文物记载历史的真实性并非易事，历史本身就是复杂的。因此，研究者在评估革命文物的历史真实性时，需要具备批判性思维，综合运用多种文物、文献资料，甚至是口述历史，以求对历史事件和现象有一个全面、客观的理解。

二、革命文物的独特价值

（一）革命文物蕴含革命精神

革命文物是活生生的历史见证，蕴含着无尽的红色力量，能够激发和唤醒民族的记忆与自豪感；革命文物承载着革命先辈不屈不挠的斗争精神，是激励当代和未来几代人的精神财富。革命文物纪念馆内的每一件展品都仿佛是一扇窗口，通向波澜壮阔的历史。观者的视线穿越时空，目睹革命年代的风云变幻，感受那股冲破束缚、追求自由的热血冲动，每一个革命故事，都能让人们回味那些激动人心的历史时刻，感受革命先烈的英勇和无畏。

每一次革命文物的征集活动，都是人们对过往历史的一次回顾和致敬，是对中国共产党领导下的革命历史的再认识和再发现，唤起人们对革命历史的记忆，激发人们内心深处的红色情感和责任感。革命文物所蕴含的"生命力"，是一种穿越时空的力量，能够持续不断地激励每一个观者。在革命文物纪念馆中，每一件展品都讲述着一个革命故事，无论是战斗的起因、进展，还是结果，都被完整地保存和展现了出来。不仅如此，革命先辈在艰苦环境下的日常生活场景，通过文物得以呈现，让人们感受到了革命者的坚韧和执着，理解了他们为革命理想所付出的巨大牺牲。

革命文物，如生活用具、服饰等这些看似普通的物品，实际上是连接过去与现在的红色桥梁，展示了革命生活的真实面貌，让革命历史不再遥远和抽象，而是具体入微，触手可及。通过对革命文物的观察和学习，观者可以更加直观地感受革命精神的力量，激发内心对革命理想的追求和对革命先辈的敬仰，这种感召力是潜移默化的，能够深深影响人们的思想和行动，激励人们继承和发扬革命传统，为实现中华民族伟大复兴而奋斗。

（二）革命文物赓续红色基因

基因是生物遗传信息的基本单位，承载着生物个体的遗传特征和生命特性，通过基因，生物能够将自身的特性传递给后代。而红色基因是指革命传统和革命精神，代表着一代代中国人传承下来的革命理念、英雄精神和优良传统。革命文物作为历史的见证，是红色基因传承的重要载体。革命文物能够赓续红色基因，原因在于其具有独特作用和价值。首先，革命文物具有强大的教育和启迪功能。通过对革命文物的展示和解读，人们可以直观地感受到革命历史的真实情景，体会革命先辈的不朽精神，这种感受能够深刻地影响人们的思想和行为，激发他们继承和发扬革命传统的决心和行动。其次，革命文物是连接过去与现在的桥梁。革命文物能够帮助人们回顾和思考历史，理解革命先辈为国家和民族所作出的牺牲和贡献，从而使人们在心灵深处树立起对革命理想的信仰和对革命目标的追求。最后，革命文物具有独特的情感价值。革命文物承载着历史，更承载着情感，能够触动人们的心灵，唤起共鸣，是赓续红色基因的重要途径。因此，人们要铭记革命事迹，传承红色基因，革命烈士和革命先辈用生命和鲜血铸就的革命成就，是对后代最宝贵的教育。青年群体，作为国家的未来和民族的希望，更应该牢记历史，珍惜前辈用血汗换来的幸福生活，继承和发扬革命先辈的光荣传统和优良品质。2021年7月播出的革命文物纪录片《闪亮的记忆》便是这种精神传承的典范。该纪录片通过讲述20件革命文物背后的故事，让观众感受到了那些文物所蕴含的深厚革命情感和坚定信念。文物及其承载的故事，如陈独秀的北大聘书、李大钊的藤椅、《共产党宣言》中文首译本、上海第三次工人武装起义的口哨等，不仅是物质存在，更是历史的载体，是革命精神的象征。它们让现在的人们得以窥见过去，感受那个时代人们的生活、斗争和牺牲，体会革命先烈的坚韧和勇敢。纪录片中的故事，如《献给祖国》中归国抗战的华侨孔迈，18岁便发出把自己献给祖国的呼声；《最后的嘱托》中临刑前写下遗书的陈觉、赵云霄夫妇；《死牢中的大雁》里身在死牢仍宣告理想与尊严的郭纲琳；《我们的黄河》中创作《黄河大合唱》的冼星海……这些人背后的革命情感和理想信念，对于今天的青年群体有着重要的启示和影响。青年群体接触这些革命文物和故事，能够激发他们对历史的兴趣和对革命精神的认同，使他们了解这些革命先烈是如何为了理想和信念不惜牺牲一切的。

革命文物如同一本生动的教材，对人们来说具有无可替代的教育意义和历史价值。通过革命文物，人们可以直观地感受到历史的厚重，理解先辈在革命岁月中所展现出的无比勇气和坚定信念，这种精神财富是激励当代人，尤其是年青一代勇往直前的重要动力。

保护革命文物、学习革命历史、传承革命基因是中国共产党的重要任务。革命文物的保护和利用能够帮助人们更好地理解历史，还能够在精神上激励人们，尤其是青年一代，继承和发扬光荣传统，培养具有历史使命感和责任感的新时代青年。在新时代背景下，一个个优秀的青年群体涌现出来，他们充满活力、理想和责任感，正是传承和发扬红色基因的重要力量。通过学习革命历史，年轻人可以深刻理解国家和民族的发展不易，从而增强责任感和使命感，更加珍惜当下的和平与发展，积极投身中华民族伟大复兴的事业。例如，延安革命纪念馆组织青少年参与主题教育活动，让他们在实地感受历史的同时，深化对革命精神的理解和认同，使他们树立爱党、爱国的坚定信念。

"知所从来，方明所去"，这句话道出了历史学习的重要意义。了解历史，尤其是革命历史，对于青年一代来说，不仅是对过去的一种认知，更是一种对未来方向的指引。历史是最好的教科书，通过对历史进行全面、客观的学习，年轻人可以更清晰地认识到自己的使命和责任，找到正确的人生方向和发展路径。因此，加强对革命文物的保护，充分利用这些宝贵资源，对于传承红色基因、实现中华民族伟大复兴具有深远的意义。人们应该把革命文物当作一本生动的教材，在青年群体中进行广泛的传播，对青年群体进行教育，让红色基因在新的时代背景下得到传承和发扬，激发青年群体的历史自觉和责任感，为实现中华民族伟大复兴贡献力量。

三、革命文物的发展概况

（一）抗日战争时期革命文物的发展

从"九一八"事变引发的抗日战争开始，中国社会进入了一个动荡的时期。在这一段时间内，革命文物作为一种特殊的文化形态，承担了多重功能。一方面，其是抗日宣传与动员的重要工具；另一方面，其作为历史记载，是抗日战争时期中国人民的生活状态和心理状态的直接记录。抗日战争时期中国革命文物的发展轨迹，如图5-1所示：

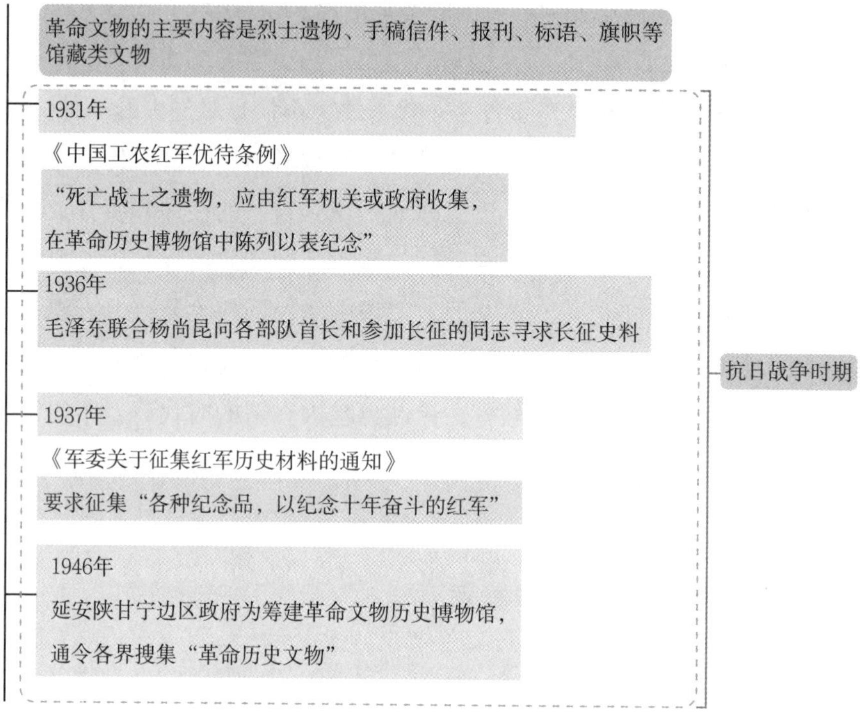

```
┌─────────────────────────────────────────────────┐
│  革命文物的主要内容是烈士遗物、手稿信件、报刊、标语、旗帜等    │
│  馆藏类文物                                      │
│                                                 │
│  1931年                                         │
│  《中国工农红军优待条例》                              │
│  "死亡战士之遗物，应由红军机关或政府收集，              │
│  在革命历史博物馆中陈列以表纪念"                       │
│                                                 │
│  1936年                                         │
│  毛泽东联合杨尚昆向各部队首长和参加长征的同志寻求长征史料   │── 抗日战争时期
│                                                 │
│  1937年                                         │
│  《军委关于征集红军历史材料的通知》                     │
│  要求征集"各种纪念品，以纪念十年奋斗的红军"              │
│                                                 │
│  1946年                                         │
│  延安陕甘宁边区政府为筹建革命文物历史博物馆，            │
│  通令各界搜集"革命历史文物"                          │
└─────────────────────────────────────────────────┘
```

图 5-1 抗日战争时期革命文物的发展

1931年，《中国工农红军优待条例》的发布，标志着革命文物作为一种重要的文化与精神象征，在中国共产党的政策中被正式认可和重视。文件中提及"死亡战士之遗物，应由红军机关或政府收集，在革命历史博物馆中陈列以表纪念"，该举措可以看作中国革命文物保存工作的开端，奠定了未来革命历史博物馆的基础。

1936年，随着中国革命形势的发展，毛泽东与杨尚昆联名向各部队首长和参加长征的同志发出寻求长征史料的号召。长征不仅是中国共产党历史上的一个重大转折点，也是中华民族抗日战争史上的一个重要事件。收集长征史料的行动，为后来的历史研究提供了第一手资料，也为革命文化教育和红色传统的传承提供了丰富的实物资源。

1937年，《军委关于征集红军历史材料的通知》的发布，进一步推动了革命文物的收集与保存工作。该通知要求征集"各种纪念品，以纪念十年奋斗的红军",明确了革命文物在纪念革命历史、传承革命精神方面的重要价值。革命文物不仅局限于物质形态,如实物、文献等,更扩展到了无形文化遗产,包括歌曲、口号、口述历史等,共同构成了革命时期的文化全貌。

1946年,延安陕甘宁边区政府为筹建革命文物历史博物馆发出通令,呼吁各界搜集"革命历史文物",这标志着革命文物管理工作的系统化和专业化,也意味着革命文物已成为国家文化战略的一部分。在这一年及之后的时间里,革命文物被赋予了更多的功能和意义,用于纪念和教育,还被看作国家认同和民族精神的重要标志。

通过上述历史事件,人们可以发现,战争时期的中国革命文物发展经历了从零散搜集到系统管理的过程。革命文物在这一时期的发展,启发了革命意志的桥梁,对于后来的历史研究、文化教育乃至国家认同都具有不可替代的作用。

(二)中华人民共和国成立初期(1949—1977年)革命文物的发展

1949年10月1日,中华人民共和国的成立翻开了历史的新篇章,代表着国家政权的更替,象征着国家文化和精神遗产的继承与发展。1950年3月,党中央作出了筹建中央革命博物馆的历史性决定,此决定的迅速实施展示了党对于革命文物价值的高度认识与尊重,以及对于历史传承的坚定承诺。而《征集革命文物令》的发布,更是拉开了全国范围内革命文物搜集工作的序幕,为革命文物的保护与传承工作奠定了法律基础。这一系列行动与1931年赣南中央苏区的保护工作模式不谋而合,体现了对历史经验的学习与借鉴,反映了革命文物在国家法令中地位的日益提升。至此,"革命文物"这一专门用语正式而庄严地嵌入国家的法律框架之中。

《征集革命文物令》以宏大的历史视野,确立了革命文物的时间跨度和种类,将革命文物的历史范围定位在自五四运动以来的新民主主义革命，涵盖了近代中国从觉醒到抗争的关键阶段，远溯到了鸦片战争，包括太平天国、辛亥革命等重大历史节点，每一个事件都是中国人民民族意识逐渐觉醒和独立追求的里程碑。在革命文物的具体内容上，《征集革命文物令》列举了报纸、杂志、宣言、标语、文告、兵器、旗帜以及烈士遗物等，被列举出的物品每一件都承载了历史的重量，每一件都记录了革命的脚步和胜利的呼声。

1953年，伴随新中国初期的建设热潮，中央人民政府政务院发出了一个对中国文物保护工作具有深远影响的政策文件——《关于在基本建设工程中保护历史及革命文物的指示》（以下简称《指示》），在这一《指示》中，政府首次将保护革命文物的责任明确地下放至各级人民政府，加强文物保护工作的组织性和系统性。更为重要的是，该法令根据实际工作的需要，对革命文物的范畴进行了重要的扩展。在这之前，人们往往将革命文物等同于馆藏的可移动文物，如文件、图片、实物等。然而，《指示》打破了传统观念的界限，第一次明确指出需要对革命建筑、革命纪念物乃至古遗址、古墓葬等不可移动文物进行保护，不再将其视为孤立的、静态的收藏品，而是一个包含了实物、精神、历史和文化的多个维度的综合体。这一指示的发布有助于丰富革命文物的内涵，也为后来的文物保护工作提供了理论基础和政策支持，为保护和传承中国丰富的历史遗产打下了坚实的基础。

1956年，国务院《关于在农业生产建设中保护文物的通知》（以下简称《通知》）的发布，标志着中国对于文物保护的重视迈入了一个新的阶段。《通知》将革命遗迹与古代文化遗址、古墓葬、古建筑及碑碣等历史文物并列，赋予其同等的重要性和紧迫性。《通知》不单单强调文物的保护，还强调了要在不妨碍生产建设的前提下，坚决保护文物，即文物保护与经济发展并非水火不容，而是可以并行不悖的。通过这样的法令，国务院为中国丰富的历史文化遗产与现代化建设建立了一个和谐共生的框架。在这个框架内，革命的记忆得以保存，历史的尊严得以维护，文化的连续性得以保障，确保社会主义建设的进程不会对这些不可复制的文化资源造成无可挽回的损失。

在中华人民共和国成立初期，一系列具有前瞻性的政府法令相继出台，对革命文物的定义进行了前所未有的扩展和深化——不再将革命文物局限于纪念革命烈士的遗物，而是将革命文物的范畴从仓库中的馆藏类文物拓展至那些深植土地的不可移动文物。更为突出的是，我国明确提出了"革命建筑物、革命纪念物、革命遗迹"三种全新的革命文物类型，不同于一般的历史文物，如古遗址、古墓葬和古建筑，而是被特别强调并置于文物保护工作的首位，凸显了革命文物在政府文化政策中的独特地位，彰显了革命文化遗产在构建国家认同和历史记忆中的核心作用，为革命文物的系统化保护奠定了基础，也为人们传递革命精神和教育新一代提供了坚实的支撑。

（三）改革开放至20世纪末（1978—1999年）革命文物的发展

1978年至1999年，随着改革开放的开展与深入推进，中国的革命文物工作也迎来了新的发展阶段。革命文物作为历史的见证，成为传承红色基因、弘扬革命精神的重要载体，对于加强爱国主义教育、建设社会主义精神文明具有重要作用。随着社会主义市场经济体制的建立和完善，革命文物的保护也逐渐走上法治化、规范化的轨道。1982年颁布的《文物保护法》是中国第一部全面系统的文物保护立法，标志着中国的文物保护工作进入了一个新的法治化阶段。

与1961年的《文物保护管理暂行条例》相比，1982年颁布的《文物保护法》具有两个明显的变化：

一方面，法律地位和权威性的提升。1961年的《文物保护管理暂行条例》是由国务院颁布的行政法规，而1982年的《文物保护法》是由全国人民代表大会常务委员会颁布的法律，代表了国家对文物保护重要性认识的深化，使文物保护工作在法律体系中的地位得到了加强，为文物保护提供了更为坚实的法律保障。

另一方面，内容上的完善和细化。相较于《文物保护管理暂行条例》，1982年的《文物保护法》在内容上更加全面和细致。《文物保护法》明确了文物的分类和等级，规定了不同类别和等级文物的保护措施，还对文物的发掘、收藏、研究、展览、修复以及对违法行为的处罚等方面作出了详尽的规定。《文物保护法》明确了文物的定义，将文物分为不可移动文物和可移动文物两大类，并对不同类别的文物保护提出了具体要求，明确提出了文物保护的基本原则，包括保护为主、抢救第一、合理利用、加强管理等。除此之外，我国建立了以国务院文物行政部门为主导，地方各级文物行政部门共同参与的文物保护管理体系，明确了各级文物行政部门的职责；对不同类型的文物保护提出了详细的措施，包括不可移动文物的保护区划定，可移动文物的登记、收藏、修复等。

（四）21世纪初期（2000—2011年）革命文物的发展

1. 融入国际遗产保护体系

21世纪初期，中国的革命文物发展进入了一个全新的阶段，这一阶段的特征是中国在加速融入国际遗产保护体系。自1985年加入《保护世界文化和自然遗产保护公约》以来，中国在文物保护领域的国际合作日益加深，特别是进入21世纪后，中国关于文物保护的国际融合达到了前所未有的高度，中国积极吸收和借鉴国际先进的文物保护理念和技术，通过修订法规、制定标准、加强管理等措施，将国际理念和实践有效地融入中国的文物保护体系，促进了中国文物保护事业的发展和创新。2000年版《中国文物古迹保护准则》的颁布是一个标志性事件，该准则全面吸收了国际上先进的文物保护理念，特别是以《威尼斯宪章》为代表的西方文化遗产保护理念，将国际原则与中国自身的文物保护实践相结合，体现了中国文物保护理念和实践的现代化和国际化。2004年，第28届世界遗产大会在中国苏州召开，该大会首次在中国举行。大会的成功举办展示了中国在文物保护方面的成就和经验，促进了国际社会对中国文化遗产的了解和认识,加强了中国与世界各国在文化遗产保护领域的交流和合作。通过这些年的努力,中国已经建立起一套较为完善的文物保护法律法规体系,形成了覆盖不同类别文物保护的管理体制和工作机制,培养了一支专业的文物保护队伍,并逐步形成了与国际接轨的文物保护理念和技术标准。中国的文物保护工作从过去主要依靠国内力量,转变为在积极吸收国际先进理念和技术的基础上,与国际社会进行广泛的交流与合作,共同推进世界文化遗产的保护工作。

2. 2002年《文物保护法》大修订

2002年10月,《文物保护法》的大修订标志着中国文物保护法律体系进入了一个新的发展阶段。这次修订是继1982年《文物保护法》颁布后的重大改革,其规模和深度均超过以往任何一次法律调整。

修订后的《文物保护法》条文总数从33条增加到80条。修订过程中,法律制定者在总结1982年《文物保护法》实施经验的基础上,吸收了国内外文物保护的新理念、新方法,使新法律更加符合现代文物保护的要求。在内容上,2002年修订版的《文物保护法》对"革命文物"的处理有着明显的变化。与1982年版相比,2002年版对革命文物的内涵和要求进行了一定程度的调整和淡化,反映了对文物保护范围和内容更为科学和综合的把握。2002年的法律修订强调了文物的多样性和包容性,不再将革命文物作为单独类别特别强调,而是将其纳入更广泛的文物保护框架之中。此外,新修订的法律在文物保护的制度设计、管理机制、法律责任等方面都进行了全面的完善和强化。例如,增加了关于文物保护的规划、考古发掘、文物保护单位的管理、文物市场的监管、对违法行为的处罚等方面的规定,提高了法律的实施效力和可操作性。法律的修订还体现了国家对历史文化遗产保护理念的更新。2002年修订版强调了文物保护的公益性和社会责任,明确了国家、社会、个人在文物保护中的角色和责任,强调了公众参与和社会监督的重要性,体现了文物保护工作从政府主导向政府与社会共同参与的转变。从实施效果来看,2002年《文物保护法》的修订对中国的文物保护工作产生了深远的影响。法律的完善促进了文物保护工作的规范化、系统化，增强了文物保护的法治保障，提升了社会公众对文物保护重要性的认识，为中国的文物保护事业提供了更加坚实的法律和制度基础。

（五）新时代革命文物的发展（2012年至今）

1.革命文物：中国改革道路实践的历史见证

2012年，中国共产党第十八次全国代表大会的召开，对中国的政治、经济、文化等领域产生了深远的影响。大会坚定了走中国特色社会主义道路的决心，提出了全面建成小康社会进入冲刺阶段的宏伟目标。国务院发布的《支持赣南等原中央苏区振兴发展的若干意见》不仅是地区发展的重要指导性文件，也是加强对革命文物保护的一次明确体现，表明了国家对于革命文物与历史遗址的保护和利用，赋予了文物保护更高的政策地位和发展优先级，体现了国家对历史文化遗产的尊重和传承。

2015年，中国抗日战争胜利70周年的纪念活动不仅是对历史的回顾，更是对革命精神的传承。党中央提出的推进对赣南原中央苏区等革命旧址的保护利用，不仅是对革命文物的重视，更是对革命精神的重申，有助于让更多人了解和学习革命历史，传承革命精神，增强民族自信和自豪感。

2016年，在建党95周年和红军长征胜利80周年之际，国家进一步强调了革命文物保护的重要性。国务院《关于进一步加强文物工作的指导意见》对革命文物的维修保护提出了明确要求，显示了国家对于革命文物保护工作的重视和支持。随后发布的文件和通知，如《关于加强革命历史类纪念设施、遗址和全国爱国主义教育示范基地工作的意见》和《关于加强革命文物工作的通知》，进一步明确了革命文物在文化传承和教育中的作用，强调了其在激发爱国热情、振奋民族精神以及传承中华优秀传统文化中的重要地位。

第十三个五年规划中对文化传承与发展的重视，特别是对传承中华优秀传统文化和革命文化的强调，体现了国家对文化自信的建设和对于文化遗产保护的重视，在全社会营造了尊重历史、珍视文化遗产的良好氛围。

2017年，中国共产党第十九次全国代表大会召开，标志着中国的发展步入新时代。革命文物作为中国特色社会主义道路实践的重要见证，其保护工作的重要性再次被国家层面强调，这不仅是对革命文物物质价值的保护，更是对革命精神和文化价值的传承。新时代背景下，革命文物保护是对过去的回顾，更是对未来的启迪，对于弘扬民族精神、促进社会主义文化繁荣发展具有不可替代的作用。

通过这一系列政策和措施的实施，革命文物保护工作得到了进一步加强，对于传承和弘扬革命文化、提升国民文化素养、构建社会主义文化强国具有重要意义。未来，革命文物保护工作还需要持续地重视和支持，以确保这些珍贵的文化遗产更好地发挥其在当代社会的积极作用。

2.革命文物的新定义：2020年《中华人民共和国文物保护法（修订草案）》（征求意见稿）

21世纪第二个十年，随着中国社会经济的快速发展和国家治理体系的不断完善，我国对革命文物的保护与利用也进入了一个新的阶段。2018年7月，中共中央办公厅和国务院办公厅联合印发的《关于实施革命文物保护利用工程（2018—2022年）的意见》标志着新时代革命文物保护工作的战略部署。该《意见》明确了革命文物保护利用的总体目标和任务，提出了新时代对革命文物保护的新的基本认识，将革命文物的保护与利用上升到了国家战略的高度，体现了党和国家对历史文化遗产的重视。2019年，国家文物局印发《革命旧址保护利用导则（试行）》，公布革命文物保护利用的第一批分县片区名单，细化了革命文物保护的具体策略和实施细则。同年9月，国务院公布第八批全国重点文物保护单位，其中，革命文物的数量增加近30%，该数据展示了革命文物的保护成果，反映了革命文物在国家文化遗产体系中地位的提升。2020年，国家文物局发布《中华人民共和国文物保护法（修订草案）》（征求意见稿），条文数量的增加和内容的拓展进一步体现了革命文物保护在法律层面的进步和深化。尤其是在"文物范畴"中新增的内容，明确将与中国共产党史、中华人民共和国史、改革开放史、社会主义发展史有关的重要史迹、实物、代表性建筑纳入文物保护的范畴，丰富了革命文物的内涵，为革命文物的保护提供了更加明确和具体的法律依据。这些政策和法律的调整和完善，反映了新时代中国对革命文物保护的新视角和新要求，即不仅要保护革命文物的物质形态，更要深入挖掘其背后的历史价值、文化价值和教育价值，使之成为传承红色基因、弘扬爱国主义精神的重要载体。

值得注意的是，从我国文物法规演变的角度看，这是2002年将"革命文物"从我国《文物保护法》中淡化之后，又经过近20年，再次在国家法律层面明确革命文物的重要性。在此次新修订的征求意见稿中，不仅重新定义了革命文物的范畴，而且将革命文物单独列为我国一种特定的文物类型，如表5-1所示：

表5-1 4次重要文物法规文件中的文物类型比较

1961年《文物保护管理暂行条例》	革命建筑物、遗址、纪念物	古文化遗址、古墓葬、古建筑、石窟寺、石刻
1982年《文物保护法》	革命遗址、纪念建筑物	古文化遗址、古墓葬、古建筑、石窟寺、石刻
2002年《文物保护法》	古文化遗址	古墓葬、古建筑、石窟寺、石刻、壁画、近现代重要史迹和代表性建筑
2020年《文物保护法》修订草案	古文化遗址	古墓葬、古建筑、石窟寺、石刻、壁画、近现代重要史迹、实物、代表性建筑

第二节　河北平山县革命旧址保护与乡村发展耦合

一、平山县概况

（一）自然地理概况

河北省石家庄市平山县位于华北平原与太行山脉的交接地带，具有独特的自然地理位置和丰富的地理资源。平山县地处河北省西部、石家庄市西北部、太行山东麓、滹沱河上游，东接鹿泉区，西邻山西省忻州市五台县、阳泉市盂县，南连井陉县，北界灵寿县、保定市阜平县。该县总面积达到了 2648 平方千米，其中山地、丘陵和平原三者分布各具特色，形成了多样化的地形结构。

从地形上看，平山县可大致分为三个区域：北部的山地区、中部的丘陵区和南部的平原区。北部山地是太行山脉的一部分，这里山势险峻，海拔相对较高，拥有众多山峰和沟壑，是该县的主要水源涵养区。中部丘陵区地形起伏，丘陵连绵，这里是平山县的农业生产区，土地肥沃，适宜农作物生长。南部的平原区地势平坦，河网密布，是典型的华北平原地貌，这里农业发达，人口密集。

水资源方面，平山县属于海河水系，主要河流有滹沱河和西洋河，为县内提供了丰富的水资源，是农业灌溉和居民生活用水的重要来源。同时，水库也是该县重要的水产养殖基地。

气候上，平山县属于暖温带半湿润大陆性季风气候，四季分明，雨量适中。夏季炎热，降水集中；冬季寒冷，降水较少，有利于多种农作物的生长，是当地农业发展的有利因素。

在生物多样性方面，平山县因地形地貌和气候条件的多样性，拥有丰富的动植物资源。北部山区森林覆盖率高，是多种野生动植物的栖息地，同时也是重要的生态保护区。中部丘陵和南部平原区则是农作物种植和畜牧业发展的主要区域。

地质资源也是平山县的特色之一。这里矿产资源丰富，有煤炭、铁、铝、石灰石等多种矿产资源，为当地经济发展提供了物质基础。同时，平山县也是河北省重要的建材基地之一，以石材加工业闻名。

革命资源方面，平山县地处太行山脉东麓，华北平原的西部边缘，其地理位置的特殊性为革命提供了得天独厚的条件。太行山脉的崇山峻岭成为天然的屏障，为革命活动提供了隐蔽而安全的环境。同时，这里的复杂地形也为充分发挥游击战术提供了有利条件，有助于革命力量的生存和发展。在革命历史上，平山县是许多重要事件和活动的发生地，是中共中央的革命大本营，是众多革命领袖和革命群众奋斗过的地方。

（二）革命历史概况

1. 抗日战争时期

在中国近现代历史上，平山县在抗日战争时期扮演了极为重要的角色。自1931年7月，平山县正式建立党组织起，共产党的火种在这片土地上燃起，引领着平山人民在抗日战争中的英勇斗争。1937年10月10日，日军侵入平山县境，平山县人民的抗日斗争进入了一个新的阶段。面对残酷的侵略，平山县的人民没有屈服，而是选择了顽强抵抗。1937年11月，1700多名平山优秀子弟齐聚洪子店誓师出征，成立了著名的"平山团"，他们在太行山区展开了艰苦卓绝的游击战，给日军造成了重大打击。其中，"回舍模范大枪班"以出色的战斗技能和英勇的战斗精神，在晋察冀边区享有极高的声誉。而像戎冠秀这样的英雄母亲，以及抗日英雄王二小的故事，更是激励着一代又一代的平山人民为国家的独立和民族的解放而奋斗。

1940年，平山县被中共中央北方分局确认为"边区的模范县"。同年，"百团大战"的筹备阶段，聂荣臻司令员的指挥部就设在平山县的洪子店一带，这场战役对破坏日军后方、提振中国人民的抗日信心起到了重要作用。红色歌曲如《没有共产党就没有新中国》《团结就是力量》等在平山县传唱，提升了人民的士气，也在无形中增强了人民团结和抗日的决心。1945年8月，平山县人民在长期抗战的基础上迎来了解放的曙光。8月10日，解放平山城战斗正式打响，经过几天激战，8月15日，随着日本宣布无条件投降，平山城得到了解放，这是中华民族抗日战争胜利的重要组成部分。

2. 解放战争时期

解放战争时期，平山县是许多历史性转折点的发源地。1947年5月，在这片充满革命气息的土地上，中央工作委员会召开了全国土地会议，对土地政策进行了一次重大审视和调整，夯实了中国农业基础和农村稳定的关键一步。会议的召开对后续的土地改革和农村发展产生了深远的影响，为解放区的农民阶级描绘了一幅光明的蓝图。1948年4月，中共中央发布"五一口号"，向全国人民传达了和平的强烈愿望。在这一口号的指引下，中国人民政治协商会议的筹备工作开展，标志着中国特色的多党合作和政治协商制度开始形成。1948年5月，西柏坡村的历史角色被推向了顶峰，作为党中央的最后一个农村指挥所，该地见证了党中央和毛主席指挥的"三大战役"——辽沈战役、淮海战役、平津战役，这三大战役不仅震撼了中外，更直接决定了中国革命的胜利。在这里召开的中国共产党第七届中央委员会第二次全体会议，更是为中国革命的最后胜利定下了基调，为中华人民共和国的成立奠定了坚实的理论和实践基础。1948年9月26日，华北人民政府在平山县正式成立，标志着华北地区的全面解放，为中国历史开启了新的篇章。平山县的大地见证了中国从旧社会到新社会的伟大转变，每一寸土地都承载着革命先烈的英勇和智慧，为中华人民共和国的成立和发展提供了宝贵的经验和深刻的启示。在新时代的今天，平山县的这段革命历史仍然是激励全县乃至全国人民奋进的强大动力。

二、革命旧址的确定与特征分析

（一）革命旧址数量及其所在乡村的确定

在讨论平山县革命旧址的过程中，本研究采取了系统性和综合性的研究方法，以确保研究对象的全面性和代表性。笔者依托河北省公布的第一批不可移动革命文物名录，筛选出平山县内30处革命旧址作为初步的研究对象，以确保研究的权威性和准确性。

为了进一步深化研究，笔者参考了《河北省革命遗址通览》中关于平山县的详细记录，结合平山县文物保护管理所专业人士的意见和建议，以及研究的实地考察经验，对初步选定的革命旧址进行了再次筛选和验证。考虑旧址的历史价值和文化意义，兼顾其地理位置、保存状况以及对当地社会经济发展的影响，确保选取的革命旧址具有较高的代表性和典型性。经过综合评估，笔者最终确定了47处具有重要历史价值和文化特征的革命旧址，这些旧址分布在平山县境内的32个乡村，涵盖了从抗日战争到解放战争期间的多个重要历史时期和事件，是研究中国革命史和河北省地方史的宝贵资源，如表5-2所示。通过对这些革命旧址的系统梳理和分析，笔者希望人们不仅能够更好地理解平山县在中国革命史中的地位和作用，也为进一步的历史文化研究和革命旧址的保护利用作贡献。

表5-2　平山县革命旧址数量及其所在乡村的确定

乡村名称	旧址名称	旧址文物保护等级	旧址形成时期
西柏坡镇西柏坡村	西柏坡中共中央旧址	国家级	解放战争时期
北冶乡沕沕水村	沕沕水电厂旧址	省级	解放战争时期
北冶乡罗汉坪村	罗汉坪军工烈士纪念塔	省级	解放战争时期
东王坡乡闫庄村	晋察冀边区五团革命烈士墓	县级	抗日战争时期
小觉镇小觉村	周建屏烈士墓	县级	抗日战争时期
上观音堂村	韩增丰烈士墓	县级	抗日战争时期
上观音堂乡下盘松村	戎冠秀故居	县级	抗日战争时期
岗南镇东岗南村	岗南惨案烈士纪念塔	县级	抗日战争时期
平山镇川坊村	齐计三、齐子才烈士纪念碑	县级	社会主义及建设时期
平山镇里庄村	《人民日报》社创刊旧址	县级	解放战争时期
平山镇王子村	华北人民政府旧址	县级	解放战争时期
古月镇南古月村	南古月烈士纪念碑	县级	解放战争时期
古月镇下三家店村	下三家店烈士纪念碑	县级	解放战争时期
古月镇西洪子店村	平山团成立地旧址	县级	抗日战争时期
苏家庄乡緱家庄村	緱家庄反扫荡纪念碑	县级	抗日战争时期

续　表

乡村名称	旧址名称	旧址文物保护等级	旧址形成时期
苏家庄乡韩丁村	韩丁村中共北方分局旧址	县级	抗日战争时期
宅北乡南滚龙沟村	滚龙沟《晋察冀日报》社旧址	县级	抗日战争时期
	邓拓、丁一岚旧居	县级	抗日战争时期
	烈士纪念碑林	未定级	抗日战争时期
	抗日英雄王二小旧居	未定级	抗日战争时期
	抗日英雄王二小墓	未定级	抗日战争时期
	抗日英雄王二小牺牲地	未定级	抗日战争时期
温汤镇马冢乡辛庄村	辛庄惨案纪念亭（烈士陵园）	县级	社会主义及建设时期
上三汲乡河渠村	河渠解放石家庄烈士陵园	县级	社会主义及建设时期
东回舍镇东回舍村	铁牛山伏击战遗址	县级	抗日战争时期
温塘镇温塘村	温塘中共中央机关浴池遗址	县级	解放战争时期
蛟潭庄镇东苇园村	东苇园聂荣臻旧居	县级	抗日战争时期
蛟潭庄镇土楼村	土楼晋察冀边区二分区政治部旧址	县级	抗日战争时期
	邓拓旧居	未定级	抗日战争时期
	《抗敌报》社旧址	未定级	抗日战争时期
蛟潭庄镇拦道石村	拦道石晋察冀边区政府旧址	县级	抗日战争时期
	中共中央北方分局历史陈列馆	未定级	社会主义及建设时期
蛟潭庄镇蛟潭庄村	蛟潭庄白求恩旧居	县级	抗日战争时期
	晋察冀军区司令部旧址	县级	抗日战争时期
	聂荣臻旧居	未定级	抗日战争时期
	彭真旧居	未定级	抗日战争时期
蛟潭庄镇寨北村	中共北方分局第二次党代会（苍蝇沟会议）旧址	县级	抗日战争时期
	晋察冀军区司令部所属机关旧址群	未定级	抗日战争时期

续　表

乡村名称	旧址名称	旧址文物保护等级	旧址形成时期
下口乡泥里河村	付喜祥、付心子、张吉烈士墓、碑	县级	解放战争时期
岗南镇李家庄村	中央统战部旧址	未定级	解放战争时期
西柏坡镇东柏坡村	妇女运动委员会旧址	未定级	解放战争时期
西柏坡镇北庄村	木虎峪惨案纪念碑	县级	解放战争时期
西柏坡镇北庄村	中共中央宣传部旧址	未定级	解放战争时期
西柏坡镇北庄村	中共中央部委旧址	未定级	解放战争时期
西柏坡镇南庄村	上卸甲河白求恩旧居	未定级	抗日战争时期
小觉镇上卸甲河村	上卸甲河白求恩手术室旧址	未定级	抗日战争时期

（二）特征分析

1.空间分布特征

河北平山县的革命旧址在空间分布上呈现出明显的特点。在平山县，革命旧址遍布县域近一半的乡镇，尤其在岗南水库附近的区域，旧址的密集度尤为突出，在很大程度上反映了历史时期革命活动的策略和布局。

在西柏坡镇、岗南镇及古月镇，共有11处革命旧址，不仅数量众多，而且在历史上承担着重要的革命活动角色。西柏坡镇作为中国共产党历史上著名的革命圣地之一，其旧址的保护和研究具有极高的历史价值和纪念意义。而岗南镇及古月镇的革命旧址则见证了地方革命力量的组织和发展，体现了基层革命根据地的建设和运作情况。在平山县西北部的蛟潭庄镇，革命旧址同样集中，共有12处，旧址的分布特点揭示了革命活动在地理空间上的扩散和渗透过程。蛟潭庄镇的革命旧址对研究平山县乃至整个河北地区的革命历史具有重要意义，为当前的文化遗产保护提供了重要的实证基础。

这几个核心集聚区共计23处旧址，约占旧址总数的49%，高度集中的空间分布特征，对于革命旧址的保护工作提出了特殊要求。一方面，集中的旧址便于形成保护和展示的整体效应，有利于提升革命文化遗产的整体价值；另一方面，也需要科学规划和综合治理，确保旧址保护与当地社会经济发展的良性互动。

2. 时期分布特征

对 47 处革命旧址进行历史时期划分，能够更加清晰地认识到不同历史时期革命活动的强度和影响范围。在抗日战争时期，平山县作为抗日根据地之一，发生了大量的抗日斗争和群众动员活动，留下了众多的革命遗址和纪念地，共有 29 处革命旧址，约占总数的 62%，这一比例显著高于其他时期，是历史事件的见证，也是研究当时社会状况、人民生活和抗战精神的重要窗口。

解放战争时期，虽然革命文物的数量不及抗日战争时期，但旧址同样具有重要的历史价值和教育意义，是研究解放战争历史和平山县革命历史不可或缺的组成部分。平山县有 14 处革命旧址，占比约 30%，主要记录了解放战争时期平山县人民和革命军队在推翻国民党统治、实现国家解放方面所作出的努力和牺牲。

社会主义过渡及建设时期的旧址有 4 处，占比约 8%，记录了中华人民共和国成立后平山县在社会主义建设和过渡时期所发生的重要历史事件和社会变迁。

3. 类型特征

依据《革命旧址保护利用导则（2019）》的分类标准，平山县的 47 处革命旧址展现了多样化的类型特征，是连接过去与现在的重要桥梁。

重要机构和会议旧址占据了平山县革命旧址的主要部分，约 40%，这些旧址通常是革命活动的核心地带，如西柏坡中共中央旧址和华北人民政府旧址，这些地点曾是中国共产党人制定重大政策、策划重要活动和做出历史性决定的场所，对中国革命的进程产生了深远的影响。

重要人物故居、旧居、活动地或墓地旧址约占 21%，这类旧址个体化特征明显，直接关联革命历史中的重要人物，如毛泽东、朱德、彭真、聂荣臻等。他们在平山的活动地和居住地是后人研究这些革命领袖个人历史和贡献的宝贵场所。

重要事件和重大战斗遗址、遗迹旧址在平山县较为稀少，仅占2%。尽管数量有限，但每一处都是一段历史的缩影，记录着革命过程中的重要事件和战斗。

纪念碑（塔、堂）等纪念性建（构）筑物旧址占比约23%，这类旧址以纪念和教育为主要功能，如罗汉坪军工烈士纪念塔、中共中央北方分局历史陈列馆等，它们既是对历史的纪念，也是对未来的启迪。

4.资源等级特征

平山县革命旧址的资源等级特征可依据其历史价值、保存状况和参观教育的重要性进行划分。平山县的革命旧址主要分为三个等级：国家级、省级和县级。

国家级革命旧址数量为1处，占总数的2%，表明该地区的革命旧址中只有一处具有全国性的重要价值和影响，可能是因其具有非凡的历史意义、优秀的保存状态或在全国革命历史中占有显著地位。省级革命旧址数量为2处，占总数的4%，反映了这两处革命旧址在河北省内具有较高的历史价值和文化影响力，可能是重要的革命事件发生地或知名革命领导人的活动基地。县级革命旧址数量最多，共有27处，占总数的57%，说明大多数革命旧址虽然在地方历史文化中具有一定地位，但可能在全国范围内的知名度和影响力较低，可能是当地重要的革命事件发生地、革命领导人的居住地或其他与革命活动相关的地点。平山县还有17处未标明等级的革命旧址，可能是因为这些旧址尚在评估中，或由于其他原因尚未分类，"未定级"的革命旧址，占总数的37%，这部分旧址尚未被划入具体的保护等级，但它们的数量较多，反映了平山县还有相当一部分革命旧址资源需要被进一步评估和规划。

三、平山县革命旧址保护与乡村发展耦合策略

（一）整体发展策略

1. 革命旧址系统

（1）注重保护和管理旧址，增加资金投入管理。一方面，注重保护和管理旧址是对历史遗迹的尊重，革命旧址是历史的见证，因此，对革命旧址的保护工作必须细致入微，确保每一处旧址都得到妥善的维护，包括对旧址的物理结构进行加固，对受损部分进行修复，以及对周边环境进行整治，确保旧址的完整性和环境的和谐性。同时，有效的管理需要建立一套科学的制度体系，对管理人员进行专业培训，确保他们对旧址的保护有足够的认识和能力。另一方面，增加资金投入是保护和管理工作的重要保障。没有足够的资金支持，即便有再好的保护方案和管理制度，也难以落到实处。资金的增加可以用于多个方面，如对旧址的修缮和维护、对管理人员的培训，以及对保护设施的更新和完善等。此外，资金还可以用于增强旧址的展示效果，如建立数字化展示系统，使访问者能够更直观地了解旧址的历史和文化。

在实施保护和管理策略时，文物保护部门需要注意几个方面。首先，策略的制定和实施需要广泛听取公众意见，确保旧址保护工作既符合专业标准，又能满足公众的期待。其次，保护和管理工作应当与时俱进，适时引入新的技术和方法，以提高工作效率和效果。最后，旧址的保护和管理应当是一个持续的过程，需要定期对旧址的状态进行监测和评估，确保采取的措施长期有效。

（2）利用多样化手段展示，加强宣传教育工作。在平山县革命旧址保护与乡村发展耦合策略中，展示陈列是一个关键的手段。在展示陈列过程中，文物保护部门可以建立一个集中的信息平台，收集和整理有关平山县革命旧址的历史资料，提供互动和视觉展示功能。平台可以是一

个网站或者一个应用程序,旨在让用户轻松地访问并探索相关内容,不管他们身处何地。利用虚拟现实和增强现实技术为访客创造沉浸式的体验,访客可以在现场或通过网络体验到重现的历史场景,使用 VR 眼镜观看革命战争的重现,或者通过 AR 应用在实际的旧址上叠加历史信息和图像。文物保护部门还可以通过社交媒体和其他在线平台强化展示陈列的宣传力度。制作吸引人的数字内容,如视频、博客和社交媒体帖子,以吸引更广泛的受众;定期更新内容,保持受众的兴趣和参与度;提供在线教育资源和虚拟导览,使那些无法亲临现场的人也能从中受益。

宣传教育是另一关键措施,其核心在于传递知识,激发兴趣,促进文化的传承。例如,教育部门可以建立以平山县革命历史为主题的教育项目,涵盖不同年龄段和不同受众群体,包括学校课程、社区讲座、在线课程等。学校可以开发专门的教学材料和课程,结合实地考察,使学生直观地了解历史。有关部门可以为公众举办定期的历史讲座和研讨会,邀请历史学家、当地老人或革命亲历者分享知识和经历。组织特色文化活动,如举办历史主题的艺术展览、戏剧表演和文学创作比赛,让参与者在艺术创作和欣赏的过程中加深对历史的理解和感悟。与学校、图书馆、博物馆、文化中心等机构合作,共享资源,举办联合活动,形成合力,提高宣传教育的效果。与媒体合作,定期发布专题报道或纪录片,也能有效提升公众对平山县革命历史的认识和兴趣。

除上述方法外,还可加强平山县革命文化线路的整体展示,让游客全面了解平山历史。通过设计一条串联各个重要革命旧址的文化旅游路线,包括导览解说、互动体验,如重现历史场景的戏剧表演,以及让游客共同参与的历史场景重构活动。

2. 乡村发展系统

(1)调控乡村风貌,提升革命文化感知度。调控乡村风貌的核心目标在于保持乡村的传统特色,对于传统建筑,应进行维护和修复,保持其原有的外观和结构,使之成为乡村风貌中的重要元素。同时,新建筑的设计应遵循地域特色和传统文化,将本地材料融入地方建筑特色,确保新旧建筑之间的和谐统一。对于村落中的公共空间，如广场、公园或集会场所要设计得既具有功能性，又能体现乡村特色。通过改善乡村环境，如增绿植树、花草种植、水体治理和垃圾处理等吸引外来游客，促进乡村旅游发展。比如，北庄村将乡村主要道路命名为"团结路"，这种命名方式简单而直接，为村民和游客提供了强烈的文化氛围，村内随处可见红色文化标语，标语以其鲜明的视觉效果和深刻的文化内涵，吸引游客驻足观看。北庄村还通过设置信息牌、开展文化讲座等方式，为游客提供了更多了解村庄历史和文化的机会。

在制定乡村发展系统策略时，保护革命旧址与促进乡村发展应实现有效结合，其中，提升革命文化感知度是关键一环。为加强平山县乡村发展系统中革命文化的感知度，平山县政府可以建立革命文化主题公园或纪念区，并将其作为教育和纪念的场所，使游客深入了解平山县在革命历史中的角色和贡献。李家庄村采取了与高等院校合作的方式，邀请中国美术学院的研究学者进行文创产品的开发，通过开发与革命文化相关的红色卡通模型、书签、茶具、文化衫等文创衍生品，丰富村民的生活，为游客提供丰富的文化产品选择，这些文创产品在保留传统文化精髓的同时，也符合现代消费者的审美和需求，从而有效地将革命文化传承与乡村经济发展相结合。此外，在保护革命旧址的过程中，有关部门应充分考虑当地居民的参与程度，鼓励他们成为文化传承的主体，组织文化遗产培训，支持地方居民参与旧址保护和旅游服务等活动，提升技能和收入，加强他们对革命文化遗产的认同感和自豪感。

（2）完善乡村基础设施，提高经济收入水平。基础设施的完善和配套服务设施的建设涉及多个层面，在硬件设施的建设上，需要增加旅游必需的基础设施，如景区卫生间、停车场和垃圾箱，这些都是创建一个良好旅游环境的必要条件。为了提升游客的体验，需要改善景区内的住宿、餐饮、娱乐和购物设施，这可以提高游客满意度，促进当地经济发展。

在发展乡村特色产业方面，应着重考虑如何将当地的文化和历史资源转化为经济增长点，对当地资源进行深入的调查和研究，以确定哪些资源具有开发潜力。一个乡村如果拥有丰富的自然资源或独特的历史文化，那么就可以围绕这些特点开发相关的旅游产品或服务。此外，建立完整的产业链条对于产业的持续健康发展也至关重要。为了确保上述措施能够有效实施，需要加强相关政策的支持和引导，政府应出台一系列政策措施，鼓励和引导资金、技术和人才向乡村地区流动，加强对乡村发展的监测和评估，及时调整和优化乡村发展战略，确保乡村振兴的目标能够实现。

（二）分类发展策略

1. 耦合协调类

在考虑耦合协调类乡村的发展与革命旧址的保护时，必须认识到乡村已经在革命旧址保护方面达到了较高的标准，如影响度、保存完整度、管理措施和教育传播方式的创新，在乡村发展的层面也同样体现了较高标准，包括设施配备和产业经济的发展。

对于革命旧址的保护，耦合协调类乡村展现出传统与现代的融合，开始充分利用科技的力量促进对文化遗产的保护。为了保持这一优势，乡村需要定期进行旧址的维护和专业评估，确保遗产的完整性，使文化遗产适应时代的变迁。要引入最新的科技手段来展示和教育公众，增强旧址的吸引力，提高公众对历史的认识和尊重，与其他协调类乡村合作，形成一个更大的网络，共享资源，创造更大的社会和经济效益。

在乡村发展方面，耦合协调类乡村要继续发挥自身的优势，将革命旧址与乡村的经济社会发展相结合。通过深入发展红色旅游，提升乡村的经济水平，促进文化的传承和旅游业的可持续发展。增设更多的旅游服务设施，如住宿、餐饮和休闲娱乐设施，提升游客的体验，带动其他产业的发展。此外，乡村可以利用自身的强大影响力，带动周边乡村的发展，形成一种共建共享的模式，加强乡村之间的联系，促进区域内的整体发展。

2. 耦合磨合类

对处于耦合磨合类的乡村来说，其在保持革命旧址的类型多样性和历史影响力方面，拥有一系列丰富多彩的革命历史遗迹，而且这些遗迹在历史长河中扮演了重要的角色，其影响力穿越时空，至今仍让人铭记。值得一提的是，尽管耦合磨合类乡村在保存旧址本体完整性和原状陈列方面做得相当不错，让人们直观地感受到了历史的气息，但还存在一些问题。一些具有较高历史价值和影响力的旧址尚未得到适当的级别划分，导致它们的历史场景保存不够完整，辅助陈列的水平也有待提高。此外，尽管乡村的基础设施相对完善，为当地居民和游客提供了必要的便利，但在生活服务设施方面仍然有些不足，可能会影响游客的体验和当地居民的生活质量。面对这些挑战，耦合磨合类乡村在革命旧址保护和自身发展的双重任务上需要采取一系列策略。

在未来的革命旧址保护与利用中，应注重提升保护水平，使之与现代乡村发展相耦合、相协调。对于未经修复的革命旧址，应积极开展维护和修复工作，确保历史遗迹的原真性。对于那些已经完成修复的旧址，应引入专业团队进行定期的评估和验收指导，防止由于过度保养而导致历史感和红色氛围流失。在展示和教育方面，要打破传统的展陈模式，探索更有差异性和创新性的内容展示方式。运用现代科技手段，如增加多媒体和互动性辅助展示，提升观众的参与度和体验感。通过营造景观小品和利用声光电技术重现历史场景，让游客身临其境地感受历史，但要注意把握展示的尺度，避免过分夸大，以防对旧址的展示造成不良影响。

在乡村发展的进程中，重点应放在完善和丰富乡村的生活服务设施上，着重提升住宿、饮食和娱乐等基本服务，提高服务行业的整体质量和设施的供给水平。具体来说，乡村地区应加强住宿设施的建设，提供更多舒适便捷的住宿选项；餐饮服务应追求多样性和地方特色，满足不同游客的口味需求；增设娱乐和购物设施，丰富乡村的生活氛围，吸引更多的访客；强化乡村的文化内涵，建设革命文化学习场所，培育乡村居民的精神自信，吸引对革命历史文化感兴趣的游客；充分利用乡村自身交通便利的地理优势，与周边的景观资源相结合，开发新的旅游线路，增加客流量，促进乡村经济的多元化发展。对于产业经济基础较好的乡村，要加大对革命旧址资源的投资和开发，通过打造红色旅游产业，提升乡村的文化价值和当地居民的历史意识，促进当地经济更上一层楼。

3. 耦合失调类

对处于耦合失调类的乡村来说，在革命旧址保护和乡村发展方面，其资源配置、政策支持，以及社区参与度存在不足，发展滞后。为了促进这些乡村的全面发展，采取针对性的策略至关重要。

在革命旧址的保护上，政府和社区各级需要加强意识，认识到这些旧址不仅是历史的见证，也是现代社会教育和文化传承的重要载体。制定专业的保护和维修方案，既要考虑旧址的历史价值和文化意义，也要兼顾其开放利用的潜力，确保旧址保护既符合专业标准，又满足公众文化需求。而加强建档工作是为了更好地保护和传承这些旧址，提升乡村的文化自信和历史自觉，让村民明白自己所在地的文化价值和历史地位。展览馆的新址和革命旧址之间的整体性介绍，能提升游客的参观体验，让他们在游览时能够获得连贯的认知和深刻的理解，增强旧址的教育功能，通过具有故事性和连续性的展示，参观者能够更加深入地了解历史，感受历史的生动性和教育意义。

在乡村发展，特别是在乡村振兴的大背景下，应在革命旧址中融入各类文化元素，通过小品艺术、雕塑等设施的设计，巧妙地将这些文化元素融入乡村的公共空间，增加公众学习和体验革命文化的机会，在一定程度上优化乡村的视觉环境和社会氛围。基础设施的完善是乡村发展不可或缺的一环。在此基础上，卫生间、停车场的建设，以及垃圾箱和休闲座椅的合理布局，直接改善了居民的生活水平，为游客提供了更加舒适和便利的体验条件，从而吸引更多人参与乡村旅游和文化体验。同时，生活服务设施的配置也至关重要。例如，为革命旧址提供专业的讲解服务，以及增设旅游咨询和服务中心，都能在一定程度上提高游客的体验质量，有利于革命文化的传播和乡村旅游的发展。此外，利用革命旧址及乡村其他特色资源，开发红色旅游项目和产品，能够丰富乡村旅游的内涵，增强其吸引力，促进乡村经济的发展，为居民提供更多就业和增收的机会。

第三节 5G时代下革命文物的数字化活态发展

一、在地场域的数字互动

（一）虚拟现实与增强现实技术

虚拟现实技术是一种将虚拟与现实巧妙融合的先进科学技术，自其诞生之日起便引发了人们广泛的讨论，成为学术界和产业界的热门议题。虚拟现实技术在推动数字空间体验中的核心优势在于能够使人们增强身体感知，通过模拟人类的视觉、听觉和触觉，虚拟世界的形态或数字化表现更加逼真和感性，让人们仿佛置身科技打造的数字领域。与传统叙事方式相比，虚拟现实体验提供了一种全新的模式。在视觉上，其打破了传统叙事空间的视线限制和框架边界，营造出一种类似肉眼在现实世界中所见的视觉效果。用户在体验过程中不再是旁观者，而是成为叙事的主体，与周遭的虚拟环境建立起了直接的联系和意识上的联想。通过互动和环境的引导，用户可以探索和发现环境中的信息，开启一种全新的体验模式，踏上一段独特的数字化旅程。当虚拟现实技术应用于革命文物的展示和教育，孵化出的红色虚拟空间让公众得以超越时间和空间的限制，使观众能够全面领略革命时期遗址的风貌，深刻体验革命先烈和英雄人物的生活环境。许多在现实生活中不可能实现的场景在虚拟世界中出现，让人们以全新的视角理解和感受历史。

贵州赤水市推出了全国首创的"'四渡赤水'VR战争体验中心"，将历史与现代技术完美融合。该体验中心位于历史悠久的丙安古镇，这里风景秀丽，还承载着丰富的革命历史。通过先进的虚拟现实技术，这个体验中心将游客带回1935年的四渡赤水战役。在这个虚拟现实的环境中，游客不再是远离事实的旁观者，而是变成了亲身体验历史的参与者。他们能够从第一人称的视角，感受到红军在艰苦卓绝的环境中，过五关斩六将，最终实现战略转移的英勇壮举，更加深刻地理解和感受那段历史的艰难和伟大。

增强现实技术是在虚拟现实技术的基础上发展而来的，其与虚拟现实技术的根本区别在于，虚拟现实技术创造了一个完全虚构的环境，而增强现实技术则是在现实世界的基础上叠加虚拟元素。在增强现实技术的作用下，用户可以在真实的环境中看到虚拟对象，并与现实世界中的物体进行交互，提高对虚拟物体真实感的感知。增强现实技术的应用范围非常广泛，从游戏、娱乐到教育、医疗，都能找到它的身影。将增强现实技术应用于历史文化领域，比如革命文物，可以提供一种全新的认知体验。通过增强现实技术眼镜或二维码等工具，人们可以在现实的革命文物旁，看到与之相关的虚拟信息，使历史事件动态重现，更加生动、直观地理解和感受历史。

革命圣地西柏坡推出了一种引人注目的全新增强现实技术游览方案，这一方案通过先进的2D和3D图像识别与跟踪技术，加上即时定位与地图构建技术的支持，使游客可以在景区中实现全景的增强现实技术导航，整个环境都将被数字化的信息覆盖。通过扫描景区中的特定场景，游客可以穿越时空，回到那些红色岁月，让历史走进现实，以个体的视角，成为历史的叙事主体，感受、理解西柏坡不同路线下的故事，领悟老一辈革命家的精神面貌。

（二）开放式数字沙盘

开放式数字沙盘通过打破传统物理空间的限制，利用数字技术扩展展品的可利用空间，并通过声音、光效、电子技术以及三维动画等手段增强展示效果，为观众提供了一种全新的互动体验。在5G技术的支持下，开放式数字沙盘的应用变得更加广泛和深入。5G网络的高速传输特性和低延迟特性使大量数据能够实时处理和传输，数字沙盘中复杂的动画效果和互动功能能够流畅展现。5G 技术支持的设备间更高效的连接为多用户互动提供了可能，观众能够共同参与数字沙盘的互动，提升体验的社交性和参与感。开放式数字沙盘通过高精度的三维扫描和建模技术，将革命文物及其周边环境精确复原在数字沙盘中，观众可以在沙盘上看到历史事件发生的具体地点、环境背景以及当时的社会状况。与此同时，通过触摸屏或其他交互设备，观众可以与场景进行互动，比如通过操作改变时间节点，观察历史变迁，或是点击某个具体的文物或地点了解更多相关信息。除了静态展示，开放式数字沙盘还能提供动态的演示效果。利用声光电及三维动画技术，沙盘可以模拟历史事件的发生过程，如革命战争的战斗场景、重要历史事件的实时演绎等，观众通过这一技术，能够更直观地感受到历史事件的紧迫感和真实感，从而对革命历史有更深刻的理解和感悟。此外，开放式数字沙盘还具有很好的教育功能，通过与沙盘的互动，观众能够获得知识信息，更能够在参与过程中加深对革命文物和历史事件的记忆。尤其是对年轻人来说，这种现代化、互动性强的展示方式更容易引起他们的兴趣，有助于激发他们对历史的好奇心和探索欲，从而传承和弘扬红色文化。

以 2021 年 6 月在上海市中国共产党第一次全国代表大会纪念馆推出的《伟大的开端——中国共产党创建历史陈列》中的"光荣之城"全景沙盘为例，这个全景沙盘通过大量精细的小型建筑模型，生动地传达了上海作为革命活动重地的红色足迹和历史发展风貌，展示了上海在中国共产党早期历史中的重要地位和作用。

"光荣之城"全景沙盘是一个集声、光、电技术于一体的互动平台，观众可以通过触摸屏幕、声音输入等多种互动方式，探索上海革命历史的各个方面。例如，观众可以选择一个特定的地点，如中国共产党第一次全国代表大会会址，沙盘会立即高亮显示该地点，并播放相关的历史背景和故事介绍。通过运用高级的计算机图形技术和三维动画，沙盘中的革命历史事件可以动态地展现出来。例如，可以模拟 1921 年中共一大的召开过程，让观众置身那个历史时刻，感受那个时代的氛围，在沉浸式的体验中学习和感受历史。

（三）数字触屏服务

数字触屏服务在现代展览馆的应用已成为一种常态，极大地便利了观众寻找信息的过程，而且还以一种前沿的技术形式为馆藏资源的保护提供了创新途径。尤其在革命文物的展示上，数字触屏技术的引入使观众能够通过触摸屏幕上的红色符号和信息，快速地定位和理解展出的文物，从而获得一种深刻而直观的红色文化体验。体验的核心是虚拟模型的建立，观众能够在展馆内使用实体的电子触摸屏设备进行探索，虚拟展览不限于二维的图片展示，还包括三维的立体化展示，甚至是更加互动的多功能查询和选择模式，使红色文化的传承更加生动和立体。这一服务能够让观众通过更加直观和便利的方式，深入地体验和理解红色文化的深刻内涵。更重要的是，数字触屏技术的应用在提升观众体验的同时，也为红色文化资源的传承和展示注入了新的活力。

为庆祝中国共产党成立100周年，湖南省文物保护利用中心发挥创新精神，推出了一项独特的线上展览——湖南馆藏百件珍贵革命文物数字展。此次展览是一次未来科技与历史传承相结合的全新尝试，从全省众多红色资源中精心挑选出了一百件革命文物，借助尖端的数字虚拟技术，如三维全息展柜和数字触屏服务，使观众近距离地接触和探索文物，仿佛穿越时空，与历史上的革命英雄零距离接触。这次展览为广大观众提供了一个全新的学习和体验平台，也是对中国革命精神的一次深刻致敬和传承。

二、线上平台的云端对话

（一）数字博物馆专项平台

美国博物馆学者斯蒂芬·韦伊（Stephen Weil）深刻阐述了博物馆的

独特价值所在。他认为，博物馆的真正价值并非单纯地依赖其所拥有的资源数量或珍稀程度，而是更加侧重这些资源如何被利用和诠释，以及它们所能带来的文化和教育影响。①

在斯蒂芬·韦伊的观点中，博物馆的价值体现在两个主要方面。一方面，是对馆藏资源的深度挖掘和文化价值的彰显。馆藏资源是一种物质的存在，反映不同时代的人文风貌和社会变迁。博物馆通过对馆藏文物的保护、研究和展示，让沉默的历史见证者重新发声，为现代社会提供了一扇窥探过去的窗口，激发人们对历史和文化的兴趣和尊重。另一方面，斯蒂芬·韦伊强调了博物馆在文物保护方面的作用。通过专业的保护措施和科学的管理，博物馆确保这些珍贵的文化遗产传承给后代，为公众提供了一个直接接触和学习历史文化的平台。在这个意义上，博物馆起到了连接过去、现在和未来的桥梁作用，为人类的文化传承作出了不可磨灭的贡献。

数字博物馆的专项平台改进了传统博物馆在文物保护和展示形式上的局限。

一是增强了博物馆在传播文化内涵和发挥文化作用方面的能力。通过将实体展品转换成数字化形式，公众能够通过手机、电脑等移动设备，不受时间、空间限制，接触和交流博物馆藏品。用户可以通过放大、缩小数字图像，或观看展品的视频，深入研究和观察展品的形状、纹理和细节，这种互动性和可操作性极大地丰富了观众的学习体验。数字博物馆的教育功能激发了观众的学习兴趣和探索欲望，促进了观众个性化学习和创造性思维的发展。观众可以根据自己的兴趣和需求，选择不同的学习路径和深度，这种自主性和灵活性是传统博物馆难以比拟的。

二是在当今数字化技术高速发展的背景下，文物及馆藏展品的数字化保护逐渐成为文化传承的重要方式。通过将文物和展品虚拟化，放置于网络空间，降低了传统展览中文物受到物理环境变化、意外事件等不

---

① Stephen Weil, "A Cabinet of Curiosities: Inquiries into Museums and Their Prospects," Journal of Vegetation Science, (1995): 24.

可控因素影响的风险，还能为公众提供一个新的、互动性强的观展平台。观众无须受地理位置的限制，随时随地都能通过网络访问和欣赏这些珍贵的文化遗产。数字化技术在为人们提供便捷的同时，也扩展了文化传播的范围和深度。

三是其创新之处体现在将革命文物的数字资源搬上线上平台，创新了文物的展示形式，贴合当代年轻群体的需求与兴趣。通过科技手段，如虚拟现实技术，年轻人得以在数字空间中进行"红色之旅"，打破实体展馆的地域与时间限制，弥补革命文物与年轻群体之间可能存在的心理与认知距离。陕西省建立的数字博物馆便是这一理念的具体实践。该数字博物馆集成了省内珍贵的文物资源，运用了包括互联网信息、动态仿真、三维展示在内的多种先进数字化技术，为公众，尤其是年轻人提供了一个全新的、互动性强的文化体验空间。观众在这个数字博物馆中，不仅能够观赏到珍贵的文物，更能通过互动式的展示方式，深入了解文物背后的历史故事和文化意义，从而在轻松愉悦的氛围中接受红色教育，增强文化自信和历史使命感。

（二）自媒体平台

在数字时代，信息传播的方式经历了翻天覆地的变化，这一变革在大众与革命文物的对话方面尤为明显。自媒体平台的兴起极大地拓宽了信息传播的渠道，为大众与革命文物之间的互动注入了新的活力。自媒体平台的个性化和私人化特征使每个人都能够在这里发声，分享观点，同时也能作为受众，接收和理解信息，双向的互动模式让信息的传播更加生动和有效。对于革命文物资源而言，借助具有强大功能的自媒体平台进行宣传，无疑抓住了数字时代传播的先机。作为传播主体，革命文物的管理者可以利用官方媒体账号在各大平台推介红色内容，将革命文物的历史价值和精神内涵传达给公众。主动出击的宣传策略可以扩大革命文物的影响力，增强公众对革命文物的认识和理解。同时，作为信息的接收者，革命文物的传播者也应当积极收集公众的反馈。了解大众关注的焦点和偏好，可以帮助他们更准确地调整传播策略，使下一次宣传的针对性更强、效果更显著。通过多样化的平台实时发布和更新动态，让公众能够随时随地了解革命文物的最新信息，这为他们提供了一个积极参与和表达观点的空间。

随着互联网的快速发展，特别是在移动终端技术，如智能手机、笔记本电脑和平板电脑的支持下，自媒体平台迅速崛起，成为人们获取信息和娱乐内容的主要渠道。传统媒体与新兴媒体之间的竞争关系开始被重塑，传统媒体，如电视和广播的影响力不断减弱，而自媒体平台则日益成为年轻人的首选。以《我在故宫修文物》这一纪录片为例，其在传统媒体CCTV-9的播出并未引起广泛关注，当被放到自媒体平台"哔哩哔哩"上时，却迅速获得了高度关注和讨论，这从侧面反映了不同媒介对内容传播影响力的巨大差异。在网络平台，纪录片观看次数飙升至200万次，互动弹幕数超过6万条，显示出年轻观众对这类文化内容的热烈反响和高度参与。这一转变背后，是自媒体平台以其独有的互动性、开放性和即时性吸引了广大年轻用户，反映了年轻观众对于内容的新要求——他们更偏爱那些能够触及他们心灵，符合他们审美，以及能够为他们提供互动体验的内容。可见，纪录片《我在故宫修文物》之所以能在自媒体平台上获得成功，与其高质量的内容制作，以及能够满足年轻人审美和互动需求的特性是分不开的。在这种背景下，革命文物资源的数字化传播面临新的挑战和机遇。如何将革命文物资源与个性化、创意性的内容创作相结合，通过自媒体平台进行有效传播，是革命博物馆、纪念馆等文化机构面临的问题，也是这些文化机构实现文化价值传承、进行红色教育的重要途径。相关机构不仅要深入了解数字时代年轻人的文化消费习惯和偏好，还要掌握新媒体技术，创新传播方式，以更加贴近年轻人的方式讲好红色故事，传承红色基因。

第六章　历史印记千年不朽：让纸质文物"活"起来

第一节　纸质原料的化学组成与结构

一、植物纤维的细胞结构

（一）植物纤维的细胞形态

纸质文物中的纸张原料以植物原料为主，此类原料中含有一种特定死细胞——植物纤维。植物纤维细胞两端尖锐，中部空洞，形状细长，且纤维的细胞壁异常厚实，整体细胞结构呈现纺锤形，赋予了纤维极佳的挠曲性和柔韧性，使纤维之间能够紧密交织结合，形成坚固的纸张结构。纤维的中空部分可以有效提高纸张的吸水性和透气性，而纤维壁的厚度则直接关系到纸张的强度和耐用性。此外，纤维的纺锤形状和其交织结合的能力，是确保纸张均匀性和抗张强度的关键因素。每一个细胞都是一根独立的植物纤维，在造纸过程中，人们可以通过复杂的化学和物理作用使植物纤维相互连接，最终形成坚韧而连续的纸张网络。

（二）植物纤维的细胞壁结构

植物纤维的细胞壁结构复杂，主要分为初生壁和次生壁，其中，次生壁进一步细分为外层、中层和内层。初生壁较薄，富含果胶和纤维素；而次生壁则更加厚实，主要由纤维素、半纤维素和木质素组成。两个相邻纤维细胞之间的细胞间隙质，称为胞间层。胞间层把各个相邻的细胞连接起来，赋予了植物一定的机械强度，机械强度的形成是胞间层与初生壁共同作用的结果，它们共同构成了复合胞间层。

不同种类的造纸纤维原料在微观结构上存在显著差异，主要体现在纤维的长度、宽度以及细胞壁的厚度上。一般来说，纤维的长宽比是影响纸张强度的关键因素。长宽比较大的纤维更易于相互缠绕和交织，形成较多的纤维交点，从而在纸页中形成较强的力学网络结构，增强纸张的抗拉强度和耐破度。因此，长纤维通常被用于高强度的纸张生产中，如写作纸、包装纸等。另外，纤维细胞壁的厚薄和腔室的大小也是影响纸张性能的重要因素。壁薄腔大的纤维细胞具有较高的柔韧性和弹性，使纸张在受到外力作用时能够更好地吸收和分散力量，从而提高纸张的抗折和抗撕能力。同时，纤维在纸张中的排列更为紧密，增强了纤维之间的交织作用，提升了纸张的整体强度。

二、植物纤维细胞壁的化学成分

（一）纤维素

纤维素的化学结构和其独特的物理化学性质，决定了它在植物纤维细胞壁中的关键作用，以及在纸质原料中的核心地位。从分子层面来看，纤维素是一种线性高分子聚合物，主要由 β-D-葡萄糖单元通过 β-1,4-糖苷键连接而成，使纤维素分子呈现直线型结构，有利于分子间通过氢键形成稳定的网络结构，是纤维素具有高度结晶性和机械强度的基础。在植物细胞壁中，纤维素以微纤丝的形态存在，微纤丝通过复杂的相互作用形成了稳固的网络结构，为植物细胞壁提供了必要的支撑，是纤维素作为有效纸张原料的基础。

在纸张生产中，纤维素的特性被充分利用。首先，纤维素分子之间强烈的氢键作用使纤维具有良好的结合能力，在纸张形成过程中，纤维相互缠绕、结合，形成坚固的纸张结构。其次，纤维素的高度结晶性使制成的纸张具有一定的防水性和机械强度，能够满足不同用途的需要。

在化学处理过程中，如碱处理或漂白，纤维素的化学稳定性也显示出其优势。尽管在这些过程中，纤维素会受到一定程度的影响，但其主链结构相对稳定，不易被破坏。此外，通过羟基的衍生化反应，人们可以制备出各种功能化的纤维素衍生物。这些纤维素衍生物在纸张功能化、生物医学以及其他领域有着广泛的应用前景。

（二）半纤维素

半纤维素不同于纤维素高度有序和结晶性的特点，呈现出较为复杂且分支状的非结晶区域，由多种不同的糖单元组成，糖单元通过 β-1,4- 糖苷键相连，形成多糖链。这些糖单元主要包括木糖、阿拉伯糖、甘露糖、半乳糖及葡萄糖，其中，木糖和葡萄糖是半纤维素中常见的糖单元。在植物细胞壁中，半纤维素的分子量较纤维素小，且其水溶性较好，使半纤维素在细胞壁的物理和化学性质中能够起到独特的调节作用，可以与细胞壁中的纤维素微纤维相结合，形成稳定的复合结构，增强细胞壁的机械强度，为植物提供必要的柔韧性，使植物适应各种外部环境的变化。在纸张生产过程中，半纤维素对纸张的物理和化学特性有着直接的影响。由于其具有较好的水溶性，半纤维素在纸浆的制备过程中，会降低纸浆的过滤性和干燥性。在纸张成型和干燥的过程中，半纤维素能够在纤维之间形成有效的黏结，提高纸张的强度和柔韧性。此外，半纤维素还能影响纸张的透气性和吸水性，这对于特定用途的纸张，如滤纸、吸水纸等，具有重要的意义。

（三）木质素

木质素是由碳、氢、氧组成的复杂有机高分子，其主体结构是由苯基丙烷单元通过各种化学键连接形成的三维网状结构。木质素在植物细胞壁中的分布能够为植物体提供机械支持，增强其刚性和防水性，是植物对抗微生物侵袭的重要物质基础。在化学结构上，木质素的苯基丙烷单元通过各种类型的化学键连接，形成了复杂多变的三维网络结构，导致木质素具有多样的化学性质，并在不同植物的不同部位中呈现出多样化。

木质素分子中含有多种活泼的官能团，包括羟基、甲氧基、醛基、羧酸基等，这些官能团的存在使木质素具有高度的反应活性。例如，木质素中的酚羟基可参与氧化还原反应，而羧酸基则可以参与酯化或水解反应。木质素的稳定性相对较差，特别是在光照和氧气存在的条件下，木质素容易发生光氧化反应。在这些反应中，木质素分子中的酚羟基和其他活泼基团参与反应，导致木质素结构的断裂和改变，进而影响其化学性质和物理特性。在纸张老化过程中，木质素的光氧化是导致纸张发黄和变脆的重要因素。光照促使木质素中的酚羟基发生光敏反应，生成自由基，进一步触发连锁反应，导致木质素分子的断裂和官能团的改变，最终引起纸张物理性能的下降。

第二节 纸质文物保护技术的创新与运用——以安庆博物馆馆藏书画为例

一、安庆博物馆与书画文物

安徽省安庆博物馆作为国家一级博物馆，承担着收藏、研究、展示和教育的重要使命，是安庆市乃至整个安徽省文化生活中的一颗璀璨明珠。安庆博物馆藏品总量高达10046件/套，其中珍贵文物数量达971件/套，一级文物23件/套、二级文物46件/套、三级文物902件/套。藏品类别繁多，包括但不限于陶瓷器、青铜器、石器、名人碑刻、书画、革命文物、民俗文物、黄梅戏史料等。在书画领域，安庆博物馆所藏的邓石如、郑珊、虞蟾、陈若木等清代书画家的作品，以及何香凝、于右任、王雪涛等现代书画家的艺术精品，都展示了中国书画艺术的演进和多元。

安庆博物馆内1946年黄镇军事调处执行部的身份证、民国时期黄梅戏的木刻梓板及手抄本、石印本等珍藏，具有高度的艺术价值和历史价值，对研究中国特定历史时期的社会状况、文化特征和艺术发展具有重要意义。安庆博物馆的地理位置使其具有特定的气候特征，处于亚热带季风性湿润气候区，年平均气温约17摄氏度，夏季温度在25～28摄氏度，平均年降水量在1300～1500毫米之间。这样的气候条件对文物的保存提出了挑战，尤其是对纸质文物。安庆市年平均相对湿度为77%，远高于文物保存的理想湿度要求，尤其在梅雨季节，高湿度环境为文物保护带来了不小的考验。因此，安庆博物馆在藏品保护方面采取了一系列专业措施，包括调节存储环境的温湿度、使用防虫防霉技术等，保证了藏品的物理状态，也保护了它们的历史价值和文化意义，确保这些珍贵的文化遗产被后代继续研究和欣赏，为公众了解和接触丰富的历史文化提供了宝贵的窗口。

安庆博物馆的书画珍藏是中华文化的瑰宝，这批珍藏中共41件（76幅）书画文物，包括3件（6幅）的二级文物和38件（70幅）的三级文物，涵盖了从清代到近代多位杰出书画家的作品，其中不乏安庆市及安徽省内外的知名艺术家，如郑珊、郑琳、胡竹芗、邓石如等。

书法作品的韵律动感与宁静雅致，绘画作品的独特风格与精致神妙，展现了艺术家高深的艺术功底，体现了安庆及安徽地区丰富的文化底蕴和历史传统，保护和修复此类文物对研究地域文化、推动文化遗产保护也具有重要意义。

二、书画文物病虫害分析

（一）典型病害类型及病害

安庆博物馆收藏的书画文物，其价值无疑是巨大的，但这些珍贵的艺术品面临多种病害的威胁，包括水渍、污渍、皱褶、折痕、断裂、残缺、微生物和动物损害、装裱缺损以及脱壳等。安庆博物馆中书画文物的纸张主要以檀皮、雁皮和构皮为原料，其独特的材质和制作工艺使其具有较好的耐久性和美观性，但随着时间的推移，未经加工处理的纸张仍然难以抵御各种病害的侵袭。表面的褶皱和折痕可能是由于长时间的存储和使用不当造成的，而水渍和污渍则可能源于环境湿度的控制不当或者不慎的人为疏忽。

为了保护这些无可替代的文化遗产，需要对受损的书画文物进行及时的清洗和保护。清洗过程需要谨慎进行，避免对原有材质和颜色造成二次损害。同时，针对不同类型的损害，应采取相应的修复和保护措施，如对于微生物和动物损害，需要在确保文物安全的前提下进行有效的灭菌和防虫处理。

（二）病害原因分析

这批清代和近代书画文物的纸张纤维经历了不可逆的自然老化过程，导致纸张强度显著降低。不少文物受到了虫害和微生物侵袭，在纸张上留下了无法挽回的伤痕。在制作和装裱过程中，工作人员使用的动物胶、淀粉、矾、树脂等有机物质，虽然在当时是为了提升文物的保存效果或美观性，但这些物质却成为霉菌、细菌和害虫滋生的养料，加剧了文物的损害。尤其是在潮湿环境下，有机物质极易成为微生物的滋生地，加速文物的损坏过程。这些书画文物在进入博物馆之前，经历了各种不同的保存环境。由于各地征集和捐赠时缺乏专业的文物保护意识和技术，导致许多文物在收藏前就已经遭受了不同程度的破坏。文物保存环境的温湿度控制不当，紫外线、灰尘、害虫和有害气体的侵害，都对文物的保存状态造成了负面影响。此外，部分书画在装裱、展览或保管过程中的不当处理，也是导致文物发生损害的重要原因。

三、保护修复的技术路线及操作步骤

对安庆博物馆内41件（76幅）残损的书画文物进行恢复性保护修复，是一项精细且系统的工作，旨在尽可能地恢复文物的原始状态，确保其长期的安全和稳定保存。

保护修复工作坚守的核心原则是"最少干预"，文物保护者要确保自己所采用的材料和技术对文物原有状态的干扰最低，所有的新材料和新工艺在实际应用前都必须经过严格的试验和研究，以保证其安全性和有效性。通过这样的工作流程，修复后的书画才能够真实并全面地保留其历史信息和价值，为未来的展示、研究提供服务。每一步修复工作都要严格遵守《馆藏纸质文物保护修复档案记录规范》，确保每一件文物的修复过程、所用材料和技术都有详细、真实的记录，这不仅有助于后续的文物管理和研究，也为文物保护领域提供了宝贵的实践经验和数据支持。

具体的修复步骤分为揭裱和重新装裱两大部分：

揭裱过程主要是去除书画上的旧裱糊和污渍，这一过程需要极其细致的操作，避免对原作品的进一步损伤，包括裁切废旧裱件、清洗去污、润揭画心等步骤，接着进行修补残缺、托画心、贴折条、修补全色、镶嵌绫绢等一系列复杂工序，最后进行覆背贴墙、砑光和装天地杆，以确保书画的完整性和稳定性。

重新装裱步骤则是在保护性处理的基础上，对画作进行美观性的恢复，包括清洗去污、托画心、镶嵌绫绢、覆背贴墙、砑光以及装天地杆等环节。

（一）检测分析

1.扫描电镜及能谱分析

扫描电镜及能谱分析技术主要用于分析文物表面的微观结构和组成元素。通过扫描电镜，文物保护者可以获得书画文物纸张纤维、墨迹、颜料等的高分辨率图像，观察其微观损伤情况，如纸质的磨损、虫蛀情况、颜料是否脱落等。能谱分析则能够进一步帮助文物保护者识别文物上所含元素的种类和分布，为其选择合适的修复材料和方法提供科学依据。

2.纤维仪分析

纤维仪分析重点关注的是文物纸张本身的纤维类型和状态。通过纤维仪分析，文物保护者可以详细了解纸张中各种纤维的比例、纤维的损伤程度以及纤维间的相互作用情况，对确定修复中需要采用的纸张种类、纤维补充材料等具有重要的指导意义。

3. 红外光谱分析

红外光谱分析在文物修复中的应用，主要是识别和分析书画材料中的有机化合物，如纸质、颜料、胶黏剂等的化学成分。通过红外光谱图谱，文物保护者可以确定文物材料的化学组成，检测出历史上可能使用的修复材料残留，或是文物中的潜在腐蚀因素。

（二）污渍清除

1. 水渍、灰尘的清除

水渍是纸质文物表面的一种污染物，通常由于纸张不慎受潮或遭水浸泡而形成，会影响文物的美观，导致纸张变形、发霉等问题。清除水渍需要利用吸水性较好的吸水纸张吸取水分，吸水纸张通常由纯棉或纸浆制成，能够迅速吸收水分而不会对文物本身造成损害。当水分被吸取后，水渍表面可能会残留一些杂质和颗粒物，如灰尘和纤维碎片。此时，文物保护者可以利用吸尘器轻轻吸尘，将表面的杂质吸走，要选择软质刷头的吸尘器，以免对文物表面造成划痕。对于一些顽固的水渍，可能需要使用一些化学溶液进行清洁。常用的化学溶液包括稀释的乙醇、醋酸乙酯等，这些溶液能够有效地溶解水渍，但在使用过程中需要注意溶液浓度和使用方法，以免对文物造成不可逆的损害。

除了水渍，灰尘也是纸质文物表面常见的污染物。灰尘中可能附着有害微生物，加速纸张的老化和腐朽。对于表面有轻微灰尘的文物，文物保护者可以使用软毛刷轻轻刷去，以免刷毛对文物表面造成划痕；对于一些大面积沾染灰尘的文物，可以使用干净的湿海绵轻轻擦拭，避免引入更多的杂质。对于一些较大面积的灰尘，要选择软质刷头的吸尘器进行吸尘清洁；清除灰尘时，要轻拿轻放，避免过度用力。

2.霉斑的清除

霉斑产生的主要原因是纸张表面的潮湿和高湿度环境，为霉菌的生长提供了适宜的条件。清除霉斑包括多种手段，常见的主要包括以下几种：

（1）酶法清除霉斑。酶法是利用酶类物质分解霉菌产生的有机物质去除霉斑。常用的酶类包括纤维素酶、蛋白酶等。操作步骤为将酶溶液均匀地涂抹在霉斑处，待一定时间后用软刷轻轻擦拭，再用清水冲洗即可。

（2）漂白法清除霉斑。漂白法是利用化学漂白剂将霉斑处的颜色去除，达到清除霉斑的目的。常用的漂白剂包括过氧化氢、次氯酸钠等。操作步骤包括将稀释后的漂白剂均匀地涂抹在霉斑处，一定时间后用清水冲洗干净。

（3）中和酸性物质。霉菌在生长过程中会产生酸性物质，加速纸张的腐蚀和老化。因此，中和这些酸性物质也是清除霉斑的重要方法之一。常用的中和剂有碱性溶液，如氢氧化钠溶液或氨水。操作步骤是将稀释后的中和剂均匀涂抹在霉斑处，然后用清水冲洗。

（4）光氧化法清除霉斑。光氧化法是利用光和氧气将霉菌进行氧化分解，达到清除霉斑的目的。这种方法需要将文物暴露在紫外光或者日光下，让光线和氧气共同作用于霉斑。需要注意的是，这种方法需要在严格控制光照和温度的情况下进行，以防文物受到光和热的损害。

（5）抑菌剂的使用。在清除霉斑后，为了防止霉菌再次滋生，文物保护者可以在文物表面喷洒或刷涂抑菌剂，抑制霉菌的生长。常用的抑菌剂包括氯化铝、氯化锌等。操作步骤是将抑菌剂溶液均匀地涂抹在文物表面，经过一定时间让其自然干燥。

3."泛铅"的清除

所谓"泛铅"，是指纸张上的铅笔或铅粉氧化而产生的黑色氧化物。传统上，人们常用橡皮擦等物理手段来清除"泛铅"，但这种方法往往不够彻底,并且容易对文物造成二次损伤。现阶段,文物保护者可以采用一种更为温和而有效的清除方法,即使用3%的过氧化氢溶液。过氧化氢是一种无色液体,也是一种强氧化剂,在水中能够迅速分解成水和氧气,并释放出活性氧,具有强烈的氧化性能。因此,过氧化氢溶液可以有效地将纸张表面的"泛铅"氧化分解,从而实现清除的目的。

4. 脱酸

脱酸的方法有多种,常用的有浸泡法、喷涂法和气相脱酸法等。

(1)浸泡法。浸泡法是较为传统的脱酸方法。在利用浸泡法脱酸时,纸张会被浸泡在含有脱酸剂的溶液中一段时间,使溶液中的中性或碱性成分渗透纸张,中和其中的酸性物质。常用的脱酸剂有碳酸氢钠、碳酸氢钾、氢氧化钙等。浸泡时间和温度需要根据纸张的具体情况和酸度进行调整。

(2)喷涂法。喷涂法是将脱酸剂溶液喷洒在纸张表面,通过表面吸附和渗透作用使脱酸剂渗入纸张内部,与酸性物质发生反应。这种方法适用于面积较小的文物,操作相对简便,但需要注意均匀喷涂和控制喷涂量,以避免对文物造成不良影响。

(3)气相脱酸法。气相脱酸法是一种较为高级的脱酸方法。这种方法是利用气态脱酸剂,通过蒸气扩散的方式渗透纸张,与其中的酸性物质发生中和反应。常用的气态脱酸剂有氨气、乙醇胺等。该操作方法相对复杂,但可以实现更为均匀和深层的脱酸效果,对于较为脆弱或敏感的文物尤其适用。

5. 颜料加固

对于颜料加固,常用的方法包括物理加固和化学加固两种。物理加固主要是利用材料的机械性能对颜料进行保护,如采用树脂、胶水或蜡等物质进行固化;而化学加固则是利用化学物质的特性对颜料进行保护,如利用酸碱中和反应、自由基聚合反应等。

文物保护者在对文物进行颜料加固时,首先需要评估颜料的稳定性和易溶性，以确定加固方法。对于稳定性较差的颜料，可以采用化学方法进行加固，以增强其黏附力和稳定性。常用的加固方法包括以下几种：

（1）树脂加固。树脂是一种常用的颜料加固材料，它具有优异的黏附性和耐久性，可以有效地固化颜料颗粒。常用的树脂包括天然树脂（如松香、乳香）和合成树脂（如聚酯树脂、环氧树脂）。树脂加固可以通过溶解树脂将其涂抹在颜料表面，待干燥后形成保护膜，增强颜料与纸张的黏附力和稳定性。

（2）胶水加固。胶水是一种常用的物理加固材料，它具有较强的黏附性和柔韧性，可以有效地固化颜料颗粒。常用的胶水包括动物胶（如兔皮胶、鱼胶）、植物胶（如淀粉胶、胶花）、合成胶（如聚乙烯醇胶）等。胶水加固的步骤是在颜料表面涂抹胶水，待干燥后形成保护膜，增强颜料与纸张的黏附力和稳定性。

（3）酸碱中和加固。酸碱中和是指通过调节颜料和纸张的酸碱性质，降低颜料的溶解度和反应性，从而增强颜料的稳定性。常用的酸碱中和剂包括氢氧化钙、碳酸钠等，文物保护者可以使酸碱中和剂溶解后喷涂或涂抹在颜料表面，待干燥后形成保护膜。

（4）抗氧化加固。某些颜料在面临氧化环境时会发生颜色变化或褪色，因此，文物保护者可以使用抗氧化剂对纸质文物进行加固。常用的抗氧化剂包括维生素 C、硫代硫酸钠等，这些物质溶解后被涂抹在颜料表面，可以形成保护膜，防止颜料发生氧化反应。

（5）光固化加固。光固化是一种较为新型的颜料加固方法，它能够利用紫外线或可见光对光敏性材料进行固化，在文物表层形成保护膜。光固化具有反应速度快、无溶剂挥发等优点，适用于对颜料进行精细加固。

第三节　纸质文物保护的对策和建议

一、重视纸质文物本体保护技术

（一）托裱法

托裱法是通过加固支撑保护纸质文物本体的技术。具体方法是将文物表面粘贴于支撑材料，以增强文物的稳定性和抗损性。常用的托裱法有单面托裱和双面托裱两种。单面托裱是将纸质文物的一面粘贴在支撑材料上，保留另一面自然展示，有效加固文物结构，减少其弯曲变形，并提供支撑以防止撕裂。单面托裱常用的支撑材料包括酸性纤维素板、亚克力板等。双面托裱是将纸质文物的两面都粘贴在支撑材料上，使文物在支撑材料上形成一个整体。这种托裱方法能够更好地保护文物，减少其受到的外部环境影响，增加其稳定性和耐久性。双面托裱常用的支撑材料包括无酸纤维素板、玻璃纤维布等。

（二）加固法

在纸质文物的本体保护技术中，加固法主要包括物理加固法、化学加固法和纸浆修补法。

1. 物理加固法

在物理加固法中，保护剂加固法和丝网加固法是两种常用的方法，各有特点和适用场景。

保护剂加固法是一种通过涂覆或浸渍保护剂增强纸质文物强度的方法，这种方法可以增加文物的物理强度，还具有一定的防水、防虫和抗菌作用。该方法的具体流程如下：首先，选择合适的保护剂，常用的包括壳聚糖、纤维素衍生物等。其次，将保护剂均匀涂覆或使文物浸渍在保护剂溶液中，然后干燥。此方法可以较为均匀地加固整个文物，提高其整体的抗折强度和耐久性。某些保护剂具有防霉、抗菌的附加效益。用于文物保护的保护剂必须是化学稳定、不会对文物造成二次伤害的材料，并且需要控制好保护剂的浓度和作用时间，避免过度加固使文物失去柔韧性。

丝网加固法是指将丝网材料附着在纸质文物上，以提高其机械强度的一种方法，特别适用于具有较大面积破损或撕裂的文物。合适的丝网材料通常是细腻、透明度高、化学稳定性好的丝网。文物保护者在应用丝网加固法时，要将丝网按照文物的形状和尺寸裁剪，并使用适当的黏合剂将其粘贴到文物上。黏合剂的选择同样需要考虑其对文物的影响，一般来说，应选用长期稳定、不易老化的材料。丝网加固法能够有效地增加文物的抗拉强度和耐撕裂能力，对于大面积破损的文物尤为适用。加固后的文物依然会保持一定的柔韧性，不会影响其折叠或卷曲。

2. 化学加固法

化学加固法是指使化学物品与纸质文物的材料发生反应，从而达到加固和保护纸质文物的目的。在众多化学加固技术中，派拉纶真空镀膜技术和接枝共聚法是两种较为先进和常用的技术和方法。

派拉纶真空镀膜技术使用的派拉纶，即聚对亚苯基二甲基，是一种特殊的聚合物，在真空中通过化学气相沉积过程形成薄膜，可用于纸质文物的保护和加固。在真空环境中，派拉纶的单体材料能够通过热裂解转变为气态，然后在纸质文物的表面冷凝聚合，形成一层均匀、透明的保护膜。这层膜非常薄，但能有效隔绝空气、水分、灰尘等，减缓纸质材料的老化过程，增加纸质材料的物理强度。派拉纶膜具有优良的化学稳定性、电绝缘性、透明性和生物相容性，不会对纸质文物的原有性质造成影响，能有效防护纸张免受外界有害物质的侵害，延长文物的保存期限，适用于各种纸质文物，包括手稿、图画、档案等。虽然派拉纶镀膜技术能为纸质文物提供长期的保护，但该技术设备成本高，操作复杂，保护膜一旦形成难以去除，因此，文物保护者在应用前需要综合评估。

接枝共聚法是一种在纸质文物的纤维表面引入单体或预聚体，通过化学反应使其在纤维表面形成聚合物链，从而增强纸张的机械强度和化学稳定性的方法。该方法通过在纸张纤维上接枝聚合物，改变纸张的微观结构和化学性质，增强其耐久性。接枝过程通常涉及自由基或离子引发机制，可以在纸质文物表面形成一层细微的聚合物网络，提高纸张的强度和稳定性。接枝共聚法可以使文物保护者针对不同类型的纸质文物选择合适的单体和聚合条件，实现定制化的加固保护。这种方法能有效提升纸质文物的物理强度，增加其耐化学品、耐热和耐光性能，延长文物的使用寿命。但接枝共聚法需要精确控制反应条件，以确保加固效果的均匀性和纸质文物的安全。此外，接枝的聚合物需要有良好的稳定性和相容性，避免对文物造成潜在伤害。

3.纸浆修补法

纸浆修补法主要用于修补纸张的破损、撕裂或缺失部分。

（1）纸浆修补法的流程

①对纸质文物的损伤程度和类型进行详细评估，确定修补的范围和方法。②选择合适的纸浆材料是修补的关键步骤。选择与原纸张纤维类型相似的纸浆，可以确保修补后的兼容性和稳定性。纸浆的制备步骤是将选定的纸张浸水、蒸煮和搅拌，形成细腻的纸浆糊。③修补之前，需要先将损伤区域清理干净，去除松散的纤维和污垢。对于边缘不平整的撕裂，可能需要用小刀轻轻修整边缘，使之平滑。④将纸浆糊均匀地涂抹或填充到损伤区域。对于较大的破损，可能需要分层次地添加纸浆，每添加一层都需要适当压实和干燥。⑤纸浆修补后需要压平，并使其自然干燥，以防文物变形或出现新的损伤。待纸浆糊干燥后，需要对修补部位进行轻微的整理，确保修复处与文物表面平滑对接。

（2）纸浆修补法的应用和考量

①修补用的纸浆材料应尽可能与原纸张的纤维类型、厚度和色泽相匹配。常用的纸浆材料包括棉纸、亚麻纸和日本纸等，这些纸的纤维纯

净，强度高，老化缓慢。②在某些情况下，需要使用黏合剂增强纸浆与原纸张的结合。用于文物保护的黏合剂应具有良好的老化稳定性，不会对纸张造成化学损伤或变色。③纸浆修补是一门技术与艺术兼具的工作，要求修复者具备高度的专业技能和审美判断。修补的质量直接影响文物的保存状态和未来的保护工作。④纸浆修补应考虑是否具有长期的稳定性和未来可能的再修复需要。理想的修补是可逆的，即在将来的某个时刻，如果有更好的修复技术或材料，当前的修补可以被安全地移除而不损害文物。

（三）字迹显示法

1.物理法显示字迹

物理方法主要是通过改变照明条件、使用特殊的光源或采用微观技术来增强或显示字迹。红外摄影和紫外线照射常用于显示褪色或隐形的墨迹。红外线可以穿透某些颜料和墨水，显示下面的文字，而紫外线则可以帮助显示某些类型的隐形墨迹。例如，大英图书馆拥有一份珍贵的伊斯兰手稿，这份手稿历经数百年，文字部分因时间的流逝变得难以辨认，使用高分辨率扫描仪对手稿进行详细扫描，通过专业的图像处理软件，修复专家调整了扫描图像的对比度和色彩饱和度。通过细致的图像分析，修复团队成功地发现了手稿中原本不易察觉的细节，包括文本的笔迹、装饰元素以及纸张上的独特纹理。并且修复专家还将处理后的图像与原始图像进行了对比分析，确保修复过程中保持了手稿的原始风貌，最大限度地提高了文字的清晰度和可识别性。

2.化学法恢复字迹

化学法涉及使用化学试剂增强或恢复字迹，通常用于因墨水成分分解或物理磨损而变得难以辨认的文本。化学法可以使纸质文物中隐藏或消失的字迹再次显现，但使用这种方法需要非常小心，以免对文物造成进一步的损害。例如，铁镓墨水是一种常用的墨水，随着时间的流逝，使用这种墨水书写的字迹会因氧化而逐渐变淡。使用特定的化学试剂，如氢氧化钠溶液，可以增强这种墨水的可见性，但这需要在专业人士的监督下进行，以确保文物的安全。

二、加强对文物保存环境的控制

（一）温湿度控制

一方面，建立一个稳定的温度控制系统是保护纸质文物不受温度波动影响的基础。理想的温度范围通常为18℃～22℃；另一方面，湿度控制同样重要，因为过高或过低的湿度都可能导致纸质材料的损坏，理想的相对湿度应维持在50%～60%。因此，为了精确控制温湿度，文物保护者应使用集成的环境监测系统，该系统包括传感器、数据记录器和中央控制单元，能够提供实时数据分析和历史记录，帮助管理人员评估环境控制系统的性能。在特殊情况下，如展览或运输，需要使用便携式温湿度控制设备和监测工具，以确保文物在这些短暂但关键的时期也能得到适当的环境保护。此外，温湿度控制策略应考虑存储空间的绝缘和密封性能。墙壁、门窗和其他结构应具有良好的绝缘性能，以减少外界气候对内部环境的影响。密封性能的优化可以减少空气中污染物的入侵，为文物提供一个更加纯净的保存环境。

（二）虫害控制

1. 注重卫生防治，贯彻"以防为主，防治结合"的措施

（1）周围环境的清洁。确保文物存放环境周围无杂物堆积，防止害虫藏身，减少灰尘和污染源。定期清扫和检查仓库或展览室的周边环境，是预防虫害的重要步骤。

（2）存放文物柜、架的清洁。文物存放的柜子或架子需要定期清理，确保没有灰尘积累和虫害隐患。木质或由其他有机材料制成的存储设施

更应注意，因为可能成为害虫的食物来源或栖息地。

（3）文物自身的清洁。文物本身的清洁对于防虫至关重要，文物保护者要使用适当的方法和材料清洁文物，去除可能吸引害虫的污渍、灰尘或残留物。特别是对于有机材料制成的纸质文物，更需要防止霉菌生长，因为霉菌不仅损害文物，还可能吸引害虫。

（4）控制适宜的温、湿度。害虫生长繁殖往往在一定的温湿度条件下最为活跃。控制文物存储环境的温度和湿度，可以有效减少虫害发生的风险。一般而言，保持环境相对湿度在50%～60%，温度在18℃～22℃可以创造一个对害虫不利的环境。

2. 我国传统的中药杀虫防虫方法

（1）杀青避蠹。利用特定的中药材料，如艾叶或桑叶，制成干燥的粉末或条状物，放置在文物附近或存放文物的柜子中，在干燥状态下可以长时间发挥防虫效果。

（2）浸渍法。将文物轻轻浸入经特殊配置的中药液中，使中药液渗透纸质文物，达到防虫的目的。这种方法适用于对湿度变化不敏感的文物。

（3）气味驱赶法。使用具有强烈特定气味的中草药，如薄荷、丁香或桂皮等，将其放置在文物存储环境中，其特有的气味能有效驱赶或抑制害虫。

（4）涂抹法。将中药制成的液体或膏状物直接涂抹于文物的表面或存储空间的内壁上，形成一层保护膜，阻止害虫接触和侵害文物。需要注意的是，用于涂抹的中药，其成分必须是对文物安全无害的。

3. 化学防治

化学防治是通过应用有毒的化学物质直接或间接地杀灭害虫。应用非接触式化学物质是文物保护中一种常见的方法，如将杀虫剂喷洒在文物存储环境中而非文物上，这样可以降低化学物质与文物直接接触的风险。使用挥发性杀虫剂，如磷化氢、二氧化硫等，可以通过气体在封闭环境中的散布，杀灭或驱赶害虫。还可以采用局部应用的方法，将化学物质直接应用于受害虫侵扰的特定区域,确保化学物质不会扩散至其他部分。

4.物理防治

物理防治方法是指利用不同的物理作用控制或消除害虫,直接作用于害虫,致其死亡或抑制其繁殖。具体来说,主要包括高温与低温杀虫、微波辐射杀虫、充氮和除氧灭虫这几种方式。

(1)高温与低温杀虫。高温杀虫是通过将文物置于高温环境,利用高温对害虫的致死作用实现杀虫目的;与高温杀虫相对应,低温杀虫则是将文物置于低温环境,利用极低温度使害虫无法存活或繁殖。

(2)微波辐射杀虫。微波辐射杀虫是指通过对文物进行微波照射,利用微波的热效应和非热效应杀灭害虫。这种方法可以深入文物内部,对害虫产生即时的致死效果。

(3)充氮和除氧灭虫。充氮是指将文物置于密封环境,并将环境中的氧气替换为氮气。由于害虫无法在缺氧环境中存活,因此,利用该种方法可以有效地消灭害虫。除氧灭虫则是直接将文物存放环境中的氧气抽走或降至极低水平,以达到杀灭害虫的目的。

(三)光照控制

1.选择光源

文物保护者在选择光源时,应优先考虑那些紫外线和红外线辐射较低的光源。LED光源是一个较好的选择,因为这种光源中紫外线和红外线的成分较少,减少了光化学反应的风险。应避免使用高紫外线辐射的光源,如某些荧光灯和卤素灯,因为紫外线能够促进纸质材料的光化学退化,导致纸张黄化和脆化。选择光源时应考虑其能量分布,优先选择那些在可见光区域有较平坦光谱分布的光源,确保照明的均匀性,避免某些特定波长的光过量照射,引起特定化学成分的光反应。选择可以调节光强的光源,根据文物的特定需求和展示环境调整光照强度,避免过强的光照导致的纸质材料光降解。随着使用时间的增加，光源的光谱特性可能发生变化，特别是紫外线的辐射强度可能增加，应当定期检查和替换光源，确保光照质量和强度的稳定性。对于无法避免使用的、会发出一定紫外线的光源，可以安装紫外线过滤装置，如紫外线吸收或反射滤光片，减少紫外线对文物的照射。

2. 光照强度调节

使用光度计对文物展示或存储环境中的光照强度进行精确测量，光度计能提供实时的光强数据，便于文物保护者对环境光照进行定量评估。要根据纸质文物的材质和敏感程度设定光照强度标准，通常不超过50勒克斯，对于特别敏感的纸质材料，应进一步降低光照强度标准。在展示和存储区安装可调光系统，如调光器和可变光源，以便文物保护者根据需要调整光照强度，对光照强度进行精细控制，适应不同文物的光照需求。

3. 照明时间控制

对于纸质文物的保护，需要精确的时间管理，以减少光照对文物化学结构的潜在破坏。实施照明时间控制的措施包括使用定时器或光敏感控制系统自动调节照明设备的开关，确保文物的照明时间符合保护标准，避免过度光照导致纸质材料中的有机分子过多吸收光能，引发光化学反应，使文物材料中的分子链断裂和材料性能下降。在展示环境中，文物保护者可以使照明系统在特定的时间段内自动开启和关闭，仅在访问高峰时段照明，在闭馆或人流较少的时间自动关闭或降低照明强度。定时控制策略减少了累积光照量，降低了光诱导的化学反应和物理损害风险。光敏感控制器可以根据环境光线的变化自动调节照明强度，如在日光充足时自动减少人工照明，保持总光照强度恒定，避免因外部光照变化导致文物接受的光照总量增加。

4. 展览与存储空间设计

展览与存储空间的设计需要考虑多种因素，以控制对纸质文物的光照影响。在空间设计中，使用反射率低的材料构建内部墙面和天花板，能够减少光线的反射和散射，降低间接光照对文物的影响。地面也应采用反射率低的材料，避免光线从地面反射至文物。

对于自然光的控制，设计时应考虑窗户的位置和大小，使用可调节光线的窗帘或百叶窗，控制自然光的直接入射。在窗户上安装紫外线滤光膜，降低紫外线对文物的直接损害。对于需要使用自然光照的场合，可安装光导管系统，将光线均匀分布至室内，同时滤除有害的紫外线和红外线。通过这些措施，展览和存储空间的设计可以有效地控制光照，从物理和化学角度减少光照对纸质文物的潜在损害，延长文物的保存时间。

三、促进纸质文物保护理念提升

（一）以预防性保护为主，预防性保护和抢救性保护相结合

文物保护工作根据其介入时间、步骤和方法，大体可以划分为预防性保护和抢救性保护两大类。预防性保护，顾名思义，是一种前置的保护方式。它强调的是"预防"而非"治疗"，其核心理念是通过控制环境将藏品和标本的损害最小化。这种保护方式的目标是创造和维护一个对文物长期保存有利的环境，从而在问题发生前就将其扼杀在摇篮中，包括对温度、湿度、光照、空气质量等各种因素的精密控制，以及对可能导致文物损坏的各种潜在威胁的早期识别和排除。而抢救性保护则是在文物已经受损的情况下对其进行保护，更多地强调"治疗"，旨在抑制已经发生的损害，并将其稳定下来，防止损坏加剧。在这个阶段，保护工作往往需要更加精细和专业的操作，包括对受损文物的评估、制订恢复计划，以及进行实际的修复工作等。

文物预防性保护的概念最早可以追溯到1930年在罗马举行的一次国际会议，那时的讨论主要集中在如何控制文物保存环境的各种因素上。随着时间的推移，这一概念已经逐渐扩展，包括了宏观的政策决策、资金投入，以及微观的博物馆选址、建筑设计、展示方法等。从宏观到微

观、从整体到细节的全方位保护策略，体现了人们对文物保护重要性认识的深化和发展。

由于纸质文物承载着丰富的文化信息和历史价值，其数量庞大且极为珍贵，容易受到时间和环境因素的影响而遭受损害。在这种背景下，对文物进行预防性保护显得尤为重要。预防性保护在文物保护工作中的应用需要专业的技术和科学的管理，还需要对文物所处环境进行细致调控，确保文物在最适宜的条件下保存，从而最大限度地延缓其老化过程，防止损害的发生。然而，受限于历史遗留问题和现实条件，纸质文物的老化和损坏在一定程度上是不可避免的，但如果忽视了对受损文物的抢救性保护，文物的损坏将会逐渐加剧，最终导致无法挽回的文化损失。因此，在纸质文物保护的实践中，预防性保护和抢救性保护应当并重，相辅相成。预防性保护如同疾病的预防，旨在减少文物损害的可能性和程度，是一种更为经济和高效的保护策略。当损害发生时，抢救性保护则如同及时的医疗干预，是挽救文物生命的必要手段。两种保护方式的有机结合，将为纸质文物的长久保存提供更为全面和稳固的保障，确保这些珍贵的文化遗产传承至未来，让后世了解历史。

（二）发挥传统保护优势，传统技术与科技保护相结合

在文物保护的实践中，传统方法和现代科技手段各展所长，相互辅助。传统保护方法源于文物保护者丰富的实践经验和直观感受，它们如同古老的智慧，历经时间的洗礼仍显示出独特的魅力和价值。例如，传统的纸张修复技术，不仅是对物质的修复，更是对历史记忆的呵护。相比之下，现代科技保护方法则更强调科学性和系统性，通过精确的实验数据和量化分析，为文物保护提供更为精确和可靠的支持。

纸张作为人类文明的重要承载体，见证了无数的历史瞬间。我国劳动人民在漫长的历史长河中，探索和发展出了一套独特的纸张保护技术。从手工造纸的精湛技艺，到书画的托裱工艺，再到书籍的拓片装订方法，每一项技术都体现了先人的智慧和对文化传承的重视。更不用说，利用

自然原料进行温湿度调节和害虫防治的方法，传统智慧不仅环保，而且有效，展现了人类与自然和谐共生的理念，在我国的文物保护领域发挥了至关重要的作用，也为全世界的文化遗产保护提供了宝贵的经验和参考。

现代科技的飞速发展，高精度的检测技术和复杂的数据分析，揭示了纸质文物老化和损坏的深层原因，提供了一套全面而细致的解决方案。借助物理、化学、生物等多学科的理论，现代科技让文物保护变得更加科学和系统，能够使文物保护者具有针对性地解决各种保护难题。然而，技术的发展如同一把双刃剑，不当或过度的应用可能会适得其反，给纸质文物带来不可逆转的损害。例如，一些高科技保护方法可能会在无形中改变文物的原有状态，或留下难以预料的负面影响。此外，现代科技手段往往需要昂贵的设备支持和复杂的操作流程，这无疑增加了文物保护的经济和技术门槛，为其广泛应用造成了阻碍。

在这样的背景下，博物馆和文物保护机构需要审慎地选择保护方案。传统的文物保护技术历经数百年或数千年的实践检验，积累了丰富的经验和技巧，具有不可替代的价值。现代的文物保护应当结合现代科技的精确度和传统方法的稳健性，采用一种融合的保护策略。为了实现这一策略，博物馆应当大力引进和培养科技保护人才，通过学科交叉，培养出既懂科技又通传统的复合型人才，这将有助于文物保护领域拥有更多高效、创新的成果，更好地守护人类的文化遗产。

第七章　做好发展战略设计：让文物旅游"活"起来

第一节 文物旅游发展的理论基础

一、文物旅游的概念

文物旅游的综合性较强,涉及历史、文化、法律、社会学、旅游学等多个学科。简而言之,文物旅游指的是以文物为核心吸引物的旅游活动,不限于对可移动文物的欣赏,还注重了解不可移动文物资源及其所承载的历史文化内涵。

在中国,文物旅游的概念往往与《文物保护法》中对文物的定义紧密相关。该法律将文物划分为可移动文物和不可移动文物两大类,其中,不可移动文物包括建筑物、遗址,这些是文物旅游的主要对象;与之相对应的是遗产旅游,包括文化遗产和自然遗产。在国际上,遗产旅游通常指的是围绕世界遗产名录中的项目展开的旅游活动。文物旅游的核心在于对不可移动文物资源的利用和保护,这些文物资源与所在地的历史、文化、社会背景紧密相连。因此,文物旅游是对其背后历史文化的探索和理解。

文物旅游的类型多样,包括古村落旅游、历史文化名城(古城)旅游、遗址旅游、红色旅游、长城游、运河游等。从实践角度来看,文物旅游的开展需要考虑多方面的因素。首先是文物保护,确保旅游活动不会对文物造成破坏;其次是文化传承,通过旅游活动传播和弘扬地区文化;最后是社区参与,特别是当地居民的参与对于保护文化遗产、促进地区经济发展具有重要意义。

二、文物旅游的特殊性

文物旅游的特殊性主要体现在以下四个方面:

第一，文物旅游资源的不可再生性和脆弱性是其显著特点。不同于自然资源，文物一旦被破坏或消失就无法再生，其不可逆转性要求人们必须在开发利用的同时，注重对文物的保护，既包括对物质文物的直接保护，也包括对相关历史、文化背景的维持与传承。因此，在文物旅游的规划与实施过程中，保护文物资源，实现其可持续性利用是一个基本前提，不仅是为了保护历史遗产，更是为了未来世代也能够享有学习和体验这些文化遗产的机会。

第二，文化性是文物旅游的核心所在。文物本身是历史文化的载体，通过文物旅游，人们可以直观地感受和学习不同历史时期的文化特征和社会变迁。因此，文物旅游的发展不应局限于对经济利益的追求，要以文化的传承和发扬为出发点，以提升社会文化效益为目标，旅游开发者和管理者要提供观光服务，通过各种方式，如解说、展览、互动体验等，使游客深入理解文物背后的文化含义，从而实现文化的传播和教育功能。

第三，由于文物资源大多属于国家所有，其开发和利用自然受到政府的严格监管。政府在文物旅游的发展中负责制定相关政策和法规，确保文物保护和旅游开发的平衡，通过监督和管理引导文物旅游的健康发展。

第四，文物旅游的发展涉及多个利益主体，包括政府、旅游开发商、当地社区及游客等，这些利益主体有着不同的利益诉求，如何平衡这些利益，实现共赢，是文物旅游可持续发展的关键。相关各方在共同参与文物旅游开发时，要能够充分沟通、协调，确保旅游发展既能带来经济效益，确保文物保护，又能实现社会效益，带动当地社区发展。

三、文物旅游的类型

旅游业常被视为环境友好型的行业，但实际上，旅游业也存在对环境造成损害的一面。虽然旅游活动本身不像工业生产那样直接排放污染物，但人类活动的集中与频繁无疑会对环境造成影响和压力，特别是在文物旅游领域，其影响尤为显著。

文物旅游景区作为文化和历史的载体，吸引了大量游客，对于文化传播和经济发展有积极作用。然而，游客数量的增加，不可避免地带来了一系列环境问题。例如，人们在参观过程中可能会无意中触摸或踩踏珍贵的文物和遗址，导致文物和遗址的磨损和损坏；大量的游客集中也可能导致垃圾和污水的增加，对当地的水质和土壤造成污染。

研究根据旅游活动对环境影响的程度，将文物旅游活动划分为三种类型，有助于人们细致地理解和评估旅游活动对环境的具体影响，如表7-1所示：

表7-1 文物旅游的类型划分

类型名称	游客动机	对文物影响	主要危害
文物观光旅游	观光、游玩、观赏	对文物、环境有较大不良影响	不注意环境保护，文物破坏较为严重
文物体验旅游	与历史和文化对话，全方位体验文物各种价值	注意与自然、文物的交流，对文物不良影响较小	开始关注文物保护问题，环境影响较小
文物专项旅游（修学游、科考游）	获得特定历史文化知识，开展科学研究、修学教育等	对文物没有不良影响	以文物为交流对象，基本没有环境影响

第二节 文物旅游发展对各方面的推动意义

一、对经济发展驱动明显

文物旅游是一种极为特殊的旅游形式，对文物和历史遗迹的游览，能够增强人们对历史文化的了解和认识，推动当地乃至国家的经济发展。具体来讲主要有以下四个方面：第一，文物旅游对经济发展的直接影响体现在旅游收入的增加方面。文物旅游地点通常具有独特的历史文化价值，能够吸引众多国内外游客参观学习。游客的消费包括门票、导游服务、住宿、餐饮、交通和购物等方面，能够直接为当地经济带来显著收入。例如，根据中华人民共和国文化和旅游部数据中心测算，2024年元旦假期3天，全国国内旅游出游1.35亿人次，同比增长155.3%，按可比口径较2019年同期增长9.4%；实现国内旅游收入797.3亿元，同比增长200.7%，较2019年同期增长5.6%。①第二，除直接的旅游服务外，文物旅游还带动了文化创意产业、地方特色产品、旅游纪念品、民宿等的兴起，为当地创造了更多的就业机会，促进了产业结构的优化升级。许多地区开发了以当地文化特色为主题的文创产品，丰富了游客的旅游体验，还形成了新的经济增长点。第三，中国的许多文物旅游资源分布在中西部和农村地区，这些地区的经济较为落后，可以通过发展文物旅游，吸引外来投资和游客，带动经济的发展，缩小地区发展差距。例如，陕西省作为一个内陆省份，拥有丰富的文物旅游资源，如兵马俑、华清池等。为了发展文物旅游，陕西省推广数字化旅游服务，如虚拟现实旅游、在线互动平台等，打破了文物旅游的时间、地点限制。为了吸引更多游客，陕西省提升了文物旅游景区的服务质量，包括改善基础设施、增设多语种导览服务、优化游客接待中心等。第四，与其他类型的旅游相比，文物旅游更能抵御经济波动的影响，具有较强的抗风险能力。这主要是因为文物旅游的核心价值在于文化，而文化具有持久的吸引力和价值，不会因经济周期的波动而大幅度变化。因此，文物旅游可以为当地经济提供一个相对稳定的增长点。

二、对社会文化功能推动作用发挥明显

文物旅游不仅推动着地区、国家经济的发展，在完善地区基础设施、展示和传承地方文化、提高人口综合能力、打造区域品牌等方面发挥着积极作用。

首先，文物旅游的发展促进了地区基础设施的完善。为了满足游客的需求，提高其旅游体验，当地政府和企业会投资建设和改善交通、通信、卫生、住宿和餐饮等基础设施。例如，敦煌的旅游发展就显著推动

---

① 马思伟：《2024年元旦假期文化和旅游市场情况》，https://www.mct.gov.cn/whzx/whyw/202401/t20240101_950603.htm，访问日期：2024年3月13日。

了当地交通和服务业的提升，为了方便游客到达敦煌，当地政府大力投资改善交通基础设施。敦煌莫高国际机场的扩建和升级，使更多的国内外航线可以直达敦煌，极大地方便了游客的出行。同时，公路和铁路系统的完善，使敦煌与周边城市的联通更为便捷，不仅方便了游客，也促进了货物的运输和当地经济的交流。移动通信网络的覆盖和互联网接入服务的改进，公共卫生设施的改善，如增加了洁净厕所、废物处理处等，都推动了敦煌文物旅游的发展。

其次，文物旅游在展示和传承地方文化方面发挥着重要作用。通过参观博物馆、遗址公园，观看文化展览和参与各类文化活动，游客能够直接接触和体验地方的历史、艺术和风俗。同时，文物旅游还为当地居民提供了展示自身文化的平台，激发了他们对本土文化的自豪感和保护意识。例如，京剧、四川的变脸艺术等地方特色文化在吸引游客的同时，也促进了这些传统艺术的传承和发展。京剧是中国传统戏剧的一种，拥有200多年的历史，是中国的"国粹"之一。它融合了唱、念、做、打等多种表演形式，具有独特的表演艺术风格和深厚的文化内涵。随着文物旅游的发展，京剧不仅在中国国内受到推崇，也吸引了大量国际游客。在北京等地，京剧的表演已成为吸引游客的重要活动之一。通过观看京剧，游客能体验中华传统文化的魅力，促进京剧艺术的传播和发展。京剧的成功推广也带动了相关文化商品的开发和销售，为当地创造了经济效益。四川变脸是川剧中一种特有的表演技艺，以神秘和戏剧性著称，是四川文化的重要象征之一。变脸艺术通过戏剧的形式展现角色的内心变化，能够给观众留下深刻印象。随着旅游业的发展，变脸艺术成为吸引游客到四川的一大亮点。在成都等地，许多剧院和餐厅均会提供"变脸"表演，让游客在享受地方美食的同时，也能近距离感受四川的传统文化。此外，文物旅游对于提高当地人口的综合能力也有重要贡献。旅游业的发展需要一大批专业人才，包括导游、酒店管理人员、文物解说员等，这会促使当地居民学习新知识、掌握新技能，提高他们的职业能力和生活水平。接触来自不同文化背景的游客，也有助于当地居民开阔视野，增进对外界的了解和认识。

最后，文物旅游对于打造区域品牌具有不可替代的作用。一个地区的文物旅游资源是其独特的文化标识，有效的旅游营销可以将这些文化资源转化为区域品牌，提高地区的知名度和影响力。例如，埃及的金字塔、中国的长城等，都是文物旅游资源转化为全球知名区域品牌的成功案例。埃及的金字塔，尤其是吉萨金字塔群，是世界上古老、著名的历史遗迹之一，代表着古埃及文明的辉煌成就。作为世界奇迹，它吸引了来自世界各地的游客。金字塔的独特性不仅在于其历史和建筑上的价值，更在于它如何被有效地整合进埃及的国家品牌和旅游推广中。埃及政府和旅游机构将金字塔作为国家形象的一部分，使其成为一个全球知名的旅游目的地。中国的长城是另一个在全球范围内极具象征意义的文化遗产。作为古代军事防御工程的杰出代表，长城不仅是中国的象征，也是人类的共同财产。它的文化和历史价值成为吸引国内外游客的热门目的地之一。中国利用长城这一独特资源，通过多种渠道进行国际推广，如参与世界遗产保护活动、在各种国际会议和展览中展示长城文化、利用数字媒体和网络平台进行宣传，提升了中华文化的国际影响力。

三、对区域生态环境优化明显

当前的文物旅游发展尤其强调对生态环境的保护和优化，寻找文化遗产保护、生态环境维护与社会经济发展三者之间的平衡点是文物旅游发展的主要课题。文物旅游在推动区域经济发展的同时，其对生态环境的影响也逐渐成为人们关注的焦点。现代文物旅游强调可持续发展，包括经济的持续增长、生态环境的可持续利用和保护。在具体实践中，许多文物旅游地通过建立生态保护区、限制游客数量、推广环保导览等方式，努力减少旅游活动对生态环境的负面影响，并通过环境教育增强游客的生态保护意识。文物旅游地通常具有独特的历史文化背景和自然环境，将文化保护、生态维护与旅游发展结合起来，可以形成独特的竞争优势，实现文化遗产的活化利用，保护和优化生态环境。另外，红色旅游作为文物旅游的一个重要分支,其发展模式同样强调生态保护。"红绿结合"的发展模式,即将红色旅游(以革命历史遗址为主的旅游活动)与绿色旅游(强调生态保护和可持续发展的旅游活动)相结合,是当前文物旅游发展的一个创新方向。比如,井冈山作为革命历史的重要见证,拥有丰富的红色文化资源。红色旅游的开展使珍贵的历史遗产得以保护和传承。游客在参观学习的过程中,能够了解历史事件和革命先烈的英雄事迹,感受红色文化的精神内涵和时代价值。通过各种形式的解说、展览以及互动体验,红色旅游使革命文化得以活化,激发了游客对国家和民族历史的认同感和自豪感。而作为国家级自然保护区,井冈山在红色旅游的开发过程中高度重视对生态环境的保护。通过限制游览区域,保护区能够有效地避免过度旅游对自然环境造成的破坏。设置环保教育站点,对游客进行生态保护的宣教,能够提高游客的环保意识和责任感。此外,推广生态友好型旅游活动,如徒步观察、生态摄影等,不仅减少了对环境的干扰,还能够让游客亲近自然,享受自然之美。井冈山的红色旅游通过红色文化与绿色生态的结合,创新了旅游发展模式,实现了旅游经济增长与生态环境保护的双赢,为其他地区提供了可借鉴的经验。

第三节 文物旅游发展战略的整体化设计

一、提升文物旅游目的地的形象

(一)正确认识文物旅游目的地形象提升与文物资源保护的辩证关系

文物旅游目的地的形象直接关系到其吸引游客的能力,进而影响旅游产业的经济效益,一个正面、独特、鲜明的形象能够提高目的地的知名度和吸引力,促进旅游业的发展。形象建设不仅是营销的手段,更是文物资源保护和文化传承的重要途径,提升旅游目的地形象可以增强公众对文物价值的认识和保护意识，为文物资源的长期保护提供社会支持。而文物资源是文物旅游的基础，对其进行保护是文物旅游可持续发展的前提。没有良好的文物保护，任何形象提升都是无本之木、无源之水。文物资源的保护包括对其物理状态的维护、对其文化价值的传承以及对其周边环境的保护。只有确保文物资源的完整性和真实性，才能为文物旅游的长远发展打下坚实的基础。

形象提升与文物保护的辩证关系主要表现为三个方面：第一，互为条件。形象提升需要依托完好的文物资源，而文物保护也需要通过形象提升来提高公众的关注度和参与度。形象提升为文物保护创造了更广泛的社会基础，而有效的文物保护又为形象提升提供了坚实的内容和基础。第二，互为促进。形象提升通过宣传文物的历史文化价值，增强了游客和公众的文化自豪感和保护意识，促进了对文物的保护。同时，良好的文物保护成效可以成为形象提升的亮点，增强目的地的吸引力。第三，互为制约。形象提升的过程中不能破坏文物的真实性和完整性，需要严格控制旅游开发的规模和强度，避免过度商业化和人流过大对文物资源造成损害。反之，文物保护也需要考虑如何在保护的前提下，合理利用资源进行形象提升。

若要实现文物旅游目的地形象提升与文物资源保护的和谐共生，应在文物旅游目的地的形象提升规划中，将文物保护纳入核心位置，科学评估旅游活动对文物资源的潜在影响，制定相应的保护措施；通过形象提升活动传达正确的文化价值观和保护理念，引导游客和公众参与文物保护，形成保护文物资源的良好风气；建立完善的文物资源监测机制，及时评估旅游活动对文物资源的影响，根据监测结果调整旅游开发和形象提升策略，确保文物资源的可持续发展。

（二）编制切实可行的文物旅游形象提升规划

认真编制切实可行的文物旅游形象提升规划，需深入考虑多个维度，以下是详细的规划过程和策略：

1. 系统评估与调研

对文物资源进行全面、系统的评估和调研,包括对文物资源的详细调查、旅游市场需求的分析、目的地现有形象的评估、基础设施的现状和需求分析等。例如,详细记录文物的类型、分布、历史价值、现状和保护需求;研究目标游客群体的偏好、消费行为和旅游动机,了解竞争对手的优势和不足,确定市场定位;分析当前目的地在游客心中的形象,识别其强项和弱点,为形象提升确定方向。

2. 明确规划目标与原则

根据调研结果,明确规划目标和原则。目标应具体、量化,原则应确保所有规划措施不会损害文物的完整性和真实性;确保旅游活动不会对文化资源和环境造成不可逆转的影响;鼓励当地社区参与旅游发展,确保他们从中受益,增强文物保护和旅游发展的社会基础。

3. 规划内容的细化

细化规划内容,包括文物保护措施、旅游产品开发、营销策略、基础设施改善等。第一,文物保护措施,根据文物的具体情况制订保护计划,包括修复工作、保护区划定、游客流量控制等;第二,旅游产品开发,结合文物资源和市场需求,设计旅游产品,包括主题游览路线、文化体验活动、教育项目等;第三,营销策略,制订有效的营销计划,使用多渠道营销,结合传统媒体和数字媒体,提升目的地形象,吸引目标游客;第四,基础设施改善,根据旅游发展需求和文物保护需要,改善基础设施建设,如交通、导览设施、旅游服务中心等。

二、理顺文物管理体制

(一)制定文物旅游政策和规划

从经济角度看,文物旅游政策应促进地方经济的发展,提高当地居民的生活水平,通过旅游促进当地就业、鼓励本地产品和手工艺品的销售、提升服务质量等。然而，对经济效益的追求不应以牺牲文化遗产的完整性和环境的可持续性为代价。因此，政策制定者需要在经济发展与资源保护之间找到平衡点。

从社会文化的角度看，文物旅游政策应重视文化遗产的保护和传承，也应着力促进社会公平。要尊重和保护当地的文化习俗，鼓励当地居民参与旅游发展，确保他们能从中受益，避免文化同质化和商业化对原有文化的侵蚀。此外，文物旅游政策还应促进教育和文化交流，提高公众对文化遗产价值的认识和保护意识。

从环境的角度来看，文物旅游政策应注重生态保护，避免因过度开发导致的环境退化。在规划旅游设施和活动时，规划者需要考虑对环境的影响，采取措施减少碳排放，保护生态环境，维护生物多样性。例如，可以通过限制游客数量、推广绿色旅游、采用环保材料和技术等方式，减轻旅游活动对环境的压力。

为实现这些目标，制定文物旅游政策和规划时需要采用多学科、多方位的方法，广泛征求各方意见，包括政府部门、旅游从业者、文化遗产专家、当地社区和公众等。政策和规划应具有前瞻性和灵活性，能够适应未来的变化和挑战。同时，应建立有效的监测和评估机制，定期审视政策的执行效果，确保可持续发展目标的实现。

（二）加强预防性保护政策研究

在加强预防性保护政策研究的过程中，需要对文物的各种损害因素进行深入分析，包括自然因素如气候变化，地质活动以及人为因素，如不当的旅游活动、管理不善等。政策制定者应基于这些分析，制定相应的预防措施，比如对于易受气候影响的文物，可以采取适当的防护措施；对于人流量大的旅游景点，则需要制定严格的游客管理和引导策略。强化文物保护的责任意识是实现预防性保护的社会基础，是政府和管理部门的责任，每一位参与者和公众都应当意识到文物保护的重要性。为此，文物管理部门需要通过教育和宣传来提高公众对文物保护重要性的认识，让文物保护成为社会共识；制定和完善关于文物保护的法律法规，明确各方在文物保护中的权利和义务，对违反规定的行为给予相应的处罚，以此来确保预防性保护政策的有效执行。

（三）设立文物保护基金

文物保护基金的设立需要明确基金的筹资渠道、管理机构、使用范围和监督机制。筹资渠道可以多元化，除了政府拨款和文物资源税，还可以包括社会捐赠、国际援助、专项基金等，多元化筹资机制可以增加基金的稳定性和可持续性。基金管理机构应具有高度的专业性和公信力，确保基金的使用高效、透明并专款专用。文物保护基金的使用应严格规范，主要用于文物的保护、修复、研究、展示以及提升公众的文物保护意识。例如，资助紧急修复工程、支持科学研究、提升展示条件，或用于培训文物保护人才等。此外，基金的使用应定期进行公示和审计，接受社会监督，确保资金的有效和透明使用。

（四）逐步完善管理模式和运作形式

在现有的管理模式中，文物旅游的管理往往是分散的，缺乏统一的规划和协调，导致文物保护与旅游利用之间存在矛盾。为解决这一问题，建立一个集文物保护、旅游管理、社区参与和市场运作于一体的综合管理体系尤为必要。首先，任何旅游开发活动都应在不损害文物完整性和真实性的前提下进行，旅游规划和开发初期就应使文物保护专家参与决策过程，确保开发活动不会对文物造成伤害。其次，管理模式的创新是提升文物旅游管理水平的关键。例如，采用公私合营模式，将政府的监管职能与私营部门的运营效率相结合，既能利用私营部门的资源和创新能力促进旅游发展，又能确保政府对文物保护的监管。最后，引入现代科技手段对文物旅游进行管理是完善管理模式的重要方面。建立数字化管理平台，可以实现对文物状态、旅游流量、环境变化等信息的实时监控和分析，为科学决策提供依据，提高管理的透明度和公众的参与度。

三、加大市场营销力度

（一）实施营销组合战略

1. 正确为产品定位

产品定位是营销策略的核心，决定了产品的市场方向和目标受众。文物旅游产品要展示文物本身的价值，传递深层次的文化和历史意义。正确的产品定位应基于文物的独特性和不可复制性，突出其历史、文化、艺术和教育价值。文物旅游目的地应考虑目标市场的需求和偏好，将文物旅游产品定位为教育性、娱乐性和体验性相结合的综合旅游产品。

2. 设计具有创造性的文物旅游产品

（1）主题游。设计以文物或文化遗产为核心的主题游览路线，让游客深入体验和理解文物的背景和历史故事。

（2）互动体验。开发互动式体验活动，如模拟考古、传统工艺体验等，让游客亲身参与，增强体验感。

（3）文化演绎。利用现代技术手段，如增强现实、虚拟现实等，再现历史场景，为游客提供沉浸式体验。

（4）定制服务。提供个性化定制旅游服务，满足不同游客的特殊需求，如学术考察、文化深度游等。

3. 合理运用价格策略

（1）实行差别定价

①以顾客为基础的差别定价。这一定价策略应考虑不同顾客群体的支付能力和购买意愿的差异。例如，对于学生和老年人，由于他们的经济条件有限，提供优惠票价可以吸引这些群体享受文物旅游服务。相反，对于具有较高支付能力的外国游客或商务旅行者，可能会不提供优惠价格，这样可以在确保不同消费者群体的需求得到满足的同时增加收入。

②以景点为基础的差别定价。不同的景点根据其知名度、吸引力、

保护和维护成本可以设定不同的入场费。例如，对于一个国际知名度高的文化遗址，其具有独特性和高维护成本，可以设定较高的票价；而对于当地或较不知名的文物景点，可能会采用更低的票价以吸引游客。

③以时间为基础的差别定价。在旅游旺季或特定节假日，由于游客数量增加，可以适当提高价格；相反，在淡季或一周中的非高峰日，降低价格可以吸引更多的游客。

（2）灵活搭配促销组合

①有效组合促销手段。促销手段的有效组合可以显著提高文物旅游吸引力。例如，折扣、赠品、优惠券和打包销售等方式，可以有效刺激消费者的购买意愿。打包销售，如将文物旅游票务与地方特色餐饮或住宿结合，不仅为游客提供了更便捷和经济的选择，也增加了产品的附加值。此外，购买门票即赠送文化纪念品，可以增加游客的满意度和传播口碑，促进游客对文物旅游目的地的深入了解和传播。

②创新促销方式。虚拟现实技术提供的预览体验可以让潜在游客在实际出行前就体验到旅游目的地的风采，沉浸式体验能显著提高游客的兴趣和预订意愿。社交媒体和网络平台的互动式营销，如举办在线互动活动、创建话题挑战等，可以有效提升目的地的知名度，吸引年轻或对新技术感兴趣的游客群体。

③重视宣传品设计制作。高质量的宣传品对于提升文物旅游产品的形象和吸引力至关重要。宣传材料的设计应该充分体现文化特色，传递准确的文化和旅游信息；设计精美、内容丰富的旅游手册可以为游客提供全面的信息，增强其对旅游目的地的认知和兴趣；具有地方特色的纪念品不仅能够作为旅行的纪念，也是文化传播的载体。此外，数字内容的易于分享特性，如在线视频、社交媒体帖子等，可以有效扩大宣传的覆盖面和影响力。

（3）建立强大的游客信息反馈机制

由于受到"旅游很大程度上是一种一次性的消费行为"观念的影响，大部分景区忽视了对游客反馈信息的收集和整理。景区应时刻关注游客的消费感受，建立完善的信息反馈机制，充分利用调查表、留言簿、网络调查等手段，设计合理的调研题目，全方位采集游客的反馈信息并进行科学的筛选和分析总结，实时观测市场变化，以指导景区的长远发展。

（二）注重实施体验营销战略

1. 设计体验主题

体验主题的设计应该深入挖掘文物旅游资源的独特价值和文化内涵，让游客在参与中感受文化的魅力和历史的深度。例如，利用故事讲述增强体验的吸引力，每件文物都有其背后的故事，通过对文物故事的生动讲述，增强游客的情感投入；创造互动体验，让游客不仅是观察者，也是参与者。例如，角色扮演、互动工坊等方式，能够让游客亲身体验传统工艺或文化活动；景区可以结合现代技术，如虚拟现实或增强现实，为游客提供沉浸式的体验，让他们穿越时空，更加生动地感受历史和文化。

2. 完善体验产品的支撑体系

优质的体验产品需要强大的支撑体系，包括导览服务、交通、住宿、餐饮等，这些内容会直接影响游客的体验质量和满意度。第一，提供专业和富有情感的导览服务，导游不仅要提供信息，更要讲好文化故事，引发游客的情感共鸣；第二，确保交通便利性，无论是景区内部的交通还是对外的交通连接，都应该让游客感到方便和舒适；第三，提供各种类型的住宿选项，满足不同游客的需求，住宿不仅是休息的地方，也应成为文化体验的一部分；第四，提供地方特色餐饮，让游客在品尝美食的同时，体验当地文化。

3. 发挥体验产品的辐射带动作用，积极开发外围配套产品

积极开发与主题相关的外围配套产品，如文化创意产品、纪念品、地方特产等，增加经济效益，丰富游客体验。与当地社区合作，开发社

区旅游，让游客深入了解当地生活和文化，带动当地经济发展。利用体验产品带动周边景区或景点的开发，形成旅游网络，让游客有更多的选择，延长游客的停留时间，增加旅游收入。

四、加强文物旅游人才培养

（一）加强对文物旅游开发规划人才的培养

文物旅游的开发规划是一个复杂的过程，需要人才具备跨学科的知识结构和创新能力。对此，高校有关专业可以开展专业课程和实践活动，强化历史文化知识与现代旅游管理理念的结合，培养学生的系统思考能力和问题解决能力。课程设计应覆盖文物保护法规、旅游规划原理、市场分析方法等多个领域。高校应通过实习、实训、参与实际项目等方式，与文物旅游机构、企业合作，为学生提供接触真实工作环境的机会；鼓励学生参与文物旅游项目的规划和设计，解决实际问题；通过比赛、研讨会等形式，为学生提供展示创新想法和解决方案的平台。

（二）加强对文物景区导游、解说员的培养

文物具有深厚的文化底蕴和知识密集性，对游客来说，理解和欣赏文物的内涵不是一件容易的事情。在这种情况下，专业的导游讲解员就显得尤为关键。在如今重视文化体验的旅游活动中，培养高素质的导游讲解员无疑是提升文物旅游质量的核心任务之一。实现这一目标，可以通过一系列的措施和活动来提升导游、讲解员的专业技能和服务水平。

定期举办文物旅游行业专业技能培训和服务技能提升课程是提升导游、讲解员专业技能和服务水平的基础，这些课程覆盖文物知识、旅游法规、导游技巧等基本内容，包括心理学、沟通技巧、应急管理等较为广泛的技能训练，能够全面提升导游、讲解员的专业素质。举办导游大赛、讲解比赛等活动，有助于激发导游讲解员提升自身技能的积极性，

为他们提供一个展示自我、相互学习的平台。评选出的技术明星、服务明星不仅具有较高的个人专业技能和服务质量，也应成为行业内部学习的典范，他们的先进经验和实践应当被总结和推广，以促进整个行业的提升，明星人物也应承担起培训和指导新人的责任，形成良好的行业生态。

附录 1

关于禁止和防止非法进出口文化财产和非法转让其所有权的方法的公约（1970 年）

第一条

为了本公约的目的，"文化财产"一词系指每个国家，根据宗教的或世俗的理由，明确指定为具有重要考古、史前史、历史、文学、艺术或科学价值的财产并属于下列各类者：

1. 动物群落、植物群落、矿物和解剖以及具有古生物学意义的物品的稀有收集品和标本；

2. 有关历史，包括科学、技术、军事及社会史、有关国家领袖、思想家、科学家、艺术家之生平以及有关国家重大事件的财产；

3. 考古发掘（包括正常的和秘密的）或考古发现的成果；

4. 业已肢解的艺术或历史古迹或考古遗址之构成部分；

5. 一百年以前的古物，如铭文、钱币和印章；

6. 具有人种学意义的文物；

7. 有艺术价值的财产，如：

（1）全部是手工完成的图画、绘画和绘图，不论其装帧框座如何，也不论所用的是何种材料（不包括工业设计图及手工装饰的工业产品）；

（2）用任何材料制成的雕塑艺术和雕刻的原作；

（3）版画、印片和平版画的原件；

（4）用任何材料组集或拼集的艺术品原件；

8. 稀有手稿和古版书籍，有特殊意义的（历史、艺术、科学、文学等）古书、文件和出版物，不论是单本的或整套的；

9. 邮票、印花税票及类似的票证，不论是单张的或成套的；

10. 档案，包括有声、照相和电影档案；

11. 一百年以前的家具物品和古乐器。

第二条

1. 本公约缔约国承认文化财产非法进出口和所有权非法转让是造成这类财产的原主国文化遗产枯竭的主要原因之一，并承认国际合作是保护各国文化财产免遭由此产生的各种危险的最有效方法之一。

2. 为此目的，缔约国承担利用现有手段，特别是通过消除其根源、制止现有做法和帮助给予必要的补偿来反对这种做法。

第三条

本公约缔约国违反本公约所列的规定而造成的文化财产之进出口或所有权转让均属非法。

第四条

本公约缔约国承认，为了本公约的宗旨，凡属以下各类财产均为每个缔约国的文化遗产的一部分：

1. 有关国家的国民的个人或集体天才所创造的文化财产和居住在该国领土境内的外国国民或无国籍人在该国领土内创造的对有关国家具有重要意义的文化财产；

2. 在国家领土内发现的文化财产；

3. 经此类财产原主国主管当局的同意，由考古学、人种学或自然科学团体所获得的文化财产；

4. 经由自由达成协议实行交流的文化财产；

5. 经此类财产原主国主管当局的同意，作为赠送品而接收的或合法购置的文化财产。

第五条

为确保保护文化财产免于非法进出口和所有权的非法转让，本公约缔约国承担若尚未设立保护文化遗产的国家机构，可根据本国的情况，在其领土之内建立一个或一个以上的国家机构，配备足够人数的合格工作人员，以有效地行使下述职责：

1. 协助制订旨在切实保护文化遗产特别是防止重要文化财产的非法进出口和非法转让的法律和规章草案；

2. 根据全国受保护财产清册，制订并不断更新一份其出口将造成文化遗产的严重枯竭的重要的公共及私有文化财产的清单；

3. 促进发展或成立为保证文化财产的保存和展出所需之科学及技术机构（博物馆、图书馆、档案馆、实验室、工作室……）；

4. 组织对考古发掘的监督，确保在原地保存某些文化财产，并保护某些地区，供今后考古研究之用；

5. 为有关各方面（博物馆长、收藏家、古董商等）的利益，制订符合于本公约所规定道德原则的规章，并采取措施保证遵守这些规章；

6. 采取教育措施，鼓励并提高对各国文化遗产的尊重，并传播关于本公约规定的知识；

7. 注意对任何种类的文化财产的失踪进行适当宣传。

第六条

本公约缔约国承担：

1. 发放适当证件，出口国将在该证件中说明有关文化财产的出口已经过批准，根据规定出口的各种文化财产，均须附有此种证件；

2. 除非附有上述出口证件，禁止文化财产从本国领土出口；

3. 通过适当方法宣传这种禁止，特别要在可能出口或进口文化财产的人们中间进行宣传。

第七条

本公约缔约国承担：

1. 采取与本国立法相一致的必要措施防止本国领土内的博物馆及类

似机构获取来源于另一缔约国并于本公约在有关国家生效后非法出口的文化财产。本公约对两国均已生效后，尽可能随时把自两国中的原主缔约国非法运出文化财产的建议通知该原主缔约国。

2.（1）本公约对有关国家生效后，禁止进口从本公约另一缔约国的博物馆或宗教的或世俗的公共纪念馆或类似机构中窃取的文化财产，如果该项财产业已用文件形式列入该机构的财产清册；

（2）本公约对有关两个国家生效后，根据两国中的原主缔约国的要求，采取适当措施收回并归还进口的此类文化财产，但要求国须向不知情的买主或对该财产具有合法权利者给予公平的赔偿。要求收回和归还失物必须通过外交部门进行，提出要求一方应提供使确定其收回或归还失物的要求的必要文件及其他证据，费用自理。各方不得对遵照本条规定而归还的文化财产征收关税或其他费用。归还和运送文化财产过程中所需的一切费用均由提出要求一方负担。

第八条

本公约缔约国承担对触犯上述第六条2项和第七条2项所列的禁止规定负有责任者予以惩处或行政制裁。

第九条

本公约的任一缔约国在其文化遗产由于考古或人种学的材料遭受掠夺而处境危殆时得向蒙受影响的其他缔约国发出呼吁。在此情况下，本公约缔约国承担参与协调一致的国际努力，以确定并实施必要的具体措施，包括对有关的特定物资的进出口及国际贸易实行管制。在尚未达成协议之前，有关各国应在可能范围内采取临时性措施，以便制止对提出要求的国家的文化遗产造成不可弥补的损失。

第十条

本公约缔约国承担：

1.通过教育、情报和防范手段，限制非法从本公约缔约国运出的文化财产的移动，并视各国情况，责成古董商保持一份记录，载明每项文化财产的来源、提供者的姓名与住址以及每项售出的物品的名称与价格，并须把此类财产可能禁止出口的情况告知该项文化财产的购买人，违者须受刑事或行政制裁。

2. 努力通过教育手段，使公众心目中认识到，并进一步理解文化财产的价值和偷盗、秘密发掘与非法出口对文化财产造成的威胁。

第十一条

一个国家直接或间接地由于被他国占领而被迫出口文化财产或转让其所有权应被视为非法。

第十二条

本公约缔约国应尊重由其负责国际关系的领土内的文化财产，并应采取一切适当措施禁止并防止在这些领土内非法进出口文化财产和非法转让其所有权。

第十三条

本公约缔约国还应在符合其本国法律的情况下承担：

1. 通过一切适当手段防止可能引起文化财产的非法进出口的这一类财产的所有权转让；

2. 保证本国的主管机关进行合作，使非法出口的文化财产尽早归还其合法所有者；

3. 受理合法所有者或其代表提出的关于找回失落的或失窃的文化财产的诉讼；

4. 承认本公约缔约国有不可取消的权利规定并宣布某些文化财产是不能让与的，因而据此也不能出口，若此类财产已经出口务须促使将这类财产归还给有关国家。

第十四条

为防止非法出口、履行本公约所规定的义务，本公约各缔约国应在可能范围内为其负责保护文化遗产的国家机关提供足够的预算并在必要时为此目的设立一项基金。

第十五条

在本公约对有关国家生效前，本公约之任何规定不应妨碍缔约国之间自行缔结有关归还从其原主国领土上不论以何种理由搬走之文化财产的特别协定，或制止它们继续执行业已缔结的有关协定。

第十六条

本公约缔约国应在向联合国教育、科学及文化组织大会提交的定期报告中，提供它们已经通过的立法和行政规定和它们为实施本公约所采取的其他行动以及在此领域内取得的详尽经验的资料，报告的日期及方式由大会决定。

第十七条

1. 本公约缔约国可以向联合国教育、科学及文化组织请求给予技术援助，特别是有关：

（1）情报和教育；

（2）咨询和专家建议；

（3）协调和斡旋。

2. 联合国教育、科学及文化组织可以主动进行有关非法转移文化财产问题的研究并出版研究报告。

3. 为此，联合国教育、科学及文化组织可以请求任何非政府的主管组织予以合作。

4. 联合国教育、科学及文化组织可以主动向本公约缔约国提出有关本公约的实施的建议。

5. 经对本公约的实施有争议的两个以上的本公约缔约国的请求，联合国教科文组织得进行斡旋，使它们之间的争端得到解决。

第十八条

本公约以英文、法文、俄文和西班牙文制定，四种文本具有同等效力。

第十九条

1. 本公约须经联合国教育、科学及文化组织会员国按各国宪法程序批准或接受。

2. 批准书或接受书，应交存联合国教育、科学及文化组织总干事。

第二十条

1. 本公约应开放给非联合国教育、科学及文化组织成员但经本组织执行局邀请加入本公约的所有国家加入。

2. 加入书交存联合国教育、科学及文化组织总干事后，加入即行生效。

第二十一条

本公约在收到第三份批准书、接受书或加入书后的三个月开始生效，但这只对那些在该日或该日之前业已交存其各自的批准书、接受书或加入书的国家生效。对于任何其他国家，本公约则在其批准书、接受书或加入书交存后三个月开始生效。

第二十二条

本公约缔约国承认，本公约不仅适用于其本国领土，而且也适用于在国际关系上由其负责的一切领土；如有必要，缔约国须在批准、接受或加入之时或以前与这些领土的政府或其他主管当局进行磋商，以便保证本公约在这些领土的适用，并将本公约适用的领土通知联合国教育、科学及文化组织总干事，该通知在收到之日起三个月生效。

第二十三条

1. 本公约之每一缔约国可以代表本国或代表由其负责国际关系的任何领土退出本公约。

2. 退约须以书面文件通知，该退约书交存联合国教育、科学及文化组织总干事处。

3. 退约在收到退约通知书后十二个月生效。

第二十四条

联合国教育、科学及文化组织总干事须将第十九条和二十条中规定的有关批准书、接受书和加入书的交存情况以及第二十二条和第二十三条分别规定的通知和退约告知本组织会员国、第二十条中所述的非本组织会员的国家以及联合国。

第二十五条

1.本公约可经联合国教育、科学及文化组织大会予以修正。任何这样的修正只对修正公约的缔约国具有约束力。

2.如大会通过一项全面或部分地修订本公约的新公约，则除非新公约另有规定，本公约在新的修订公约生效之日起停止一切批准、接受或加入。

第二十六条

经联合国教育、科学及文化组织总干事的要求，本公约应按照《联合国宪章》第一百零二条的规定在联合国秘书处登记。

附录 2

Ⅰ 文化遗产和自然遗产的定义

第一条

为实现本公约的宗旨,下列各项应列为"文化遗产":

古迹:从历史、艺术或科学角度看具有突出的普遍价值的建筑物、碑雕和碑画、具有考古性质的成分或构造物、铭文、窟洞以及景观的联合体;

建筑群:从历史、艺术或科学角度看在建筑式样、分布均匀或与环境景色结合方面具有突出的普遍价值的单立或连接的建筑群;

遗址:从历史、审美、人种学或人类学角度看具有突出的普遍价值的人类工程或自然与人的联合工程以及包括有考古地址的区域。

第二条

为实现本公约的宗旨,下列各项应列为"自然遗产":

从审美或科学角度看具有突出的普遍价值的由物质和生物结构或这类结构群组成的自然景观;

从科学或保护角度看具有突出的普遍价值的地质和地文结构以及明确划为受到威胁的动物和植物生境区;

从科学、保存或自然美角度看具有突出的普遍价值的天然名胜或明确划分的自然区域。

第三条

本公约缔约国均可自行确定和划分上面第一条和第二条中提及的、本国领土内的各种不同的财产。

Ⅱ 文化遗产和自然遗产的国家保护和国际保护

第四条

本公约缔约国承认,保证第一条和第二条中提及的、本国领土内的文化遗产和自然遗产的确定、保护、保存、展出和传与后代,主要是有关国家的责任。该国将为此目的竭尽全力,最大限度地利用本国资源,适当时利用所能获得的国际援助和合作,特别是财政、艺术、科学及技术方面的援助和合作。

第五条

为确保本公约各缔约国为保护、保存和展出本国领土内的文化遗产和自然遗产采取积极有效的措施,本公约各缔约国应视本国具体情况尽力做到以下几点:

(一)通过一项旨在使文化遗产和自然遗产在社会生活中起一定作用,并把遗产保护工作纳入全面规划纲要的总政策;

(二)如本国内尚未建立负责文化遗产和自然遗产的保护、保存和展出的机构,则建立一个或几个此类机构,配备适当的工作人员和为履行其职能所需的手段;

(三)发展科学和技术研究,并制订出能够抵抗威胁本国文化或自然遗产的危险的实际方法;

(四)采取为确定、保护、保存、展出和恢复这类遗产所需的适当的法律、科学、技术、行政和财政措施;

(五)促进建立或发展有关保护、保存和展出文化遗产和自然遗产的国家或地区培训中心,并鼓励这方面的科学研究。

第六条

(一)本公约缔约国,在充分尊重第一条和第二条中提及的文化遗产和自然遗产的所在国的主权,并不使国家立法规定的财产权受到损害的同时,承认这类遗产是世界遗产的一部分,因此,整个国际社会有责任进行合作,予以保护。

(二)缔约国同意,按照本公约的规定,应有关国家的要求帮助该国确定、保护、保存和展出第十一条第（二）和第（四）款中提及的文化遗产和自然遗产。

（三）本公约缔约国同意不故意采取任何可能直接或间接损害第一条和第二条中提及的位于本公约其他缔约国领土内的文化遗产和自然遗产的措施。

第七条

为实现本公约的宗旨，世界文化遗产和自然遗产的国际保护应被理解为建立一个旨在支持本公约缔约国保存和确定这类遗产的努力的国际合作和援助系统。

Ⅲ 保护世界文化遗产和自然遗产政府间委员会

第八条

（一）在联合国教育、科学及文化组织内，现建立一个保护具有突出的普遍价值的文化遗产和自然遗产的政府间委员会，称为"世界遗产委员会"。委员会由联合国教育、科学及文化组织大会常会期间召集的本公约缔约国大会选出的15个缔约国组成。委员会成员国的数目将自本公约至少在40个缔约国生效后的大会常会之日起增至21个。

（二）委员会委员的选举须保证均衡地代表世界的不同地区和不同文化。

（三）国际文物保存与修复研究中心（罗马中心）的一名代表、国际古迹遗址理事会的一名代表，以及国际自然及自然资源保护联盟的一名代表，可以咨询者身份出席委员会的会议。此外，应联合国教育、科学及文化组织大会常会期间参加大会的本公约缔约国提出的要求，其他具有类似目标的政府间或非政府组织的代表亦可以咨询者身份出席委员会的会议。

第九条

（一）世界遗产委员会成员国的任期自当选之应届大会常会结束时起至应届大会后第三次常会闭幕时止。

（二）但是，第一次选举时指定的委员中，有1/3的委员的任期应于当选之应届大会后第一次常会闭幕时截止；同时指定的委员中，另有1/3的委员的任期应于当选之应届大会后第二次常会闭幕时截止。这些委员由联合国教育、科学及文化组织大会主席在第一次选举后抽签决定。

（三）委员会成员国应选派在文化或自然遗产方面有资历的人员担任代表。

第十条

（一）世界遗产委员会应通过其议事规则。

（二）委员会可随时邀请公共或私立组织或个人参加其会议，以就具体问题进行磋商。

（三）委员会可设立它认为为履行其职能所需的咨询机构。

第十一条

（一）本公约各缔约国应尽力向世界遗产委员会递交一份关于本国领土内适于列入本条第（二）款所述《世界遗产目录》的组成文化遗产和自然遗产的财产的清单。这份清单不应当看作是详尽无遗的。清单应包括有关财产的所在地及其意义的文献资料。

（二）根据缔约国按照第（一）款规定递交的清单，委员会应制订、更新和出版一份《世界遗产目录》，其中所列的均为本公约第一条和第二条确定的文化遗产和自然遗产的组成部分，也是委员会按照自己制订的标准认为是具有突出的普遍价值的财产。一份最新目录应至少每两年分发一次。

（三）把一项财产列入《世界遗产目录》需征得有关国家同意。当几个国家对某一领土的主权或管辖权均提出要求时，将该领土内的一项财产列入《目录》不得损害争端各方的权利。

（四）委员会应在必要时制订、更新和出版一份《处于危险的世界遗产目录》，其中所列财产均为载于《世界遗产目录》之中、需要采取重大活动加以保护并根据本公约要求需给予援助的财产。《处于危险的世界遗产目录》应载有这类活动的费用概算，并只可包括文化遗产和自然遗产中受到下述严重的特殊危险威胁的财产。这些危险是：蜕变加剧、大规模公共和私人工程、城市或旅游业迅速发展的项目造成的消失威胁；土地的使用变动或易主造成的破坏；未知原因造成的重大变化；随意摈弃；武装冲突的爆发或威胁；灾害和灾变；严重火灾、地震、山崩；火山爆发；水位变动、洪水和海啸等。委员会在紧急需要时可随时在《处于危险的世界遗产目录》中增列新的条目并立即予以发表。

（五）委员会应确定属于文化或自然遗产的财产可被列入本条第（二）和第（四）款中提及的目录所依据的标准。

（六）委员会在拒绝一项要求列入本条第（二）和第（四）款中提及的目录之一的申请之前，应与有关文化或自然财产所在缔约国磋商。

（七）委员会经与有关国家商定，应协调和鼓励为拟订本条第（二）和第（四）款中提及的目录所需进行的研究。

第十二条

未被列入第十一条第（二）和第（四）款提及的两个目录的属于文化或自然遗产的财产，决非意味着在列入这些目录的目的之外的其他方面不具有突出的普遍价值。

第十三条

（一）世界遗产委员会应接收并研究本公约缔约国就已经列入或可能适于列入第十一条第（二）和第（四）款中提及的目录的本国领土内成为文化或自然遗产的财产，要求国际援助而递交的申请。这种申请的目的可以是保证这类财产得到保护、保存、展出或恢复。

（二）当初步调查表明有理由进行深入的时候，根据本条第（一）款中提出的国际援助申请还可以涉及鉴定哪些财产属于第一条和第二条所确定的文化或自然遗产。

（三）委员会应就对这些申请所需采取的行动作出决定，适当时应确定其援助的性质和程度，并授权以它的名义与有关政府作出必要的安排。

（四）委员会应制订其活动的优先顺序并在进行这项工作时应考虑到需予保护的财产对世界文化遗产和自然遗产各具的重要性、对最能代表一种自然环境或世界各国人民的才华和历史的财产给予国际援助的必要性、所需开展工作的迫切性、受到威胁的财产所在的国家现有的资源，特别是这些国家利用本国手段保护这类财产的能力大小。

（五）委员会应制订、更新和发表已给予国际援助的财产目录。

（六）委员会应就根据本公约第十五条设立的基金的资金使用问题作出决定。委员会应设法增加这类资金，并为此目的采取一切有益的措施。

（七）委员会应与拥有与本公约目标相似的目标的国际和国家级政府组织和非政府组织合作。委员会为实施其计划和项目，可约请这类组织，特别是国际文物保存与修复研究中心（罗马中心）、国际古迹遗址理事会和国际自然及自然资源保护联盟，并可约请公共和私立机构及个人。

（八）委员会的决定应经出席及参加表决的委员的2/3多数通过。委员会委员的多数构成法定人数。

第十四条

（一）世界遗产委员会应由联合国教育、科学及文化组织总干事任命组成的一个秘书处协助工作。

（二）联合国教育、科学及文化组织总干事应尽可能充分利用国际文物保存与修复研究中心（罗马中心）、国际古迹遗址理事会和国际自然及自然资源保护联盟在各自职权能力范围内提供的服务，为委员会准备文件资料，制订委员会会议议程，并负责执行委员会的决定。

Ⅳ 保护世界文化遗产和自然遗产基金

第十五条

（一）现设立一项保护具有突出的普遍价值的世界文化遗产和自然遗产基金，称为"世界遗产基金"。

（二）根据联合国教育、科学及文化组织《财务条例》的规定，此项基金应构成一项信托基金。

（三）基金的资金来源应包括：

1. 本公约缔约国义务捐款和自愿捐款；

2. 下列方面可能提供的捐款、赠款或遗赠：

（1）其他国家；

（2）联合国教育、科学及文化组织、联合国系统的其他组织（特别是联合国开发计划署）或其他政府间组织；

（3）公共或私立团体或个人。

3. 基金款项所得利息；

4. 募捐的资金和为本基金组织的活动的所得收入；

5. 世界遗产委员会拟订的基金条例所认可的所有其他资金。

（四）对基金的捐款和向委员会提供的其他形式的援助只能用于委员会限定的目的。委员会可接受仅用于某个计划或项目的捐款，但以委员会业已决定实施该计划或项目为条件。对基金的捐款不得带有政治条件。

第十六条

（一）在不影响任何自愿补充捐款的情况下，本公约缔约国同意，每两年定期向世界遗产基金纳款，本公约缔约国大会应在联合国教育、科学及文化组织大会届会期间开会确定适用于所有缔约国的一个统一的纳款额百分比。缔约国大会关于此问题的决定，需由未作本条第（二）款中所述声明的、出席及参加表决的缔约国的多数通过。本公约缔约国的义务纳款在任何情况下都不得超过对联合国教育、科学及文化组织正常预算纳款的1%。

（二）然而，本公约第三十一条或第三十二条中提及的国家均可在交存批准书、接受书或加入书时声明不受本条第1段规定的约束。

（三）已作本条第（二）款中所述声明的本公约缔约国可随时通过通知联合国教育、科学及文化组织总干事收回所作声明。然而，收回声明之举在紧接的一届本公约缔约国大会之日以前不得影响该国的义务纳款。

（四）为使委员会得以有效地规划其活动，已作本条第（二）款中所述声明的本公约缔约国应至少每两年定期纳款，纳款不得少于它们如受本条第（一）款规定约束所须交纳的款额。

（五）凡拖延交付当年和前一日历年的义务纳款或自愿捐款的本公约缔约国，不能当选为世界遗产委员会成员，但此项规定不适用于第一次选举。

属于上述情况但已当选委员会成员的缔约国的任期,应在本公约第八条第(一)款规定的选举之时截止。

第十七条

本公约缔约国应考虑或鼓励设立旨在为保护本公约第一条和第二条中所确定的文化遗产和自然遗产募捐的国家、公共及私立基金会或协会。

第十八条

本公约缔约国应对在联合国教育、科学及文化组织赞助下为世界遗产基金所组织的国际募款运动给予援助。它们应为第十五条第(三)款中提及的机构为此目的所进行的募款活动提供便利。

Ⅴ 国际援助的条件和安排

第十九条

凡本公约缔约国均可要求对本国领土内组成具有突出的普遍价值的文化或自然遗产的财产给予国际援助。它在递交申请时还应按照第二十一条规定提交所拥有的并有助于委员会作出决定的情报和文件资料。

第二十条

除第十三条第(二)款、第二十二条3项和第二十三条所述情况外,本公约规定提供的国际援助仅限于世界遗产委员会业已决定或可能决定列入第十一条第(二)和第(四)款中所述目录的文化遗产和自然遗产的财产。

第二十一条

(一)世界遗产委员会应制订对向它提交的国际援助申请的审议程序,并应确定申请应包括的内容,即打算开展的活动、必要的工程、工程的预计费用和紧急程度以及申请国的资源不能满足所有开支的原因所在。这类申请须尽可能附有专家报告。

(二)对因遭受灾难或自然灾害而提出的申请,由于可能需要开展紧急工作,委员会应立即给予优先审议,委员会应掌握一笔应急储备金。

(三)委员会在作出决定之前,应进行它认为必要的研究和磋商。

第二十二条

世界遗产委员会提供的援助可采取下述形式：

1. 研究在保护、保存、展出和恢复本公约第十一条第（二）和第（四）款所确定的文化遗产和自然遗产方面所产生的艺术、科学和技术性问题；

2. 提供专家、技术人员和熟练工人，以保证正确地进行已批准的工程；

3. 在各级培训文化遗产和自然遗产的鉴定、保护、保存、展出和恢复方面的工作人员和专家；

4. 提供有关国家不具备或无法获得的设备；

5. 提供可长期偿还的低息或无息贷款；

6. 在例外并具有特殊原因的情况下提供无偿补助金。

第二十三条

世界遗产委员会还可向培训文化或自然遗产的鉴定、保护、保存、展出和恢复方面的各级工作人员和专家的国家或地区中心提供国际援助。

第二十四条

在提供大规模的国际援助之前，应先进行周密的科学、经济和技术研究。这些研究应考虑采用保护、保存、展出和恢复自然遗产和文化遗产方面最先进的技术，并应与本公约的目标相一致。这些研究还应探讨合理利用有关国家现有资源的手段。

第二十五条

原则上，国际社会只担负必要工程的部分费用。除非本国资源不许可，受益于国际援助的国家承担的费用应构成用于各项计划或项目的资金的主要份额。

第二十六条

世界遗产委员会和受援国应在它们签订的协定中，确定关于获得根据本公约规定提供的国际援助的计划或项目的实施条件。接受这类国际援助的国家应负责按照协定制订的条件，对如此卫护的财产继续加以保护、保存和展出。

Ⅵ 教育计划

第二十七条

（一）本公约缔约国应通过一切适当手段，特别是教育和宣传计划，努力增强本国人民对本公约第一条和第二条中确定的文化和自然遗产的赞赏和尊重。

（二）缔约国应使公众广泛了解对这类遗产造成威胁的危险和为履行本公约进行的活动。

第二十八条

接受根据本公约提供的国际援助的缔约国应采取适当措施，使人们了解接受援助的财产的重要性和国际援助所发挥的作用。

Ⅶ 报告

第二十九条

（一）本公约缔约国在按照联合国教育、科学及文化组织大会确定的日期和方式向该组织大会递交的报告中，应提供有关它们为实施本公约所通过的立法和行政规定以及采取的其他行动的情况，并详述在这方面获得的经验。

（二）应提请世界遗产委员会注意这些报告。

（三）委员会应在联合国教育、科学及文化组织大会的每届常会上递交一份关于其活动的报告。

Ⅷ 最后条款

第三十条

本公约以阿拉伯文、英文、法文、俄文和西班牙文拟订，五种文本同一作准。

第三十一条

（一）本公约应由联合国教育、科学及文化组织会员国根据各自的宪法程序予以批准或接受。

（二）批准书或接受书应交联合国教育、科学及文化组织总干事保存。

第三十二条

（一）所有非联合国教育、科学及文化组织会员的国家，经该组织大会邀请均可加入本公约。

（二）向联合国教育、科学及文化组织总干事交存加入书后，加入方才有效。

第三十三条

本公约须在第 20 份批准书、接受书或加入书交存之日的 3 个月之后生效，但这仅涉及在该日或该日之前交存各自批准书、接受书或加入书的国家。就任何其他国家而言，本公约应在这些国家交存其批准书、接受书或加入书的 3 个月之后生效。

第三十四条

下述规定适用于拥有联邦制或非单一立宪制的本公约缔约国：

1. 在联邦或中央立法机构的法律管辖下实施本公约规定的情况下，联邦或中央政府的义务应与非联邦国家的缔约国的义务相同；

2. 在无须按照联邦立宪制采取立法措施的联邦各个国家、地区、省或州的法律管辖下实施本公约规定的情况下，联邦政府应将这些规定连同其应予通过的建议一并通知各个国家、地区、省或州的主管当局。

第三十五条

（一）本公约缔约国均可废弃本公约。

（二）废弃通告应以一份书面文件交存联合国教育、科学及文化组织的总干事。

（三）公约的废弃应在接到废约通告书 12 个月后生效。废弃在生效日之前不得影响退约国承担的财政义务。

第三十六条

联合国教育、科学及文化组织总干事应将第三十一条和第三十二条规定交存的所有批准书、接受书或加入书以及第三十五条规定的废弃等事项通告本组织会员国、第三十二条中提及的非本组织会员的国家以及联合国。

第三十七条

（一）本公约可由联合国教育、科学及文化组织的大会修订。但任何修订只对将成为修订公约的缔约国具有约束力。

（二）如大会通过一项全部或部分修订本公约的新公约，除非新公约另有规定，本公约应从新的修订公约生效之日起停止批准、接受或加入。

第三十八条

按照《联合国宪章》第一百零二条，本公约须应联合国教育、科学及文化组织总干事的要求在联合国秘书处登记。

参考文献

[1] 西北大学文化遗产学院文物保护系：《文物保护研究、实践与教育——西北大学文物保护技术专业创立三十周年论文集》，西北大学出版社2019年版。

[2] 郑轶：《MR数字化可视艺术与文物保护》，文化艺术出版社2017年版。

[3] 文社：《古玩·文物·遗产：为了未来保护过去》，北京燕山出版社2000年版。

[4] 王成兴、尹慧道：《文物保护技术》，安徽大学出版社2005年版。

[5] 潘别桐、黄克忠：《文物保护与环境地质》，中国地质大学出版社1992年版。

[6] 徐豪、罗跃：《废弃矿山地质灾害治理工程应用于徐州市汉画像石馆文物保护》，《西部探矿工程》，2024年第2期。

[7] 宋晓龙、周维晶：《基于空间引领的革命文物保护利用路径和策略》，《北京规划建设》，2024年第1期。

[8] 张若冰、邱奉捷、赵文友、胡平：《关于加强我国古籍保护法治建设的若干思考》，《国家图书馆学刊》，2024年第1期。

[9] 王沛、安平、陈怡爽：《我国古籍保护经费的现状与政策建议》，《国家图书馆学刊》，2024年第1期。

[10] 杨贺雄：《屏山文物径作为爱国主义景观的现状与展望》，《大众文艺》，2024年第3期。

[11] 李飞：《四川广汉：写好人才大文章助力文物放光彩》，《中国人才》，2024年第2期。

[12] 湖南省委宣传部理论学习中心组：《努力探索文化遗产保护传承路径》，《红旗文稿》，2024年第3期。

[13] 李翱：《不可移动文物的保护与利用》，《文化产业》，2024年第4期。

[14] 黄家凤、王丽丽、王萍、满天、李佩瑶：《海洋出水陶瓷文物保护与修复中的化学》，《化学教育（中英文）》，2024年第5期。

[15] 曹帅：《文物保护与利用的优化策略研究》，《文物鉴定与鉴赏》，2024年第2期。

[16] 窦宝国：《浅谈新时代革命文物的保护利用与沂蒙精神的传承弘扬——以沂蒙革命纪念馆为例》，《文物鉴定与鉴赏》，2024年第2期。

[17] 王天磊：《太原地区革命文物与革命历史教育的关系探究》，《文物鉴定与鉴赏》，2024年第2期。

[18] 董彧：《数字化时代下的唐山博物馆文物保护与传承》，《文物鉴定与鉴赏》，2024年第2期。

[19] 张小鲲：《汉代陶器文物的出土保护与修复研究——以毕节双树湾汉代古墓群为例》，《文物鉴定与鉴赏》，2024年第2期。

[20] 程群：《晋作家具文物现状调查及保护对策试析》，《文物鉴定与鉴赏》，2024年第2期。

[21] 龚钰轩、李谦、黄永冲：《浅析当下文物保护的实体封护理念与科学问题》，《中国文化遗产》，2024年第1期。

[22] 曹凤、梅勇飞、安磊：《海洋水下文物资源保护利用规划研究》，《中国文化遗产》，2024年第1期。

[23] 王一雯、李卫海：《水下文物保护管理的法制完善——以〈水下文物保护管理条例〉修订为视角》，《南海学刊》，2024年第1期。

[24] 贾孟奇：《世界文化遗产保护地方立法研究》，《黑河学院学报》，2024年第1期。

[25] 郭珍：《数字化为馆藏文物保驾护航》，《文化产业》，2024年第3期。

[26] 李倩倩：《"互联网+"开创文物保护新格局》，《文化产业》，2024年第3期。

[27] 鲁小艳、张复良：《"一带一路"背景下陕西戏曲文物的保护与传播》，《文化产业》，2024年第3期。

[28] 张秉坚、倪小蒙、沈飞：《不可移动石质文物的定期保养维护》，《石材》，2024年第2期。

[29] 倪晓彤、高家骥、程威龙、王佳琪：《基于数据感知的数字孪生沈阳故宫文物数据建设研究》，《创意设计源》，2024年第1期。

[30] 谢梅、王世龙：《案例视角下文物保护利用的困境分析与利用思考》，《四川戏剧》，2023年第11期。

[31] 宫仁：《三部门发布通知加强全国重点文物保护单位内古树名木保护》，《建筑工人》，2024年第1期。

[32] 孙涛：《曲阜水文化与水利文物保护》，《文物鉴定与鉴赏》，2024年第1期。

[33] 张丽洪：《浅论古厝古建筑的保护和利用——以清流县古厝古建筑为例》，《文物鉴定与鉴赏》，2024年第1期。

[34] 张红爱：《区块链技术在博物馆文物保护中的可信数据管理探索》，《文物鉴定与鉴赏》，2024年第1期。

[35] 张信：《浅谈毛家坪遗址的保护和利用》，《文物鉴定与鉴赏》，2024年第1期。

[36] 薄萍：《物联网技术在博物馆智慧化文物保护中的应用》，《文物鉴定与鉴赏》，2024年第1期。

[37] 李岱鲜：《河南省矿业遗迹保护现状、问题及对策》，《中国矿业》，2024年第2期。

[38] 魏翔：《信息化时代基层博物馆陶瓷类文物的数字化保护研究》，《佛山陶瓷》，2024年第1期。

[39] 曾丽荣：《汉中两汉三国不可移动文物空间格局与旅游开发模式探析》，《西北师范大学学报（自然科学版）》，2024年第1期。

[40] 杨录俊、邢向荣：《陕西省财政厅出台一揽子措施支持推动文物事业高质量发展》，《西部财会》，2024年第1期。

[41] 苏倩倩、梁守东、蒋蕙芹：《浅谈花椒属植物提取物在保护文物书画方面的应用》，《科技风》，2024年第1期。

[42] 邵琅宇、武丹、尹伟、马强：《喀斯特地貌城市物质文化遗产的时空演化特征——基于安顺市文物保护单位分析》，《华中建筑》，2024年第1期。

[43] 姜宽舒、于泓、宋元山、孟德伟、丁皓、何成勇：《基于三维扫描及3D打印的文物数字化保存与逆向修复技术研究与应用》，《科学技术创新》，2024年第2期。

[44] 喻志勇：《推动宗教活动场所文物保护管理与利用工作 探索深化宗教中国化江西实践新路径》，《中国宗教》，2023年第12期。

[45] 刘俊莉、张华、冯鑫淇、张凯涛、沈佳昊、刘辉：《单宁酸—铜改性聚丙烯酸酯文物保护材料的制备及其性能研究》，《陕西科技大学学报》，2024年第1期。

[46] 郝国江：《明清御窑厂遗址出土瓷质类文物修复与保护工作历程概述》，《文物天地》，2024年第1期。

[47] 张恒立：《加强红色革命遗址保护利用 打造南昌特色红色文化旅游——学习习近平总书记在江西考察时的重要讲话精神》，《中共南昌市委党校学报》，2023年第6期。

[48] 戴加佳、方宝林：《文物保护行政公益诉讼实践困境及其纾解》，《广西政法管理干部学院学报》，2023年第6期。

[49] 马莉：《宁夏博物馆革命文物的展示和利用》，《文化产业》，2023年第36期。

[50] 贾庆霞：《博兴县出土白陶佛像的分析检测与保护性修复》，《文物鉴定与鉴赏》，2023年第24期。

[51] 黄丽明：《数字化采集技术在文昌楼保护中的应用》，《文物鉴定与鉴赏》，2023年第24期。

[52] 王婧怡、王林：《基于考古学基础上的动态发展研究——74年来殷墟的保护、发展与利用》，《文物鉴定与鉴赏》，2023年第24期。

[53] 郑恩峰、徐平、赵莹：《以文博文创推动河北省文物保护利用和文化遗产传承创新研究》，《邢台职业技术学院学报》，2023 年第 6 期。

[54] 牛贺强：《甘肃省敦煌文物保护研究中心开放课题验收会议在兰州召开》，《石窟与土遗址保护研究》，2023 年第 4 期。

[55] 陈虹利、郑冬青：《"博物馆：传统与现代——全国纸质文物科技保护暨长三角纸质文物保护修复"学术研讨会综述》，《东南文化》，2023 年第 6 期。

[56] 龚钰轩、管若琳、乔成全：《基于熵理论阐释文物敏感态的内在本质》，《东南文化》，2023 年第 6 期。

[57] 董洁芳、张仲伍、李剑锋：《山西省文物保护单位时空分布特征及其影响因素研究》，《运城学院学报》，2023 年第 6 期。

[58] 张曼、于小涵、汤羽扬、刘介群、李帆：《城市更新背景下基于预防性保护的低级别文物建筑保护体系建构与实践——以圣祚隆长寺为例》，《北京建筑大学学报》，2023 年第 6 期。

[59] 刘建松：《广州华侨博物馆文物修缮保护及活化利用》，《建设科技》，2023 年第 24 期。

[60] 叶俊飞、邵志平、季哲丞、丁春梅：《基于文物保护视角的上吴渡槽修复研究》，《浙江水利水电学院学报》，2023 年第 6 期。

[61] 步星瑶：《S 省革命文物保护工作中的政府职能研究》，硕士学位论文，山东大学，2023。

[62] 蒋苑：《近代以来西安城市历史文化保护传承历程研究》，博士学位论文，西安建筑科技大学，2022。

[63] 杨明：《贵阳市不可移动革命文物保护研究》，硕士学位论文，贵州民族大学，2022。

[64] 吴青军：《安康革命旧址空间分异和保护利用研究》，硕士学位论文，西北大学，2022。

[65] 于晨：《文物保护理念发展中的争议与共识研究》，硕士学位论文，中国科学技术大学，2021。

后 记

  《让文物"活"在当下：文物保护理论与方法系统研究》一书的完成标志着作者多年来在文物保护领域的努力与探索结出了丰硕的果实。这是一部集结了作者智慧和心血的著作，旨在全面、系统地探讨文物保护与传承的相关知识，并进行文物保护与传承的实践。写作这本书的过程既是对作者自身知识的检验与提升，也是对文物保护事业的一次深刻反思与总结。

  编写这本书的初衷源于对中华文化遗产保护的密切关注和责任感。文物作为历史的见证者，承载着丰富的文化内涵和历史记忆，是人类文明的重要组成部分。然而，在现代化进程中，文物保护面临环境污染严重、自然灾害频发、城市化进程加快等诸多威胁，成为一项紧迫而艰巨的任务。作者希望本书能够为文物保护事业提供一些有益的思考和实践指导。在撰写过程中，作者收集了大量的文献资料，进行了广泛的调研和深入的实地考察，力求撰写内容的科学性和准确性。同时，作者邀请了众多专家学者对本书进行审阅和指导，确保本书的权威性和学术性，书中的每一个观点、每一项数据都凝聚着作者对文物保护的深刻理解和细致研究。

  文物保护是一项复杂的系统工程，涉及多学科知识的交叉和综合应用，作者在书中不仅探讨了文物的定义、分类和价值，还详细阐述了文物保护的理论基础、技术手段以及具体案例，为读者提供了全面的知识体系，展示了文物保护的实际操作和应用场景。本书从初步构思、资料搜集、内容撰写到最终的编辑出版，每一个环节都离不开团队成员的共同努力和默契配合，作者在此特别感谢在本书写作过程中给予我们支持和帮助的各位专家、学者，以及所有参与者，是你们的智慧和奉献使这本书顺利出版。尽管作者希望尽最大努力做到本书内容的全面和准确，但由于文物保护领域的复杂性和广泛性，书中难免存在不足之处。在此，作者诚挚地希望读者朋友能够批评指正，以帮助我们不断改进和完善自身的知识体系。文物保护事业任重道远，需要更多人的关注和参与。希望《让文物"活"在当下：文物保护理论与方法系统研究》一书能够激发广大读者对文物保护的兴趣和热情，使广大读者增强对文化遗产保护的责任感和使命感，共同为传承和弘扬人类文明作出贡献。

　　作者在此深表感谢，愿本书能够成为您了解和探索文物保护领域的助力。

　　特此记述，以表纪念

申灿　李瑶

2024 年 7 月 1 日